초고령 동아시아 사회의 노인 돌봄

한국·일본·대만의
돌봄시스템과
케어매니지먼트

초고령 동아시아 사회의 노인 돌봄

니시시타 아키토시
고려대학교 고령사회연구원 옮김

Elder Care in East Asia

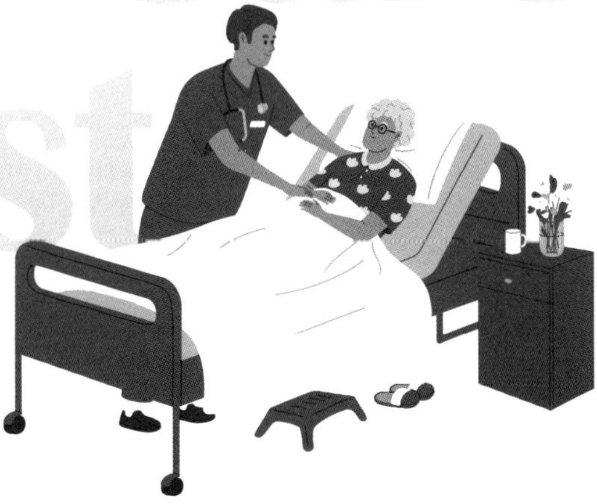

KU PRESS
고려대학교
출판문화원

HIGASHI ASIA NO KOREISHA CARE KANKOKU TAIWAN NO CHALLENGE
by Akitoshi Nishishita

저자 서문

한국 출판에 부쳐

고려대학교 고령사회연구원 부원장 송완범 교수의 배려로 2022년 9월 일본에서 출판한《동아시아의 고령자 케어—한국·대만의 도전(東アジアの高齢者ケア:韓国·台湾のチャレンジ)》(新評論 2022)의 한국어판을 고려대학교출판문화원에서 출판할 수 있게 되었습니다. 행복을 실감하고 있습니다.

번역 작업은 송완범 교수, 숭실사이버대학교의 조문기 교수, 고령사회연구원의 허팡룽, 신근영 연구교수 네 분이 담당하였습니다. 정말 감사합니다. 이 자리를 빌려 다시 한번 감사의 말을 전하고 싶습니다. 덧붙여 한국어 번역판을 출판을 앞두고 서장으로 〈일본의 개호보험제도의 현황과 과제〉를 집필하였습니다. 이는 한국의 장기요양보험제도가 벤치마킹한 일본 개호보험제도의 전체상을 간략하게 소개할 필요가 있었기 때문입니다.

한국의 노인 요양 문제에 관심을 가지기 시작한 약 20년 전, 당시 극단적으로 비행기를 타는 것이 겁이 났던 저는 하카타항에서 비틀2세호라는 제트 고속선을 타고, 다시 부산에서 KTX를 타고 서울까지 가는 매우 시간이 걸리는 출장을 하였습니다. 이러한 하카타 경유의 출장은 수년 계속되었지만 한때 고속선이 고래와 충돌하는 사고가 일어나고 나서는 승선을 멈췄습니다.

그 후 싫어하는 비행기를 탈 수밖에 없어 각오하고 타게 되었습니다만, 탑승 전 반드시 일본술을 한 잔 단숨에 마시고 타야 했습니다. 그렇게 해서라도 한국 노인복지의 현장을 접하고 싶었고, 한국의 장기요양정책을 알고 싶었습니다. 덕분에 요 근래 10년 정도는 알코올 신세를 지지 않고 한국이나 대만행 비행기를 타게 되었습니다.

이번 책의 출판 후에도 한국의 노인복지, 요양정책에 대한 관심은 점점 강해지고 있으며 현재는 한국 사회에서 발전하고 있는 치매마을 만들기, 지역사회 통합돌봄(커뮤니티케어), 희망복지지원단 등에 대해 현장연구하면서 연구를 계속하고 있습니다.

앞으로도 일본과 한국의 케어정책 비교연구를 통해 그리고 또 양국 보험제도의 장점과 단점을 구체적으로 밝히는 것을 통해 양국의 케어제도가 발전하기를 바라고 있습니다. 또한 한·일 양국의 연구자, 현장 실천가와의 교류를 정기적으로 진행하고 싶습니다. 이번 한국어판의 출판이 이러한 발전으로 이어진다면 저에게도 큰 기쁨이 되겠습니다.

저자 서문

일본 출판에 부쳐

외국 사회를 연구할 때 객관적이고 중립적인 시점에서 분석하는 일이 얼마나 어려운 것인가를 통감한다. 특정한 나라를 연구하는 동기는 강한 관심이 있기 때문이고, 또 더욱 상세하게 이해하고 싶기 때문이다. 대상으로 하는 사회를 이해하려고 연구하면 할수록, 의도하지 않더라도 그 사회의 빛만이 아니라 그림자도 알게 된다.

본인은 지금까지 스웨덴의 고령자 케어에 대해 연구를 하고 있고, 두 권의 단독 저서로 《스웨덴의 고령자 케어(スウェーデンの高齢者ケア)》(新評論 2007), 《흔들리는 스웨덴(揺れるスウェーデン)》(新評論 2012)이 있다. 또한 스웨덴에서 처음으로 1949년 고령자의 생활과 노인 홈의 실태를 고발하는 사진집을 출판한 프롤레타리아 작가 이바르 로-요한슨(Ivar Lo-Johansson)에 주목하고, 그가 1952년에 집필한 논설집과 합하여 번역을 기획하여, 2013년 공저로 《스웨덴—고령자 복지 개혁의 원점(スウェーデン—高齢者福祉改革の原点)》을 역시 신효론(新評論)에서 출판했다.

지금까지의 스웨덴의 고령자 케어에 관한 선행 연구는 거의 전부 스웨덴의 밝은 면만 집중한 것이었다. 객관적이고 중립적인 시점에서 스웨덴의 고령자 케어를 설명하는 것이 필요하다는 입장에서 스웨덴의 고령자 케어의 어두운 면에 대해서도 증거에 기초해 논하고 있다.

최근 네덜란드가 전 세계의 고령자 케어의 모델이 되자 네덜란드의 밝은 면만이 소개되고 있다. 일본인 특유의 심리상태인지 몰라도 일본의 고령자 케어를 비판하기 위해 유럽의 나라를 중심으로 가상의 '모델이 되는 나라'를 결정하는 경향이 있다.

이전에는 스웨덴과 덴마크였다. 물론 그러한 가상 모델이 되는 나라가 일본보다 객관적으로 뛰어난 사례도 있다. 독특한 조직 특성을 가진 뷔르트조르흐(buurtzorg)와 문화적 특성이 있는 7개의 주거동으로 구성된 치매마을 호그벡(hogeweyk) 등은 뛰어난 시스템이라고 할 수 있다. 다만, 이상한 점은 치매 노인의 매달 본인부담액이 62만 엔이나 되는 점이나 공동침실에 공동화장실을 사용하는 점 등 부정적인 부분은 별로 소개되지 않는다는 점이다.

네덜란드에서는 자원봉사를 축으로 하는 비공식 케어에 기반한 고령자 케어가 확대되고 있는 것 같은데, 이런 특징을 가진 시스템의 지속 가능성이 어떻게 담보되는지도 신경 써야 할 부분이다.

롤모델로 삼은 나라라도 '그림자'는 반드시 존재하며, 종합적으로 전체를 파악해 가상의 롤모델을 분석, 연구해야 한다. 외국 사회의 밝은 부분만을 소개하는 것만으로는 사회과학으로서의 진보와 발전은 없다.

이 책에서는 한국, 대만, 일본의 고령자 케어의 밝은 면만이 아니라 그림자에 대해서도 명확하게 밝히면서 객관적으로, 그리고 실증적으로 비교연구를 행한다. 특정한 나라의 밝은 면에만 초점을 맞추는 것이 아니다. 다시 말해, 동아시아의 고령자 케어의 모델이 되는 나라를 결정하는 것은 아니다.

세계의 대세는 재정상의 이유가 있더라도 공식적 케어를 축으로 고령자 케어를 전개하는 것이다. 이 책에서 분석의 대상으로 삼고자 하는 한국, 대만, 일본은 모두 재정의 압박이라는 문제를 안고 있으면서도 공식적 케어의 질과 양을 모두 충실하게 하고 비공식 케어로 보완한다는 점에서 공통점을 가진다.

또한 한국과 일본에 대해서는 고령자 케어 중 재가 케어에 초점을 맞추면서 시설 케어도 언급한다. 한편 대만에 대해서는 시설 케어의 현상과 관련하여 지면 관계상 소략하게 다루고 있다. 중요한 주제인 대만의 고령자 학대 문제에 관해서도 논할 수가 없었다. 이 부분에 대해서는 별고를 참조해 주면 감사하겠다(西下彰俊 2019, 217-261).

한편 2018년 스다 유우코(須田木綿子), 히라오카 고이치(平岡公一), 모리카와 미에(森川美絵) 편《동아시아의 고령자 케어—나라·지역·가족의 향방(東アジアの高齢者ケア—国·地域·家族のゆくえ)》(東信堂 2018)이 출판되었다. 나는 이 책의 서평을 담당했다(西下彰俊 2019, 318). 이 책에서는 한국, 대만, 일본의 고령자 케어에 대해서 제일선을 담당하는 연구자들이 최신의 연구 성과를 공표하고 있다. 그러나 언급된 각국의 돌봄 관련 정책의 기본적 틀을 소개하는 부분이 없었기 때문에 서평 속에서 부족한 부분을 지적했다.

이 책은 앞에서 소개한 책에서 다루지 못한 한국, 대만, 일본의 돌봄정책의 기본적 틀을 소개하는 역할을 담당하고 있다.

도쿄경제대학 니시시타 아키토시(西下彰俊)

차례

제1장

동아시아 고령자 케어체계를 비교하는 의미

1 일본, 한국, 대만의 고령화 및 고령자 돌봄 현황

1. 고령화 현상

〈표 1-1〉부터 〈표 1-4〉는 일본, 한국, 대만, 스웨덴의 고령화의 추이를 10년 단위로 1960년부터 2060년(혹은 2070년, 2110년)까지 예측한 결과를 나타내고 있다. 아시아의 추계치는 각국 모두 출산율도 사망률도 3가지 추계 모델(상위, 중위, 하위)을 설정하고 있으며, 여기에서는 모두 중위 추계 모델에 의한 추계치를 소개하고 있다. 비교를 위해 스웨덴 사례를 제시하겠다.

〈그림 1-1〉에서 알 수 있듯이 아시아 각국은 급격한 고령화에 직면하고 있는 것이 공통적인 특징이다. 그중 일본의 고령화율은 2010년부터 2020년까지 10년간 23.0%에서 28.9%로 5.9%포인트 상승했다.

한국과 대만은 2020년부터 2030년까지 10년간 가장 급격하게 고령화될 것으로 예측되고 있다. 한국은 15.7%에서 25.0%로 9.3%포인트, 대만은 16.0%에서 24.0%로 8.0%포인트, 모두 증가할 것으로 예측됐다. 양국은 지금이야말로 가장 급격한 고령화라는 사회변동의 한가운데 있다. 스웨덴은 1970년의 13.8%에서 1980년의 16.4%로 2.6%포인트 상승한 것이

[표 1-1] 일본의 고령화율 추이

	총 인구(만 명)	65세 이상 인구(만 명)	고령화율(%)
1960	9,341.9	535.0	5.7
1970	1억 372.0	733.1	7.1
1980	1억 1,706.0	1,064.7	9.1
1990	1억 2,361.1	1,489.5	12.1
2000	1억 2,692.6	2,200.5	17.4
2010	1억 2,805.7	2,948.4	23.0
2020	1억 2,532.5	3,619.2	28.9
2030	1억 1,912.5	3,716.0	31.2
2040	1억 1,091.9	3,920.6	35.3
2050	1억 192.3	3,840.6	37.7
2060	9,284.0	3,540.3	38.1
2070	8,322.7	3,188.4	38.3
2080	7,429.9	2,839.7	38.2
2090	6,668.1	2,554.7	38.3
2100	5,971.8	2,287.0	38.3
2110	5,343.2	2,051.8	38.4

(출처) 일본 국립사회보장·인구문제연구소 2017, 일본의 장래 추계 인구

[표 1-2] 한국의 고령화율 추이

	총 인구(만 명)	65세 이상 인구(만 명)	고령화율(%)
1960	2,500.3	82.5	3.3
1970	3,192.3	105.3	3.3
1980	3,812.4	144.9	3.8
1990	4,286.9	219.5	5.1
2000	4,700.8	339.5	7.2
2010	4,941.0	545.2	11.0
2020	5,178.1	812.5	15.7
2030	5,192.7	1,298.0	25.0
2040	5,085.5	1,722.4	33.9
2050	4,774.5	1,900.7	39.8
2060	4,283.8	1,881.5	43.9
2065	4,029.3	1,857.0	46.1
2067	3,929.4	1,827.1	46.5

(출처) Kosis 2019, Population Projections and Summary Indicators

[표 1-3] 대만의 고령화율 추이

	총 인구(만 명)	65세 이상 인구(만 명)	고령화율(%)
1960	1,079.2	26.8	2.5
1970	1,467.6	42.8	2.9
1980	1,786.6	76.6	4.3
1990	2,040.1	126.9	6.2
2000	2,227.7	192.1	8.6
2010	2,316.2	248.8	10.7
2020	2,343.7	381.3	16.0
2030	2,367.9	568.3	24.0
2040	2,312.9	698.5	30.2
2050	2,168.0	793.5	36.6
2060	1,960.8	784.3	40.0
2070	1,581.3	657.8	41.6

(출처) 대만 국가발전위원회 인구추계전계통 2020, 대만 인구추계(2020-2070), 2, 42

[표 1-4] 스웨덴의 고령화율 추이

	총 인구(만 명)	65세 이상 인구(만 명)	고령화율(%)
1960	749.8	88.8	11.8
1970	808.1	111.3	13.8
1980	831.8	136.2	16.4
1990	859.1	152.6	17.8
2000	888.3	153.1	17.2
2010	941.5	173.7	18.5
2020	1,037.9	208.8	20.1
2030	1,085.4	239.1	22.0
2040	1,130.3	264.8	23.4
2050	1,177.6	280.5	24.2
2060	1,220.0	311.5	25.5
2070	1,262.8	324.7	25.7

(출처) SCB 2021, Sveriges framtida befolkning 2021-2070

[그림 1-1] 일본·한국·대만·스웨덴

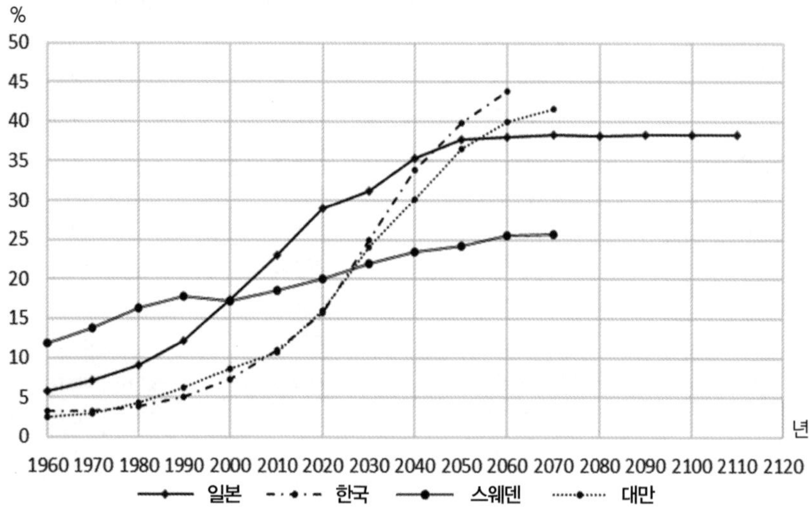

가장 급격한 고령화였다.

고령화의 변동에는 의료 수준의 상승에 따른 고령자의 평균수명 및 건강수명의 증가 및 성인병 예방의 발전, 저출산으로 인한 인구 감소 상황 등 다양한 요인들이 관여하고 있다. 한국과 대만의 급격한 고령화에는 합계출산율(Total Fertility Rate)의 저하가 큰 영향을 미치고 있다. 한국의 경우는 0.84로 매우 낮고, 특히 서울에서는 0.64로 저출산으로 인한 인구 감소 문제가 두드러진다. 대만도 한국만큼은 아니지만 1.0으로 저출산 상황이 진행되고 있다.

급격한 고령화라는 사회 변화의 모든 것이 사회 보장 비용에 영향을 미칠 수 있는 커다란 리스크라고 할 수는 없지만, 고령자 인구가 실질적으로 증가함으로써 치매 고령자나 돌봄이 필요한 고령자에 대한 케어 필요성이 높아지므로 고령화나 저출산으로 인한 인구 감소 문제가 어쩔 수 없이 주목 받는다.

2. 일본

현재 일본, 한국, 대만 3국 고령자 케어시스템의 전체상을 제시하고자 한다. 일본 개호보험제도는 2000년에 시작되었는데 '돌봄의 사회화'를 이념으로 정밀한 요양등급 판정시스템을 구축하고 전문직 케어매니저를 설치하여, 적절한 케어매니지먼트를 실시할 수 있는 고령자 요양보장의 기반이 마련되었다.

일본은 한국 같은 요양급여뿐만 아니라 고령자의 쇠약을 예방하는 급여를 제도에 도입하고, 재택서비스, 지역밀착형서비스, 시설서비스 등 각각에 다양한 서비스를 배치하는 풀스펙형 서비스 공급 체제를 준비했다. 결과적으로는 요양급여비용이 2020년도 현재 11조 엔에 육박할 정도로 큰 시스템이 되어 버렸다.[1] 그리고 마침내 급증하는 요양비용을 억제하기 위해서 예방급여 차원의 생활지원서비스를 개호보험제도에서 분리하여 종합 사업이라는 형태로 지방자치단체의 사업으로 이행하게 되었다.

요양급여에 관해서는 본인부담금을 요양서비스 비용의 10%만 부담하는 피보험자뿐만 아니라 소득에 따라 요양서비스의 20% 또는 30%를 부담하는 경우마저 생기고 있다. 다만, 서비스 대상자가 될 수 있는 피보험자 수가 약 10만 명 규모로 비교적 소수에 머무르고 있어 총 급여비용을 억제하는 효과는 미미하다.

일본만의 요양등급 판정시스템 및 케어매니지먼트시스템이 개발되었지만, 이러한 시스템의 구조적인 문제점이 여전히 해소되지 않고 현재까지 이어진다는 점이 있다. 또한 개호보험제도가 도입된 시점부터 현재까지 자택에서 고령자를 부양하는 가족에 대한 요양 보조금(현금 급여)을 지급하

---

1 2022년은 13.3조 엔이다. 2021년 한국은 11,114,605,137원이다. 참고: 통계청 및 https://www.mof.go.jp/about_mof/councils/fiscal_system_council/sub-of_fiscal_system/report/zaiseia20230529/05.pdf

지 않은 점도 큰 특징이다(후술하겠지만 당시의 자민당 정조회장 가메이 시즈카[亀井静香] 씨의 제언으로 시작된 매우 한정적인 가족요양수당이 존재한다).

3. 한국

한국에서는 재가서비스, 시설서비스의 기반 정비가 전국적으로 진행되지 않은 가운데 노인장기요양보험이라는 보험제도를 2008년에 시작했다. 보험제도의 기본적 틀은 일본 관련 제도를 기본 틀로 삼고 있다.

서비스를 제공하는 사업자가 요양보험에 진입하기 쉽도록 조건을 쉽게 한 탓에 서비스를 이용하는 희망자에 비해 서비스 제공자가 많다는 문제를 안고 있으며, 서비스 제공자가 부정한 방법을 통해 서비스 이용 희망자를 서로 뺏는 경쟁이 특히 도시 지역에서 벌어진다. 예를 들어 한국에서는 재가서비스를 이용할 때 본인부담금이 각 서비스 가격의 15%인데, 이를 무료로 하고 계약을 강요하는 서비스 제공자가 있다.

또한 한국에는 일본의 홈 헬퍼나 개호복지사 같은 전문 인력이 존재하지 않았기 때문에 요양보호사의 자격을 만들었다. 그리고 자격 취득의 인센티브로서 일정한 조건하에서 요양보호사 자격을 취득하면, 요양보호사는 요양이 필요한 부모나 배우자를 돌봄으로써 생기는 돌봄 시간도 인정을 받아 소속된 요양보호사 파견사업자로부터 수입을 얻을 수 있다. '가족요양보호비'라는 한국 독자적인 제도가 존재하고, 2008년 장기요양보험제도 창립부터 2022년 현재까지 존속하고 있다.

후술하겠지만 김미진(경남대학)에 따르면 가족요양보호 지출은 방문요양의 30%를 차지하고 있다. 일본에 존재하지 않는 가족돌봄수당은 한국에서는 변칙적이지만, 다른 형태로 존속하고 있다고 말할 수 있다.

한국에서는 보험료가 낮은 금액으로 억제되어 있기 때문에 서비스 이용 시 본인부담금이 재가의 경우는 15%, 시설의 경우는 20%로 높게 설정되어 있다. 일본 같은 예방급여제도는 없으며 요양급여서비스의 종류도 일본에 비하여 더 적다. 예를 들어 방문재활, 재택요양관리지도, 주택수리 등의 서비스가 포함되어 있지 않다.

또한 한국의 장기요양보험에서는 재가서비스든 시설서비스든 서비스 제공기관이 '개인 사업자'인 경우가 많으며, 후술하겠지만 결과적으로 서비스 제공의 질이 상대적으로 낮아진다. 재가서비스의 경우 서비스 제공기관의 83%, 이용자 수의 69%, 시설서비스의 경우 서비스 제공기관의 72%, 이용자 수의 52%가 개인 사업자이다. 이러한 개인 사업자 조직에서 일하는 직원의 노동 조건은 열악하기 때문에 당시 문재인 정권(2017-2022년)은 각 광역지방자치단체가 2019년부터 '사회서비스원'이라는 조직을 개설해 인력을 고용하고 준공무원화함으로써 사회서비스의 노동 환경을 개선하며 사회서비스 질을 향상하려고 했다. 다만, 큰 과제는 '사회서비스원'을 총괄하는 보건복지부가 소극적이고 근거법도 성립되지 않아 재원도 부족한 참으로 불안정한 상태에 있다는 점이다. 2022년까지 순조롭게 요양직원을 고용해 준공무원화한다고 해도 전체 사회서비스 노동자의 10% 정도에 지나지 않는다.

한국의 장기요양보험은 원래 일본 개호보험시스템과 크게 다른 점이 2가지 있다. 하나는 보험자가 국민건강보험공단 한 곳뿐이라는 점, 또 하나는 일본과 같은 케어매니저라는 전문직을 개설하지 않았다는 점이다. 다양한 재가서비스를 이용할 때는 케어매니저가 작성한 케어플랜이 필수다. 2019년에 들어 광역자치단체 중에는 '사회서비스원'으로 통합지원서비스센터를 마련하여 일본형 케어매니지먼트를 모색하는 움직임도 있다. 그러나 그것은 선진 자치단체만이 아니고 한국 전체의 과제이며 지방을 포함한 전반적인 노력이 요구된다고 해야 할 것이다.

4. 대만

대만에서는 마잉주(馬英九, 국민당)가 제6대 총통이던 2007년 '장기케어10개년계획1.0'을 발표하고 재가돌봄의 기반 정비를 추진하며 이와 동시에 돌봄보험제도의 법적인 정비도 추진하고 있었다.[2] 이후 현재의 제7대 차이잉원 총통(민진당)으로 정권이 바뀌면서 돌봄보험으로 이행하는 것이 아니고 세금을 재원으로 하는 행정조치제도를 계속해 왔다.

2022년 현재, 2017년에 출범한 '장기케어10개년계획2.0'이 진행 중이며 재가서비스의 확충에 힘쓰고 있다. 일본의 지역포괄케어시스템을 참고한다고 말할 수 있는 'A거점-B거점-C거점'의 3층 모델을 전국에 보급하고 있지만, 지역적 편재와 각 거점 간의 연계 관계에 커다란 과제가 남아 있다.

'장기케어10개년계획2.0'이 시작된 이듬해인 2018년부터 등급인정시스템, 케어매니지먼트시스템이 크게 달라졌다. 두 시스템 모두 일본 이상으로 복잡하다.

각 지자체에 설치된 장기케어관리센터의 케어매니저(장기케어관리전문가)가 조사원으로서 서비스 이용 희망자의 집을 방문해 인정조사 항목이 설치된 태블릿에 근거해 케어가 필요하다는 인정을 하고, 등급판정 소프트웨어가 서비스를 희망하는 고령자 본인 및 돌봄이 필요한 사람에 관한 케어 과제를 '문제 리스트'라는 과제 중에서 선택하고 명시한다. 당초 '장기케어10개년계획1.0'에서는 케어등급 구분은 3등급뿐이었지만, 현행 신

2 중국 대륙은 2016년부터 장기케어보험 시범사업을 진행 중이다. 고려대학교 고령사회연구원이 2023년 4월 23일-27일 중국 충칭시 및 청두시를 방문해 고령사회 실태를 조사했는데, 서비스 기반이 한국이나 일본과 다른 중국은 새로운 길을 탐구하고 있었다. 정보통신기술(ICT)을 사용해 고령자를 돌보는 요양시설의 경우 큰 벽에 설치된 대형 모니터로 각종 탐지 기술을 이용해 관내의 고령자들을 세세하게 관리하고 있었다. 이는 어느 정도 규모가 있으면서 자금력이 갖추어진 시설로서 국내의 고령자 관리 센터가 난립하는 실정에 비추어 보자면 한국이 오히려 영세한 것은 아닌가 하는 생각이 들었다.

시스템에서는 8등급(1급에서 8급까지)으로 늘어났다.

케어매니지먼트에 관해서는 장기케어관리센터에 소속된 케어매니저와 A거점 기관에 소속된 케이스매니저로 구성되어 있다. 이원화의 길을 선택한 것은 케어관리센터의 케어매니저가 방문조사와 케어플랜의 작성이라는 중요한 일을 300명이 넘는 서비스 희망자를 대상으로 해야 한다는 과로 문제를 해결하기 위해서였다. 즉, A거점의 케이스매니저가 서비스 희망자에 대한 케어플랜 작성 역할을 하고 있다.

그런데 A거점이 지역적으로 편재하고 있기 때문에 장기케어관리센터의 케어매니저가 A거점의 케이스매니저 역할을 대행하는 등 곤란한 상황이 적지 않게 빚어지고 있다. 임금이 낮다고 알려진 A거점의 케이스매니저에게 플랜 작성을 위탁하도록 한 것은 비용 절약을 위해서였다고도 하며, 이래서는 본말이 전도된 것이다. 원래라면 이런 곤란한 현상을 없애고 역할을 고정시켜 유기적으로 연계하게 하는 것이 필요하다.

이상으로 중층형 케어매니지먼트의 폐해를 지적했지만 복잡한 제도는 국민의 이해를 얻기 어렵다. 원래 중추 역할을 담당하는 장기케어관리센터가 전국 각 지방자치단체에 107개소(22개소 및 지소 88개소)가 있는 것이므로, 케어매니저를 증원함으로써 케어매니저의 가혹한 노동환경을 해소해야 할 것이다. 장기케어관리센터에 의한 일원화된 관리 시스템으로 되돌려야 한다. 또한 장기케어센터 지부는 원주민 지역, 낙도 지역, 산간벽지 등에서도 서비스 이용이 원활히 진행될 수 있도록 설치되고 있다.

한편 대만의 케어정책은 앞뒤가 맞게 시스템이 구축되어 있는 부분도 있다. 재가서비스를 서비스 종류에 따라 크게 4가지로 분류하여, 돌봄이 필요한 등급별(제1급은 서비스를 이용할 수 없다)로 케어수가를 정하고, 또한 소득단계별로 본인부담금 비율을 3단계로 설정하고 있다. 이 시스템은 장기요양보험을 도입한 후에도 그대로 사용할 수 있는 지속 가능한 구조이다.

또한 대만의 케어시스템에 관련하여 특필해야 할 것은 일본이나 한국에서는 없는 '고령자의 집에서 생활하면서 돌봄 서비스를 제공하는 외국인', 말하자면 '거주형 외국인 케어노동자'의 존재를 지적할 수 있다. 현재 대만 전국에 25만 명이 있으며 대부분 20-40대 여성이다. 인도네시아인이 압도적으로 많아 17만 명을 차지한다. 그 다음으로는 필리핀인, 베트남인 순이다.

대만의 중산층 가정에서는 '거주형 외국인 케어노동자'를 고용하는 경우가 많다. 거주형 케어의 경우에는 노동기준법이 적용되지 않기 때문에 최저 임금 이하의 가혹한 근로 환경에서 일할 수밖에 없는 경우가 많다. 그 가혹한 환경에서 벗어나기 위해 행방불명되는 사례도 적지 않다. 노동자를 위한 개인실이 없거나 휴일이 없거나 계약 내용과 다른 일을 시키는 등 인권적인 문제가 결코 적지 않다.

1992년 이후 대만에서는 이러한 '거주형 외국인 케어노동자'를 돌봄이 필요한 고령자가 있는 가족이 계속 고용하고 있으며 이러한 상황이 보편화되어 있다.

이상, 일본, 한국, 대만의 케어시스템이 지닌 형태와 과제를 정리해 봤는데, 이하 각 장에서는 다양한 논점에 대해 깊숙이 파고들기로 한다.

5. 비교의 틀

이하의 〈표 1-5〉는 이 책에서 논하는 일본, 한국, 대만의 고령자 돌봄시스템을 둘러싼 기본적인 요소를 서로 비교 가능한 형태로 나타낸 것이다.

[표 1-5] 3개국의 케어시스템 개요

	일본	한국	대만
구조	개호보험	노인장기요양보험	행정조치
돌봄시스템의 개시 시기	2000년 4월	2008년 7월	장기케어10년플랜1.0(2007년-2016년) 장기케어10년플랜2.0(2017년-2025년)
재원	보험료+조세	보험료+조세	세금
보험자	지자체	국민건강보험공단	–
피보험자	제1호: 65세이상; 제2호: 40세-64세	전국민(국민건강보험 가입자)	–
요개호 등급	(2006년 이후) 요지원2단계 요개호5단계	(2018년 이후) 6단계, 1등급-5등급, 인지지원등급	(2018년 이후) 케어등급 8단계
본인부담금 비율	(2018년 이후)10%·20%·30%	(2008년 이후) 재가:15% 시설:20%	(2017년 이후) 비율은 소득이나 서비스의 종류에 따라 다름
근거 법률	개호보험법 (1997년 공포, 2000년 시행)	장기요양보험법 (2007년 공포, 2008년 시행)	장기케어서비스법 (2015년 공포, 2017년 시행)
케어매니지먼트	개호지원전문원(케어매니저)	국민건강보험공단직원(케어코디네이터)	케어매니저(장기케어관리센터), 케이스매니저(A거점)
케어플랜의 유무	있음	있음 (단, 공단이 작성하는 표준(개인별)장기요양이용계획서)	있음
요양수당	없음(예외 있음)	조건부 있음	조건부 있음
치매국가플랜	·오렌지플랜(2012-2014) ·신 오렌지플랜(2015-2019) ·대강령(2019-2025)	·제1차 국가치매관리종합계획(2008-2012) ·제2차 국가치매관리종합계획(2013-2015) ·제3차 국가치매관리종합계획(2016-2020) ·제4차 국가치매관리종합계획(2021-2025)	·대만치매플랜1.0(2013-2016) ·대만치매플랜2.0(2018-2025)
치매 대응전문기관	치매질환의료센터	치매중앙센터, 치매안심센터, 광역치매센터	치매종합케어센터, 치매지역서비스

(주) 돌봄을 필요로 하는 등급 구분, 등급인정의 구체적인 방법에 대해서는 각국마다 변천이 있다. 변천에 대해서는 각 장에서 설명하기로 한다.
(출처) 저자 작성

2 각국의 케어시스템을 비교하는 의미

어느 나라든 케어시스템의 장점은 가능한 한 확대시키고, 단점과 문제점은 해소하는 방향으로 정책의 개선을 꾀하는 것을 목표로 한다. 이 의도를 재빨리 실현시키기 위해서는 인접 국가의 케어시스템을 조사 연구하여 자국의 케어시스템과 비교하는 것이 효과적이다.

본래는 일본의 후생노동성, 한국의 보건복지부, 대만의 위생복리부가 직접 정기적으로 실질적인 정보 교환을 하여 정책의 개선을 도모하는 것이 타당할 것이다. 이미 관료 차원에서 매년 1회 정도의 모임은 있다(이 모임에는 대만이 아니라 중국이 참가하고 있다). 다만, 이 모임에서 이뤄지는 정책 정보의 교류가 각국의 케어시스템 개선에 직결하는 효과가 있는지는 현시점에서는 의심스럽다.

그 방법 외에 이해관계자가 아닌 연구자가 제3자적 입장에서 비교연구를 행하고 그 지견을 정책 담당자에게 전달하는, 다시 말해 정책 제언을 하는 방법은 당연한 것이다.

이 책은 후자의 입장에서 중립적으로 비교연구를 하는 것이며, 최종적인 목표는 각국의 돌봄시스템에 관한 정책과 제도 그 자체의 재검토와 개선의 계기가 되는 일이다.

이러한 비교연구를 수행하는 데 가장 중요한 것은 우선 비교하는 대상국의 좋은 정책을 확인하고 도입을 검토하는 일이다. 후술하겠지만 한국에서는 치매에 특화된 등급이 존재하고, 또한 치매의 조기 발견, 치매에 특화된 케어서비스가 존재하는데, 일본에는 이러한 제도가 없다. 비교를 통해 상대의 장점을 끄집어내고 도입하는 기회로 삼을 수 있다.

대만에는 일본에 없는 A거점-B거점-C거점의 3층 모델이 존재한다. 제6장에서 같은 모델의 다양한 문제점을 구체적으로 밝히겠지만, 지역포괄케어의 기본적이고 실천적인 점을 축으로 하는 대만의 3층 모델은 귀중한 틀이다.

일본의 지역포괄케어시스템은 확실히 후생노동성이 제시한 이상적인 모델로서 기능을 가지고 있지만, 각 지역 지자체에서 개호서비스, 개호예방서비스가 의료와 복지의 연대 속에 어떻게 제공되어야 할 것인가에 대해 구체적이고 포괄적인 디자인에는 이르고 있지 않다.

후생노동성은 후기 고령자의 상황이 각 지방자치체마다 상황이 다르다는 특성에 대응하여 지역포괄케어를 구축해야 한다고 하고 있다. 그러나 대만처럼 지역의 특성을 넘어선 기본적이고 표준적인 모델이 있는 것도 당연하다 할 것이다.

이상과 같이 각국의 비교를 통해 상대의 장점을 도입하고 자국의 케어시스템 수준을 향상시킬 수가 있다. 비교를 통해 상대의 구조적인 문제점을 배울 수 있고 같은 잘못을 되풀이하지 않는 대처 전략도 가능할 것이다.

■ 송완범 옮김

제2장

일본 개호보험제도의 현황과 과제

2000년 개설된 일본의 개호보험제도는 독일의 개호보험(1995년의 재가서비스·1996년의 시설서비스)을 모델로 구축되었다고 알려져 왔지만, 실제 보험제도의 구조는 도입 때부터 본질적으로 다르다.

이 장에서는 일본의 개호보험제도에 대해 구체적으로 밝힐 것이다. 이 책 제3장에서 설명하듯이 한국의 장기요양보험제도는 일본 개호보험제도의 기본적인 구조를 답습하고 있다. 이 장은 한국 장기요양보험제도가 벤치마킹한 일본 개호보험의 전체 틀과 전개과정을 밝히고, 아울러 과제도 밝히고자 한다.

1 개호보험의 개설 배경

개설 배경에는 아래 3가지를 들 수 있다.

1. 가족부양기능의 취약화 및 재택부양자의 고령화에 따른 돌봄 부담 증대

일본 후생노동성이 매년 실시하고 있는《국민생활기초조사》에 따르면 2021년까지의 35년간에 65세 이상 고령자가 있는 가구 중 독거 고령자 가구와 부부만 있는 가구가 급증하고 있다. 한편, 3세대 가구는 격감하고 있다(후생노동성 2022a). 구체적으로는 1인 가구의 비율이 13.1%(1986년)에서 28.8%(2021년)로 15.7% 증가하고, 부부만으로 이루어진 가구가 같은 기간에 18.2%에서 32.0%로 13.% 증가하고 있다. 또한 3세대 가구는 같은 기간에 44.8%에서 9.3%로 무려 35.5%나 급감하고 있다.

이처럼 고령자가 자녀 세대나 자녀 가족과 함께 살지 않게 되면서 가족이 본래 갖고 있던 부양기능이 약화되는 경향이 계속되고 있다. 또 평균수명이 늘어나고 있는 점에서 보면 고령자가 고령의 부모나 배우자를 부양한다는 노노(老老)개호의 비율도 계속 상승하고 있어 노노개호의 장기화가 우려된다.

구체적으로 가장 최근의 대규모 조사인 2019년 '국민생활기초조사'에 따르면 부양자 및 피부양자 모두 65세 이상인 경우는 2001년 40.6%에서 2019년 59.7%로 19.1% 증가하고 있다. 부양자도 피부양자도 모두 75세 이상인 경우는 마찬가지로 18.7%에서 33.1%로 14.4% 증가하고 있음을 알 수 있다(후생노동성 2020a).

이러한 배경에서 후생노동성은 개호보험제도를 개설해 적은 본인부담금으로 가족 외의 전문 인력에 의한 재가서비스나 시설서비스를 선택해 이용할 수 있는 사회 환경을 정비했다.

2. 행정조치(조치제도)와 스티그마(낙인) 탈피 및 선택에 기초한 본인 결정

1963년 시행된 기존 노인복지법에서는 복지서비스가 저소득층에 한정되어, 행정조치에 따라 서비스의 종류와 내용이 결정되어 대상자에게 제공됐다. 당시의 복지서비스에는 스티그마성, 즉 부정적 낙인이 수반되어 있었고 개호서비스에 대한 요구가 있었다고 해도 이용하기 어려웠다.

이러한 배경에서 고령자나 피보험자가 보험료를 지불함으로써, 필요할 때 다양한 서비스 중에서 스스로 서비스를 선택해 본인의 결정에 따라 계약할 수 있는 보험 구조가 도입됐다. 보험료를 지불하고 서비스 이용 시에는 본인부담금을 지불한다는 개호보험의 구조를 설립하여 보험에 따른 서비스 이용에 대한 권리 의식도 생기고 부정적인 낙인도 불식되었다. 개호보험과 동시에 계약 행위를 행할 수 없는 치매 고령자나 장애인 등을 위해 성년후견제도도 개설됐다.

3. 새로운 재원의 필요성

일본에서는 1990년 전후부터 재택개호서비스 및 시설서비스의 기반 정비가 국가적 계획으로 진행됐다. 구체적으로는 1989년 고령자 보건복지 추진 10년 전략, 일명 '골드플랜'이 수립됐으며, 5년이 지난 1994년에는 각 서비스의 정비 목표치를 인상한 '신골드플랜'이 수립됐다.

이러한 국가플랜의 기반 정비 재원은 모두 세금이었으나 버블 붕괴 이후 세금 수입이 감소하는 가운데, 국채 발행에 의존하지 않는 새로운 재원이 요구되었다. 그러나 소비세나 소득세의 세율을 올리는 것은 전 국민의 이해를 얻을 수 없기 때문에 피보험자가 40세 이상으로 좁혀진 개호보험을 개설해, 보험료라는 형태로 재원을 확보하게 되었다. 그러나 결과적으로는 개호보험의 재원 중 공적 자금의 절반은 국가가 부담하고 나머지는 도도부현(都道府県, 광역자치단체), 시정촌(市町村, 기초자치단체)에서 걷은 세금이 투입되는 절충형 구조이다.

2 개호보험의 구조

1. 개호보험의 목적 및 특징

일본의 개호보험제도는 '개호의 사회화'를 이념으로 하면서 정밀한 등급 판정시스템을 구축하고 전문 케어매니저를 설치함으로써, 케어플랜에 따른 적절한 케어 매니지먼트를 실시할 수 있게 한 고령자 개호보험의 기반을 갖추는 것을 목적으로 하고 있다(西下彰俊 2022, 6-7).

그리고 이 제도는 '사회보험 방식', '자립지원', '이용자 중심'의 3가지 기본적인 특징이 있다. 먼저 사회보험 방식이란 급여와 부담의 체계를 명확하게 하는 것이고, 자립지원은 돌봄이나 사회적인 지원을 필요로 하는 피보험자가 필요한 서비스를 받고 자립적인 일상생활을 영위하는 것을 목표로 하는 것이다. 이용자 중심은 희망하는 다양한 서비스를 주체적으로 선택하고 이용할 수 있는 것을 말한다(후생노동성 2021, 2).

2. 요개호(개호를 필요로 하는) 인정시스템 구축의 경로

개호보험이 시작되기 전에 요개호 인정시스템의 구축을 목표로 여러 프로젝트가 이루어졌다. 1992-1993년 홋카이도(北海道)에서 실시한 '고령자 종합케어시스템 연구 프로젝트', 1994년 전국사회복지협의회가 발표한 〈특별 양호 양로원의 서비스 질 향상에 관한 조사 연구 보고서〉, 1995년 후생노동성이 주최한 '고령자 케어 지원 체제에 관한 기초 조사 연구회'가 중요한 역할을 하고 있다. 특히 1995년 기초조사연구회에서는 전국 19개 지역에 있는 특별요양원, 노인보건시설, 병원 등 총 50곳의 개호가 필요한 고령자 3,357명을 대상으로 1분간 타임 스터디가 진행됐다. 이는 현행 개호보호 인정시스템의 기초 데이터가 됐다.

이러한 프로젝트를 거쳐서 1996-1998년 사이에 전국적 시범 사업이 실시됐다. 특히 1998년에는 전국의 시정촌을 대상으로 현행의 인정조사, 주치의 의견서, 인정심사회가 실시됐으며, 전국적으로 합계 약 18만 명에 의한 1차 판정, 2차 판정의 결과가 검증됐다(香取照幸 2022, 205-212).

3. 개호보험제도의 개요

일본의 개호보험제도에 대해서는 ① 보험자, ② 피보험자, ③ 재원, ④ 대상자, ⑤ 이용 방법, ⑥ 요개호 인정 방법, ⑦ 케어플랜, ⑧ 급여서비스의 체계로 나누어 기술하기로 한다.

① 보험자

아래 〈그림 2-1〉이 나타내듯이 개호보험의 보험자는 시정촌 및 특별구이다. 시정촌 및 특별구는 개호보험의 운영이나 보험 재정의 관리 등을 실

[그림 2-1] 개호보험제도의 구조

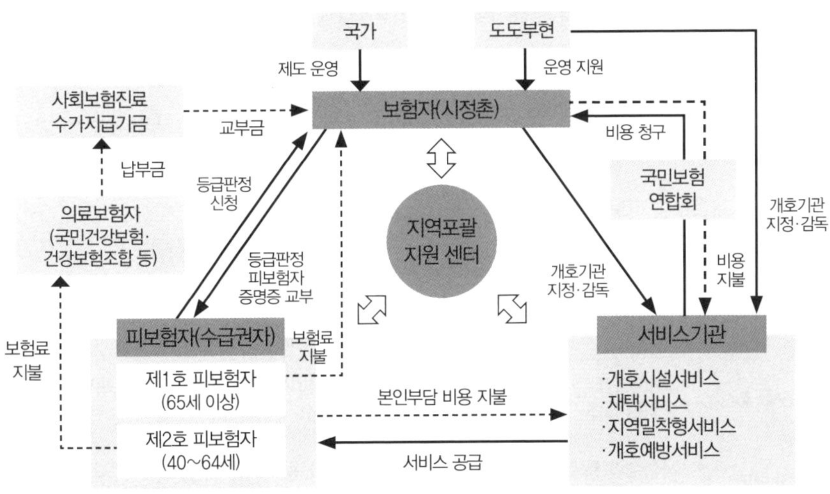

* 그림 중의 점선은 비용의 흐름
(출처) 건강보험조합연합회 2021

시한다. 또한 개호보험의 운영이 건전하고 원활하게 이루어지도록 국가와 도도부현은 각각의 책무를 지고 있다. 국가는 보건의료서비스 및 복지서비스를 제공한 체제의 확보에 관한 시책 및 필요한 조치를 세워야 한다. 도도부현은 시정촌에 대하여 필요한 조언 및 적절한 원조를 실시해야 한다. 보험자, 피보험자, 서비스기관은 각각 지역포괄지원센터와 연계하여 서비스를 필요로 하는 고령자에게 서비스가 제공될 수 있도록 움직여야 한다 (건강보험조합연합회 2021, 122-133).

그림 가운데의 지역포괄지원센터란 시정촌이 보건사·사회복지사·주임개호지원전문원(주임 케어매니저) 등을 배치하여 3가지 전문직에 의한 팀워크에 따라 지역 주민의 건강 유지 및 생활 안정을 위해 필요한 원조를 실시함으로써 보건의료 향상 및 복지 증진을 포괄적으로 지원하는 것을 목적으로 한 시설이다. 전국에 약 7,000개가 있으며, 그중 시정촌이 직접 운영하는 곳은 20% 정도로 적고, 대부분은 사회복지법인 등에 운영을 위탁하고 있다. 주요 업무는 개호예방 지원 및 포괄적 지원 사업(첫째 개호예방 케어매니지먼트 업무, 둘째 종합상담 지원 업무, 셋째 권리옹호 업무, 넷째 포괄적·지속적 케어매니지먼트 지원 업무)으로 제도 횡단적인 연계 네트워크를 구축해 실시한다. 종합상담 지원 업무는 개호보험 신청에 관한 상담 등도 포함되며,

[표 2-1] 개호보험 피보험자

	제1호 피보험자(수급권자)	제2호 피보험자(수급권자)
대상자	65세 이상	40세 이상 65세 미만으로 건보조합, 전국건강보험협회, 국민보험 등 의료보험 가입자
수급 조건	·요개호 상태 ·요지원 상태	·요개호(요지원) 상태가 노화로 인한 질병(특정 질병)인 경우에 한정
보험료 징수 방법	·시정촌과 특별구가 징수(연금에서 징수 원칙) ·65세 되는 달부터 징수 시작	·의료보험료와 동시 징수(건강보험가입자는 원칙적으로 사업주가 1/2 부담) ·40세 되는 달부터 징수 시작

(출처) 후생노동성 2020 저자 수정

권리옹호 업무는 치매 고령자의 권리옹호에 관한 업무나 고령자 학대에 관한 상담도 포함된다(후생노동성 2022).

② 피보험자

〈표 2-1〉에 나타낸 대로 피보험자는 65세 이상인 자(제1호 피보험자)와 40세부터 64세까지의 의료보험 가입자(제2호 피보험자)로 나뉘고 있다. 제1호 피보험자는 원인과 상관없이 요개호 인정 또는 요지원 인정을 받을 때 개호서비스를 받을 수 있다. 제2호 피보험자는 〈표 2-2〉에 보이는 노화에 따른 질병(특정 질병) 중 하나가 원인이 되어 요개호 인정 또는 요지원 인정을 받았을 때 개호서비스를 받을 수 있다.

제1호 피보험자의 개호보험료는 각 보험자가 실시한 개호보험 사업 계획의 재검토에 따라 3년마다 설정된다. 3년간 개호서비스 제공이 필요한 비용 중 65세 이상인 사람이 부담해야 할 금액을 3년간 65세 이상 인구의 합계 수로 나누어 기준 금액을 구하고, 이 기준 금액을 근거로 본인과 가구의 소득이나 과세 상황에 따라 단계별로 보험료를 결정한다. 2021년부터

[표 2-2] 제2호 피보험자 인정에 관한 특정 질병

1 암	9 척추관 협착증
2 류마티스 관절염	10 조로증
3 근위축성 측삭 경화증	11 다계통 위축증
4 후종인대골화증	12 당뇨병성 신경병증
5 골절을 동반한 골다공증	13 뇌혈관질환
6 초로기 치매	14 폐쇄성 동맥경화증
7 진행성 핵상마비, 대뇌피질 기저핵 변성증 및 파킨슨병	15 만성폐쇄성 폐질환
8 척수소뇌변성증	16 양쪽 무릎관절 또는 고관절에 현저한 변형이 동반되는 퇴행성 관절증

(출처) 후생노동성 2020

2023년 사이의 전국 평균 월 보험료는 6,014엔이다(후생노동성 2021). 또한 2018년부터 2020년 사이 전국 평균 보험료는 5,869엔이었다.

제2호 피보험자의 개호보험료, 즉 국민건강보험의 가입자인 제2호 피보험자가 부담하는 개호보험료는 피보험자와 사업주가 절반씩 부담하며 국민건강보험의 보험료와 같이 징수된다. 또한 국민건강보험에 가입한 제2호 피보험자에 대해서는 국민건강보험의 보험료와 함께 징수된다.

③ 재원

개호보험의 재원은 제1호 및 제2호 피보험자가 부담한 보험료 50%와 세금 50%로 구성되어 있다. 세금은 국가, 도도부현, 시정촌에서 갹출하고 있으며 갹출 비율은 시설 및 재택의 급여비용에 따라 다르다. 시설 등의 급여는 국고 부담이 15%인 데 비하여 재택 급여는 20%이다. 재택서비스의 급여비용은 1인당 월평균 약 12만 엔인데, 시설서비스는 1인당 연간 평균 약 29만 엔이다. 이를 통해 정부는 시설 등 급여에 대한 국고 부담 비율보다 재택급여에 대한 국고 부담 비율을 더 높게 설정하고 있어, 재택개호 유도를 꾀하고 있음을 알 수 있다(건강보험조합연합회 2021, 122-133).

[표 2-3] 요개호 등급별 월 한도액

등급	월 한도액
요지원 1등급	50,320엔
요지원 2등급	105,310엔
요개호 1등급	167,650엔
요개호 2등급	197,050엔
요개호 3등급	270,480엔
요개호 4등급	309,380엔
요개호 5등급	362,170엔

(출처) 후생노동성 홈페이지를 참고해 저자 작성, https://www.mhlw.go.jp/topics/kaigo/osirase/jigyo/m18/1807.html

④ 대상자

개호보험서비스 이용을 신청한 제1호 및 제2호의 피보험자 중, 인정조사에 기초하여 개호인정심사회에 의한 요지원1·2 또는 요개호1-5의 인정 등급을 받은 대상자는 개호보험서비스를 이용할 수 있다. 비인정을 받은 신청자(탈락자/등급 외자)는 개호보험서비스를 이용할 수 없다.

개호서비스 이용의 본인부담 비율의 경우 2000년부터 2014년까지는 월 한도액(〈표 2-3〉 참조)의 10%인데 2015년에는 일정 소득 이상인 자는 20%, 2018년에는 고액 소득 이상인 자는 30% 부담하게 되었다. 또한 시설서비스 이용에 관해서는 10%-30%의 본인부담 외에 거주비, 식비, 일상생활비 등을 별도로 부담한다.

덧붙여 개호서비스를 이용하는 경우 본인부담금액에는 월 한도액이 설정되어 있다. 하지만 세대 합계 또는 개인이 월 한도액을 초과하는 데에 조과 금액을 환불해 줄 수 있는 고액(개호예방)서비스비제도가 있으며, 1년간 의료보험과 개호보험의 본인부담이 현저하게 높을 경우에는 부담을 경감해주는 고액개호합산요양비제도가 있다.

⑤ 이용 방법

개호보험서비스 이용을 희망하는 제1호 및 제2호의 피보험자는 시정촌의 개호보험 담당과 또는 시정촌 내 지역포괄지원센터에서 '요개호(요지원) 인정'을 신청한다. 신청 2주 정도 후에 시정촌의 보건사, 간호사 등 직원, 사업을 수탁한 법인 직원, 개호서비스기관, 케어매니저가 방문조사를 실시한다. 또한 신규 신청에 관해서는 시정촌 직원이 방문조사를 담당한다.

방문조사에 의한 요개호 인정 기초 조사는 ① 상황조사 및 ② 기본조사(74항목)로 구성된다. 상황 조사에서는 현재 받고 있는 개호보험서비스, 가족 상황, 주택 환경 등을 조사한다. 기본 조사에서는 신체기능·일상동작, 생활기능, 인지기능, 정신·행동장애, 사회생활 적응, 특별한 의료 등 6개 군, 합계 74개 항목에 대해서 능력(있음), 지원(필요), 유무라는 3가지 평가 기준을 바탕으로 신청자 및 가족 부양자를 대상으로 1시간 정도의 청취 조사를 통해서 신청자의 상황을 조사한다.

인정조사 결과 및 인정조사원이 기재한 특기 사항은 보험자인 시정촌에 송부된다. 인정조사 중 기본 조사의 데이터가 전국 통일의 요개호 인정 소프트웨어에 입력되는데 후술하는 중간평가점수 및 요개호 인정 등 기준 시간이 계산된다. 이 단계를 제1차 판정이라고 한다. 제1차 판정의 계산 결과 및 보험자가 의뢰한 주치의 의견 소견서를 근거로 각 보험자가 설치한 보험·복지·의료 분야 전문가로 구성된 '개호인정심사회(등급판정위원회)'(5명으로 구성)에서 심사하여 어느 정도의 지원이 필요한지 최종적으로 판정한다. 이 단계를 제2차 판정이라고 부른다. 심사 결과는 요지원 1-2등급, 요개호 1-5등급, 비인정(등급 외)이라는 8가지 중의 하나가 된다.

신청 후 한 달 안에 결과가 발송되는데, 최근 신청자가 증가하고 있고 인정 조사원이 부족하기 때문에 한 달을 넘는 경우가 있다. 제2호 피보험자의 경우는 요개호(요지원) 상태에 해당하며, 이 상태가 〈표 2-2〉에 보이는 특정 질병에 의해 발생한 경우에만 대상이 되며, 제1호 보험자와 마찬가지로 인정조사를 받고 인정결과가 나온다. 인정결과에 불만이 있는 경우 보험자인 시정촌에 신청하면 된다. 개호보험료 등의 이의신청은 도도부현 단위로 설치된 개호보험심사회가 대응하고 있다.

⑥ 요개호 인정 방법

제1차 판정 단계에서 계산된 중간평가점수 및 요개호 등 인정기준시간이 표시된다. 기본 조사는 (a) 신체기능·일상동작 군(13항목), (b) 생활기능 군(12항목), (c) 인지기능(9항목), (d) 정신·행동장애(15항목), (e) 사회생활 적응(6항목)의 합계 74항목으로 구성된다. 각 항목마다 선택지에 중간평가 점수가 할당되어 있다. 예를 들어 (a) 신체기능·일상동작의 7번째 항목은 '보행'에 대한 것인데 보행할 수 있는 경우는 7.6점, 부축받아 보행할 수 있는 경우는 5.5점, 보행할 수 없는 경우는 0점이다.

중간평가점수는 각 항목의 선택 결과에 따라 최고 100점(각 군을 구성한 항목의 합계), 최저 0점으로 표시된다. 중간평가점수는 수형 모델(식사 능력을 판단할 때의 사례, 〈그림 2-2〉 참고)을 통해 8개 행위(〈표 2-5〉 참고)의 점수를 평가할 때의 분기점 기준, 즉 어느 쪽 가지로 진행하면 좋을지에 대한 기준으로서 사용될 뿐이며, 개호 부담과는 전혀 무관한 지표이다(후생노동성 2012, 39). 중간평가 시 사용한 항목은 〈표 2-4〉와 같다.

[표 2-4] 중간평가 항목에 나타난 7군

1. 마비·근육수축에 관한 13개 항목
2. 이동 등에 관한 항목
3. 복잡한 동작 등(식사섭취 등)에 관한 항목
4. 특별한 개호(치매 등) 등에 관한 항목
5. 일상생활 지원 등(금전 관리 등)에 관한 항목
6. 커뮤니케이션에 관한 항목
7. 문제적 행동에 관한 항목

(출처) 香取照幸 2022, 216 저자 개편

〈표 2-5〉는 5개 분야 8개 행위로 구성된 요개호 등 인정기준시간의 표시범위를 나타낸다. 요개호 인정 소프트웨어가 표시하는 제1차 판정 결

[표 2-5] 요개호 등 인정기준시간의 기준행위 구분과 시간의 표시범위

행위구분		개요	시간 표시범위
1. 신체 지원	식사	음식 섭취, 연하 등	1.1-71.4분
	이동	일상생활 속의 이동 행위	0.4-21.4분
	청결유지	세면, 옷 갈아입기, 목욕 등	1.2-24.3분
	배설	바지 등의 갈아입기, 관련 처리 등	0.2-28.0분
2. 생활 지원		청소, 세탁 등 가사 활동	0.4-11.3분
3. BPSD 관련 행위 (치매관련 심리행동증상)		배회에 대한 탐색, 불결한 행위에 대한 뒤처리 등	5.8-21.2분
4. 기능 훈련 관련 행위		보행 훈련, 일상생활 훈련 등의 기능 훈련	0.5-15.4분
5. 의료 관련 행위		수액 관리, 욕창 치치 등 진료 보조 등 ('특별의료' 제외)	1.0-37.2분

(출처) 후생노동성 2020; 香取照幸 2022, 214

[그림 2-2] 식사섭취에 관한 수형도

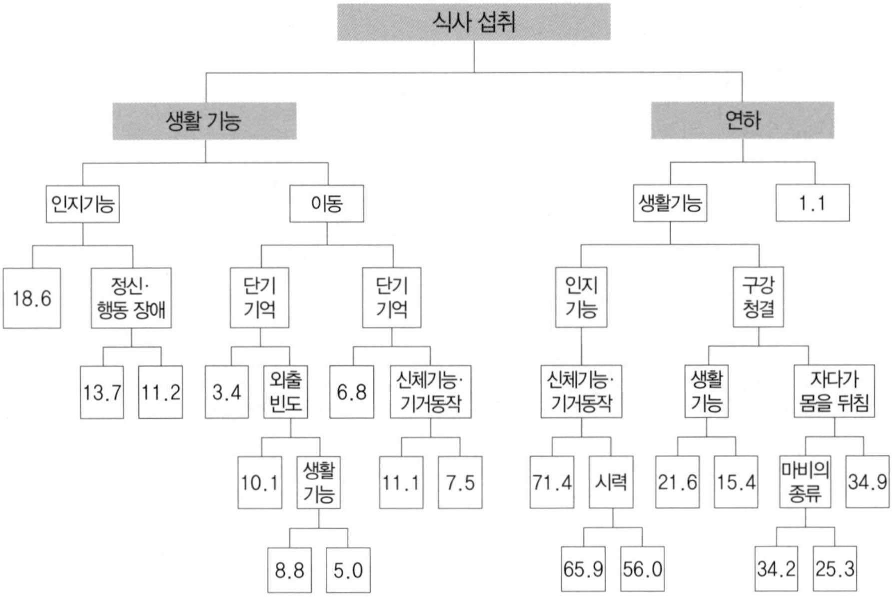

(출처) 香取照幸 2022, 222

과 표에서는 5개 분야의 요개호 등 인정기준시간과 합계 시간이 제시된다. 74항목의 기본조사 중, 12항목은 과거 14일간 받은 특별한 의료에 관한 항목이며(예를 들어 투석, 산소요법, 경관영양 등), 이들에 해당하지 않는 경우에는 5개 분야의 합계 시간에 따라 요개호 등급이 결정된다. 예를 들어 요개호 등 인정기준시간의 합계가 27.4분이면 요지원1이고, 80분이면 요개호3이다. 특별한 의료에 관한 항목에 해당하는 항목이 있으면 특별한 의료시간이 추계되어 조정된 시간을 통해 해당하는 요개호 등급이 결정된다(香取照幸 2022, 213-214).

또한 요지원 2등급 및 요개호 1등급은 요개호 등 인정기준시간의 합계가 모두 32분 이상 50분 미만이며, 개호인정심사회에서 치매 의심 유무나 심신 상태가 크게 달라질 가능성 등을 검토하는 것을 통해 최종적으로 결과를 판정한다.

⑦ 케어플랜

요개호 1-5등급으로 인정된 신청자에 대해서는 재택에서 개호서비스를 이용하는 경우, 보험자가 등급인정결과와 함께 보낸 재택개호지원서비스 기관(케어매니저 기관)의 리스트에서 피보험자는 하나의 회사를 선택해 케어매니저와 계약한다. 피보험자는 케어매니저에게 희망한 재택서비스를 전달하여 케어플랜의 작성을 받는다. 시설 입소를 희망하는 경우에는 원하는 시설에 직접 신청한다. 요지원 1-2등급에 인정된 경우에는 해당 시정촌의 지역포괄지원센터에 주임 케어매니저가 이들에게 개호예방서비스 계획(개호예방케어플랜)을 작성해야 된다.

⑧ 급여서비스의 체계

개호보험의 급여는 실질적으로 현물급여가 된다. 〈표 2-6〉에 나타낸 바와 같이 요지원·요개호 등급별로 이용 가능한 서비스가 다르며, 재택개호서비스, 지역밀착형서비스, 시설서비스로 크게 나누고 있다. 재택케어서비스 및 지역밀착형서비스는 개호급여와 예방급여로 나뉘며, 등급에 따라 이용할 수 있는 서비스가 다르다. 또 의료서비스인 방문간호나 방문재활 등도 보험 급여의 대상이 된다. 이러한 다종다양한 서비스에 대해서 니시시타 아키토시(西下彰俊)는 개호급여 뿐만 아니라 예방급여를 제도에 도입한 것 그리고 재택개호서비스, 지역밀착형서비스, 개호시설서비스 등 다종류의 서비스를 배치한 풀스펙형 서비스 체제를 베이스로 하고 있는 것은 일본 개호보험의 큰 특징이라고 지적하고 있다(西下彰俊 2022, 6-7).

한국의 노인장기요양보험 서비스에 비하면 일본의 개호보험서비스 체계는 포괄적이다. 이 포괄성(풀스펙형)이 일본 개호보험 재정난의 원인이

[표 2-6] 개호보험의 급여 서비스

재택개호	개호급여	방문개호 방문목욕 방문간호 방문재활 재택요양관리지도 주·야간보호 재활형 주·야간보호 단기입소생활개호 단기입소요양개호 특정 시설 입주자 생활개호 복지용구 대여 특정 복지용구 판매 수급자 주택개조 재택개호지원
	예방급여	개호예방 방문목욕 개호예방 방문간호 개호예방 방문재활 개호예방 재택요양관리지도 개호예방 재활형 주·야간보호 개호예방 단기입소생활개호 개호예방 단기입소요양개호 개호예방 특정 시설 입주자 생활개호 개호예방 복지용구 대여 개호예방 특정 복지용구 판매 개호예방 수급자 주택개조 개호예방 지원
지역밀착형	개호급여	야간대응형 방문개호 치매대응형 주·야간보호 소규모 다기능형 재택개호 간호 소규모 다기능형 재택개호 치매대응형 공동생활개호 지역밀착형 특정 시설 입주자 생활개호 지역밀착형 개호노인복지시설 입주자 생활개호
	예방급여	개호예방 치매대응형 주·야간보호 개호예방 소규모 다기능형 재택개호 개호예방 치매대응형 공동생활개호
개호시설		개호노인복지시설 개호노인보건시설 개호요양형 의료시설 개호의료원

(주) 재택개호의 급여 중 밑줄 친 서비스는 한국에 없는 서비스이다. 또한 예방급여 및 지역밀착형 개호급여/예방급여는 한국에 없는 범주와 서비스이다. 개호시설 중 밑줄 친 부분은 한국에 없는 시설이다.

(출처) 후생노동성 2022 저자 개편

기도 한다. 한·일 양국 보험이 제공하는 서비스는 여러 부분에서 차이가 있지만 주요 차이점은 다음과 같다. 우선 일본은 지역밀착형이라는 범주가 있다. 지역밀착형서비스는 이용자의 주민표(거주지)와 서비스기관이 같은 시정촌에 있을 것이 전제된다. 둘째, 예방급여는 일본의 개호보험에 설치되어 있는 것이다. 한국의 예방서비스는 장기요양보험에 적용하지 않고 지방자치단체가 실시하고 있다. 셋째, 재택서비스 급여 중 방문재활이나 주택개조 등 7가지는 한국에 없는 서비스이다. 넷째, 일본의 개호시설 중, 개호노인보건시설, 개호요양형의료시설, 개호의료원 등은 한국에 없는 시설이다. 의료와 복지의 중간 기능을 가진 개호노인보건시설은 일본 독자적인 시설이다. 한국에서는 일본의 개호요양형 의료시설이나 개호의료원과 같은 기능을 가진 시설은 노인요양병원이지만 이는 의료보험의 병원이다.

4. 개호보험제도의 문제점

개호보험의 문제점은 주로 5가지 정도 지적할 수 있다. 우선 가장 큰 문제점은 개호보험의 재정 적자로 인해 경증 고령자에 대한 서비스가 개호보험에서 분리되고 있는 경향이다. 2017년부터 요지원 1-2등급이 이용한 방문개호 및 주·야간보호는 시정촌의 '개호예방·일상생활 지원 종합사업'(이하, 종합사업)으로 이행된다(후생노동성 2016). 앞으로는 요개호 1등급이나 요개호 2등급에 대한 개호급여를 개호보험에서 제외하고 시정촌의 종합사업으로 옮겨 갈 가능성이 있다. 하지만 종합사업의 서비스 제공자에는 지역주민이나 자원봉사자 등 전문직이 아닌 자도 포함되기 때문에 서비스의 질 문제가 발생한다.

두 번째 문제점은 재정난과 관련이 있다. 후생노동성은 재정 적자를 이유로 상기의 이행을 추진해 왔으며 서비스 이용 시의 본인부담 비율도

10%뿐 아니라 20%, 30%의 부담 능력 원칙을 도입해 왔다. 그러나 후생노동성의 〈개호보험사업 상황보고(전국계)〉에 따르면 2000년부터 2020년까지의 전국의 세입액, 세출액을 따져 보면 21년간에 합계 3조 5,912억 엔의 흑자가 나왔다(후생노동성 2021c). 개호급여비 준비기금도 이 금액을 넘는 잉여금이 나오고 있다. 덧붙여 최근의 개호급여비 준비기금의 금액을 조사했더니 2017년은 5,788억 엔, 2018년은 6,947억 엔, 2019년은 7,611억 엔, 2020년은 7,948억 엔으로 높은 수준의 흑자 상황이 되고 있다(후생노동성 2021c).

이렇게 재정적으로 여유롭고 안정된 상황에서 여러 제도의 개정을 추진해 온 이유는 어디에 있는 것일까. 후생노동성은 누적된 흑자 속에서 제도를 바꿔야 했던 이유를 피보험자나 서비스 이용자 그리고 보험자에게 알기 쉽게 설명해야 한다.

세 번째는 요개호 인정의 기준시간 설정에 관한 문제이다. 〈표 2-7〉에

[표 2-7] 요개호 등급별 인정기준시간

요지원 1등급	일부 지원 필요 〈표 2-5〉의 5분야의 요개호 등 인정기준시간 합계가 25분 이상 32분 미만
요지원 2등급	일상생활 속에 요지원 1등급보다 도움 필요 〈표 2-5〉의 5분야의 요개호 등 인정기준시간 합계가 32분 이상 50분 미만
요개호 1등급	부분적으로 개호 필요 〈표 2-5〉의 5분야의 요개호 등 인정기준시간 합계가 32분 이상 50분 미만
요개호 2등급	요개호 1등급보다 신체적 개호 필요 〈표 2-5〉의 5분야의 요개호 등 인정기준시간 합계가 50분 이상 70분 미만
요개호 3등급	거의 전면적 개호 필요 〈표 2-5〉의 5분야의 요개호 등 인정기준시간 합계가 70분 이상 90분 미만
요개호 4등급	개호없이 일상생활 수행하기 어려움. 〈표 2-5〉의 5분야의 요개호 등 인정기준시간 합계가 90분 이상 110분 미만
요개호 5등급	개호없이 일상생활 수행하기 불가 〈표 2-5〉의 5분야의 요개호 등 인정기준시간 합계가 110분 이상

(출처) 후생노동성 홈페이지를 참고해 저자 작성, https://www.mhlw.go.jp/topics/kaigo/osirase/jigyo/m18/1807.html

서 나타낸 바와 같이 요지원 2등급 및 요개호 1등급의 인정기준시간이 모두 '32분 이상 50분 미만'으로 되어 있으며, 이러한 점수 중첩을 없애는 것이 과제이다. 특히 요지원 2등급의 경우, 방문개호나 주·야간보호서비스는 개호보험이 아닌 시정촌의 종합사업을 통해 이용하게 되므로 요개호 1등급(개호보험 적용)과 완전히 다르다. 요지원 2등급 및 요개호 1등급의 인정기준시간이 겹치지 않도록 설정하면 제도에 대한 이해가 쉬워지고 이용자의 불만도 줄어들 것이다.

네 번째는 향후 큰 과제가 되는 점은 개호 현장에 있어서 일상생활 동작능력(Activities of Daily Living, 이하 ADL) 향상에 대한 성공적인 수가를 어떻게 설정할 것인가이다. 개호보험 개설 초기부터 저자가 우려했던 것이 있다. 데이서비스기관(주간보호센터)이나 개호시설에서 이용자에게 개호서비스를 제공하는 것을 통해 이용자의 ADL이나 심신 기능이 향상되어 요개호 등급이 개선되는 경우가 있다. 그러나 이러한 노력이 보답받지 못하는 현실도 있다. 요개호 등급이 개선되면 개호수가(급여)가 낮아지며, 데이서비스기관이나 개호시설의 수입이 줄어서 경영에 어려움을 겪게 된다. 개호직원이나 간호직원, 재활직원 등이 개호서비스를 열심히 제공할수록 조직의 경영이 불안정하게 만든다는 구조로 '개호보험제도의 자기모순'이라고 할 수 있다(선현규 2018, 25).

후생노동성은 2018년부터 개호 현장에 있어서 ADL 향상에 대한 성공수가를 제도화하고 〈ADL 유지 가산〉을 신설했다. ADL 향상의 증거를 바델(Barthel) 지수를 통해 측정해 가산 조건을 충족하는지를 확인한 후에 절차를 진행하게 된다. 가산(I)은 한 달에 30포인트(약 300엔), 가산(II)는 한 달에 60포인트(약 600엔)이다(후생노동성 2020d). 측정 근거에 따른 절차의 간소화가 과제이다. 덧붙여 바델 지수의 문제점에 관해서는 이 책(西下彰俊 2022)에서 논하고 있다(西下彰俊 2022, 168-169).

다섯째 과제는 향후 큰 문제인데 전술했듯이 앞으로 노인 부부만의 가구의 증가가 전망된다. 노노개호가 증가하는 것도 큰 사회문제이지만 노인 부부 중 한 명이 요개호 인정을 받고 배우자도 요개호 혹은 요지원 인정을 받는 경우도 확실히 증가하고 있다. 개호보험제도하에는 인정된 수급자가 계약한 케어매니저가 이에 대한 케어플랜만을 작성한다. 이 때문에 요개호 혹은 요지원 인정을 받은 배우자는 다른 케어매니저 또는 지역포괄지원센터의 주임 케어매니저에 의한 케어플랜의 작성을 받게 된다. 후생노동성은 홈헬프서비스(가사활동 지원)의 이용에 대해서 동거인이 있는 경우의 생활지원서비스 이용을 원칙적으로 제한하고 있다. 이 때문에 노인 부부만의 가구의 경우, 상대적으로 ADL 높은 배우자가 식사 준비, 배식, 뒷정리 등 수급자의 일상생활 속의 수요를 지원하게 될 수밖에 없는 경우가 생긴다. 향후 계속 증가하는 이러한 노인 부부만의 세대에 대해 통합적인 한 개의 케어플랜 작성 및 케어매니지먼트를 가능하게 하는 제도 개정이 필요하다(何妨容 2022).

3 개호보험과 지역포괄케어

1. 지역포괄케어시스템의 개념

지역포괄케어시스템의 법적 정의는 2013년의 사회보장개혁 프로그램법 제4장 제4항에서 아래와 같이 명기되어 있다.

> 지역포괄케어시스템은 지역 실정에 따라 고령자가 가능하게 익숙한 지역에서 이의 능력에 따라 자립적인 생활을 영위할 수 있도록 의료, 개호, 개호예방, 주거 및 자립적인 일상생활 지원을 포괄적으로 확보

[그림 2-3] 지역포괄케어시스템의 구성

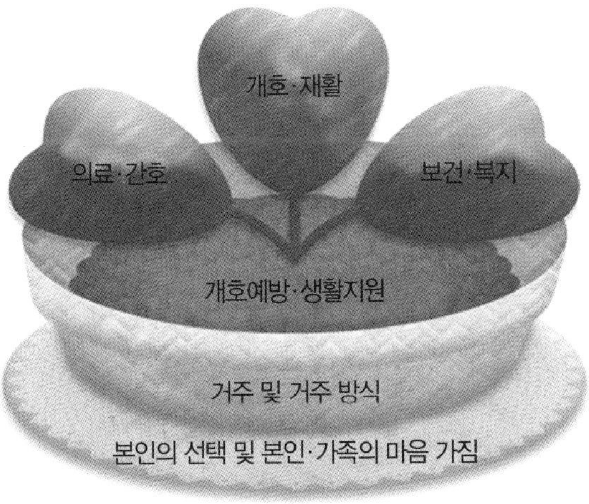

(출처) 미쓰비시 UFJ 리서치 & 컨설팅 2016, 〈지역포괄케어연구회〉, 〈지역포괄케어시스템과 지역관리〉

하는 체제이다(二木立 2019, 127).

지역포괄케어시스템을 구성하는 4가지 요소에 대해서는 〈그림 2-3〉의 화분 모델을 통해 설명하는 경우가 많다. 우선 토대가 된 '접시'는 '본인의 선택 및 본인·가족의 마음가짐'이 불가결하다. 본인 및 가족이 개호/부양에 대해 서로 이해한 후에 개호서비스를 받는 자세가 있어야 더 좋은 지원으로 이어질 수 있다. 다음으로 화분 모델의 화분은 거주 및 거주 방식을 나타내고 있다. 거주는 생활 기반이 된 환경이며, 익숙한 자택이나 지역에서 자신답게 환경을 정돈하는 것은 본인의 존엄이나 프라이버시 확보로 이어질 수 있다. 셋째, 화분 안의 흙은 개호예방·생활지원을 제시하고 있다. 흙에는 충분한 양분이 필요하다. 이는 개호예방의 영역에서는 지역에 사회적 참여를 계속할 수 있는 환경을 의미하며, 생활지원 영역에서는 의식주의 정비뿐만 아니라 교류나 보호 등의 환경 정비를 의미한다. 마지막 세 장의 잎은 개호·의료·복지를 제시한다. 양분 있는 흙 속에서 개호·의료

·복지라는 잎 세 장이 성장하고 있음을 나타내고 있으며, 지역 고령자 개개인의 과제나 수요에 맞는 개호·의료·복지가 일체화되고 고령자에 대한 서비스가 이루어지는 것을 보여 주고 있다. 세 장 잎의 아랫부분이 연결되고 있는 것은 연계의 중요성을 나타낸다.

또한 지역포괄케어시스템에 대해서는 4가지 원칙이 연계됨으로써 효과적으로 기능한다고 설명하는 경우가 많다. 4가지 원칙은 ① 자조(自助), ② 호조(互助), ③ 공조(共助), ④ 공조(公助)이며 4조라고 하기도 한다. 먼저 ① 자조(自助)는 자신의 일을 스스로 수행함과 더불어 시장의 개호서비스를 구입하여 자신의 힘으로 생활하는 것을 의미한다. ② 호조(互助)는 가족, 친구, 주민 간에 서로 돕거나 봉사 활동을 통한 지원을 의미한다. ③ 공조(共助)는 개호보험이나 의료보험 등의 사회보험서비스를 의미한다. ④ 공조(公助)는 지방자치단체에 의한 고령자복지서비스나 인권 보호, 국가에 의한 생활 보호 등의 지원을 의미한다. 또한 지역포괄케어시스템은 비용이 들지 않는 ② 호조(互助)에 의한 비공식 케어를 강조하고 있다. 이 배경에 대해서는 다음 2에서 기술하기로 하자.

2. 지역포괄케어시스템 탄생의 배경과 향후 과제

후생노동성이 지역포괄케어시스템의 개념을 도입한 배경에는 제1차 베이비붐으로 태어난 베이비붐 세대(1947-1949년 출생)가 후기 고령자(75세 이상인 고령자)가 되는 2025년에 대한 위기감이 있다. 더욱이 최근에는 베이비붐 세대의 자녀 세대인 베이비붐 주니어(1971-1974년 출생)가 고령기에 들어가는 2040년에 대한 위기감이 커지고 있다.

저출산·고령화가 진행되고 총인구가 감소하는 국면에 접어들어 생산연령인구의 축소가 진행되는 가운데 평균 수명은 계속 증가하고 있기 때문에 급증한 요개호 고령자나 치매 고령자 또는 후기 고령자의 개호 수요, 의료 요구를 기존의 사회보장정책으로는 커버할 수 없는 단계로 가고 있다.

그래서 정부는 개호보험의 보험자인 시정촌마다 2025년까지 지역포괄케어시스템을 구축할 것을 요구하고 있다. 전국 시정촌의 지역포괄케어시스템은 홈페이지 등으로 소개하는 정도이다. 아마도 정부는 2040년의 문제에 대응할 수 있는 새로운 지역시스템, 즉 후술할 새로운 지역공생케어시스템의 구축을 요청하게 될 것 같다.

현행 지역포괄케어시스템에 대해 정부는 요개호 고령자나 치매 고령자의 의료, 돌봄, 개호, 예방, 사회참여 등 다양한 수요에 대해 ③ 공조(共助) 및 ④ 공조(公助)라는 공적 지원을 축으로 하면서도 ② 호조(互助)라는 비공식 케어의 전개를 기대하고 있다. 비공식 케어란 공적 케어와 달리 무료무상의 자원봉사이다. 재원이 없어도 진행되는 요소이다. 또한 익숙한 지역에서 자신답게 생활한다는 국제적 기준으로서의 에이징 인 플레이스(Aging in Place, 이하 AIP) 이념을 실천할 수 있는 측면도 있다.

[그림 2-4] 지역포괄케어시스템의 이미지

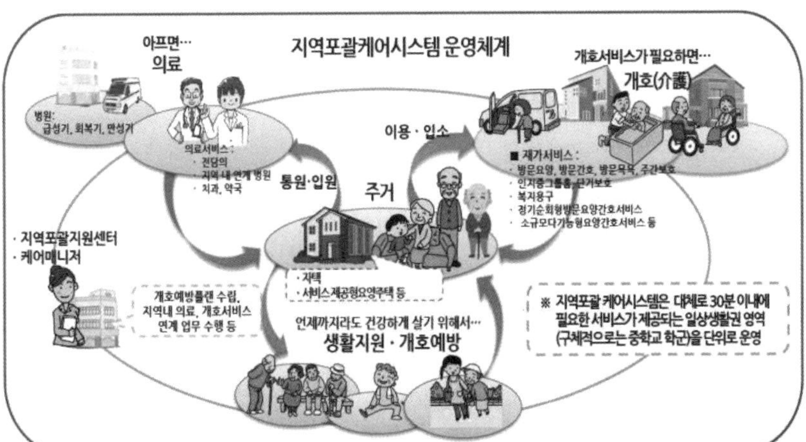

노인 클럽 · 자치회 · 봉사활동 · NPO

(출처) 후생노동성(국민건강보험, 〈2022년도 주요국의 건강보장제도 현황과 정책동향—제2권 일본〉 재인용)

아래 〈그림 2-4〉는 후생노동성이 나타낸 지역포괄케어시스템의 이미지이다. 이 그림과 같이 지역포괄케어가 실현되기 위해서는 노인들의 일상생활권역(30분 정도면 달려갈 수 있는 권역, 중학교 학군)에서 의료, 개호, 예방, 주거, 생활 지원(관찰·배식·시장보기 등)이라는 5가지 관점에서의 대처가 포괄적(이용자의 요구에 따른 적절한 조합에 의한 서비스 제공), 지속적(입원, 퇴원, 재택 복귀를 통해 끊임없는 서비스 제공)으로 이루어질 필요가 있다.

국가와 지자체는 피보험자가 가능한 익숙한 지역에서 자기 능력에 따라 자립적인 일상생활을 영위할 수 있도록 개호, 예방, 생활 지원에 관한 시책을 의료 및 거주에 관한 시책과 유기적으로 연계하면서 포괄적으로 추진하도록 노력해야 한다(후생노동통계협회 2022, 202).

지역포괄케어시스템은 이상과 같은 공통 목적 및 목표가 있다고 해도 도시와 농촌 간의 차이가 발생하게 된다. 후기 고령자의 인구 추세도 다르고 의료나 돌봄의 기반 정비 상황도 다르다. 따라서 지역포괄케어시스템의 표준화는 불가능하며 모델이 될 수 있는 지역포괄케어시스템도 존재하지 않는다. 그래서 완성해야 하는 지역포괄케어의 수치적 목표도 없다.

일본의 노인복지는 그동안 골드플랜(1990-1994년), 신골드플랜(1995-1999년), 골드플랜21(2000-2004년)을 걸쳐 수치 목표를 설정해 추진해 왔다. 또한 2012년 오렌지플랜, 2015년 신오렌지플랜도 수치 목표가 있었다. 그런데 지역포괄케어시스템의 구축은 구체적인 수치 목표를 가지지 않다는 점에서 매우 독특한 대책이라고 말할 수 있다.

3. 지역포괄지원센터의 역할 및 향후 과제

2005년의 개호보험법 개정으로 '지역포괄지원센터'가 설치됐다. 지역포괄지원센터는 "시정촌이 설치 주체가 되어 보건사·사회복지사·주임 케어매니저 등이 배치되며, 주민의 심신건강 유지 및 생활안정을 위해 필요로 하는 지원을 실시함으로써 포괄적으로 지역주민을 지원하는 것을 목적으로 한 시설"로 규정되어 있다(개호보험법 제115조 46제1항). 지역포괄지원센터는 고령자에 관해서 다양한 상담 업무를 커버하는 원스톱형 상담기관이며, 2022년 4월 현재 5,404개가 설치되어 있다. 그리고 상담 내용을 센터에 연결하는 창구가 1,647개, 센터 지소가 358개 설치되어 있다. 센터의 운영 형태는 시정촌 직접 운영이 20%, 사회복지법인, 사회복지협의회, 의료법인 등에 위탁한 경우는 80%이다.

지역포괄지원센터가 맡아야 하는 업무는 4가지 있다. 첫 번째, 종합상담지원 업무가 있다. 이것은 지역주민의 각종 상담을 폭넓게 받아들여 종합적으로 지원을 실시하는 것을 목적으로 한다. 두 번째는 권리옹호 업무이다. 성년후견제도의 활용을 촉진하거나 고령자 학대를 일찍 발견하는 것을 통해 권리옹호를 실시한다. 세 번째는 포괄적·지속적 케어매니지먼트 지원 업무이다. 이것은 케어매니저에 대한 일상적이고 개별적인 지도·상담이나 지원이 어려운 사례 등에 대한 지도·조언을 실시하거나, 다양한 직종이 연계한 지역케어를 통한 케어매니지먼트 지원에 관한 업무이다. 이 역할은 지역주민에 대한 직접적인 지원이 아니라 지역주민과 직접 관련한 케어매니저라는 사회 자원에 대한 전문적 지원 때문에 의미가 크다. 네 번째는 개호예방 케어매니지먼트로 요지원 1·2등급의 인정을 받은 고령자에 대한 개호예방 케어플랜을 작성하는 역할이다(후생노동성 2022).

지역포괄지원센터는 도보 30분이면 이동할 수 있는 일상생활 권역, 즉 중학교 교구에 1개가 설치된다. 노인 3,000명에서 6,000명마다 3개 분야의 전문직을 배치하는 형태가 된다. 후생노동성이 나타내는 지역포괄케어시스템 일러스트[1]에 의하면 1개의 지역포괄케어시스템에 1개의 지역포괄

1 https://www.mhlw.go.jp/seisakunitsuite/bunya/hukushi_kaigo/kaigo_koureisha/chiiki-houkatsu/dl/link1-4.pdf

지원센터가 설치된다. 예를 들어 도쿄경제대(東京経済大)가 있는 고쿠분지시(国分寺市)의 경우 2020년 현재 총 인구 약 13만 명으로 고령자 수는 약 2.8만 명이며 지역포괄지원센터가 6개 설치되어 있다.

지역포괄케어시스템은 단카이 세대(1947-1949년 출생) 75세의 후기 고령자를 포함한 2025년을 목표로 각 시정촌이 지역의 실정에 맞추어 구축한 시스템이다. 앞으로는 고령자뿐만 아니라 유아, 아동, 은둔형 외톨이, 장애인, 다문화 가족, 외국인 등을 포괄하는 '지역공생사회'의 조기 실현이 다음 단계에서의 중요하고 필수적인 과제가 된다.

4. 지역의 공생사회 실현

이미 언급했듯이 현재의 지역포괄케어시스템은 고령자만을 대상으로 하고 있지만 2025년 이후에 목표로 해야 하는 새로운 지역케어시스템을 위해서는 고령자뿐만 아니라 장애인, 아동, 기초생활수급대상자, 은둔형 외톨이, 등교 거부, 다문화 가족, 외국인 등 사회적 취약 계층을 커버하는 커뮤니티 케어 계획의 작성이 필요하다.

이미 2016년 6월에 일본 1억 총활약 플랜을 내각에서 결정했다. 이 안에 지역의 공생사회 실현을 명기하고 있다. 또한 아동·고령자·장애인 등 모든 사람이 지역, 생활, 삶의 보람을 함께 창출하고 높일 수 있는 '지역공생사회'를 실현한다. 그래서 "도와주는 자와 도움을 받는 자로 나뉘는 것이 아니라, 지역의 모든 주민이 역할을 가지고 서로 의지하면서 자신의 정체성을 가지면서 활약할 수 있는 지역 커뮤니티를 육성하고, 복지 등 지역의 공적서비스와 협동해 서로 도와주면서 살 수 있는 구조를 구축한다"라고 명기되어 있다(후생노동성 2021d). 그 후 2017년 2월에 후생노동성 내에 '모두의 일·함께' 지역공생사회실현본부가 설치되어 지역공생사회 실현을 위해(당면한 개혁 과제)가 결정됐다(후생노동성 2021d; 河合克義 2018, 5).

그러나 전 연령을 대상으로 한 지역공생사회에 대해서는 법적인 정의가 이루어지고 있지 않다. 따라서 지역포괄케어시스템과의 관계성은 불명확한 가운데 각 시정촌은 지역공생사회를 만들어 가야 하는 상황에 있다. 결국 2021년 4월 지역공생사회실현을 위한 사회복지법 등 일부가 개정돼 시행되었다.

본인은 지역포괄케어시스템의 목표 연도에 맞춰서 '모두의 일·함께' 지역공생사회를 향해서 보다 구체적인 목표를 포함한 국가적 플랜이 제시되어야 한다고 생각한다.

■ 신근영·허팡룽 옮김

제3장

한국의 노인장기요양보험

1 노인장기요양보험제도의 개요

이 장에서는 2008년 7월 한국에서 제정된 노인장기요양보험(Long-term Care Insurance, 이하 장기요양보험)을 시행하고 있는 제도의 개요 및 케어매니지먼트에 관해 고찰한다.

한국의 장기요양보험은 기본적으로 일본의 개호보험제도와 비슷한 면도 있지만 독자적으로 만들어진 독특한 틀도 있다. 한국의 의료보험에 초점을 맞추면서 필요에 따라 일본의 개호보험제도를 언급함으로써 양국의 공적 보험 제도의 특성을 명확히 하는 것을 목표로 한다.

1.설립 경위

일본은 1994년 후생노동성 내에 대책 본부를 설치해 개호보험 도입에 대해 검토를 시작했다. 개호보험 신설의 검토 경위에 대해서는 후생노동성 노인개호대책 본부사무국 보좌로서 개호보험 신설을 검토하였던 마스다 마사노부의 저서(増田雅暢 2022)를 참고하기 바란다.

한편 한국은 1999년 노인장기요양보호정책연구단을 설치해 노인장기요양보험을 검토하기 시작했다. 2001년 8월 김대중 전 대통령은 고령화가 진행되고 있는 것과 의료보험 재정의 압박을 받는 가운데 노인보건복지종합대책의 일환으로 노인장기요양보험제도를 설립할 것을 제안했다.

다음으로 정권을 잡은 노무현 대통령도 2003년 공적 노인요양보장추진단을 설치하였다. 이후 노인장기요양보험법을 제정하고 드디어 2008년 7월에 〈노인장기요양보험제도〉가 시작되었다(김명중 2019a, 4-5).

검토 단계에서는 보험제도의 근거법에 관하여 노인수발보험법, 국민장기요양보험법, 장기요양보장법 등 다양한 방안이 정부나 국회의원에 의해 제시되었으나 결국 장애인을 포함하지 않고 노인만을 대상으로 하는 의료서비스를 일부 포함하는 요양이라는 표현을 사용하게 되어 노인장기요양보험법으로서 시행하게 되었다(한국법제연구원 2008, 29 -33).

2. 서비스의 과정

〈그림 3-1〉에서 알 수 있듯이 65세 이상의 요양이 필요한 노인인 피보험자와 65세 미만의 치매, 뇌혈관 장애 등으로 인해 요양이 필요한 노인성 질환 피보험자가 국민건강보험공단에 신청한다(그림 내 A). 전국에서 유일한 보험자인 국민건강보험공단의 직원(사회복지사 또는 간호사)이 서비스 이용 신청자의 자택을 방문해 판정조사표에 근거해 조사를 실시해 조사 결과에 근거해 표준장기요양이용계획서(이하 이용계획서로 약칭함)를 작성한다(그림 내 B). 표준장기요양이용계획서는 2021년 6월에 개인별장기요양이용계획서로 변경되었다. 이용계획서에 기재된 구체적 내용은 제4장 2에서 논한다.

여기서 주의해야 할 것은 이용계획서를 작성하는 직원과 판정조사를 위해 나가는 직원이 다르다는 점이다(지역본부에 따라서는 동일한 직원이 실시하는 경우도 있다). 판정조사 결과로부터 파악할 수 있는 범위의 다양한 정보로부터 이용계획서가 작성되기 때문에 이 계획서는 일본의 케어매니저가

[그림 3-1] 노인장기요양보험제도의 관리·운영

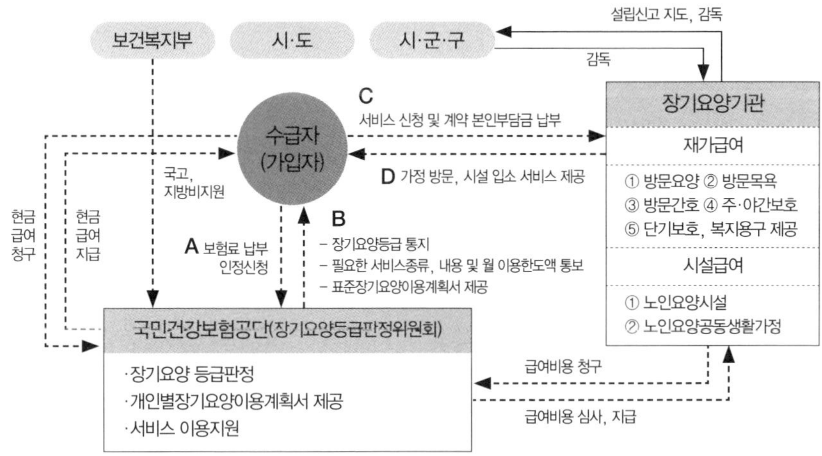

(주) 표준장기요양이용계획서는 2021년 6월에 개인별장기요양이용계획서로 변경되었음
(출처) 보건복지부

본인이나 가족과 욕구에 대해 상담하면서 작성하는 본래의 케어플랜과는 상이하다.

전체적으로 90항목의 판정조사가 이루어지지만 등급판정(일본의 대상자 인정)에 이용되는 것은 그중 52항목뿐이다. 나머지 38개 항목에 관한 정보는 이용계획서를 작성할 때의 참고 자료가 된다.

조사표의 내용에 대해서는 이미 소개되고 있지만(西下彰俊 2009, 1-14; 임춘식·선현규·住居広士 2010, 23-26, 229-236), 2022년 현재의 최신 조사표는 번역서 마지막 부분에 정리했다. 또한 일본의 개호보험제도의 개호가 필요한 자(이하, 이용자)의 인정조사에서 사용되는 질문 항목수는 모두 74항목이며 모든 항목이 대상자 인정에 사용된다.

한국에서는 15명으로 구성되는 장기요양등급판정위원회(의사 등의 의료관계자, 사회복지사, 시군구의 공무원 등으로 구성)가 ① 장기요양인정조사표의 조사 항목의 결과, ② 공단 직원이 조사 시에 기재하는 특기사항 및 ③ 의사의 의견서를 종합적으로 검토하여 각 신청자의 등급판정을 한다(西下彰俊 2008, 17-18).

판정조사 후 국민건강보험공단으로부터 이용계획서가 서비스 신청자에게 보내진다. 이 이용계획서에는 판정된 등급이 표기되어 있다. 일본의 경우에는 이 단계에서 케어매니저를 선택하고 서비스의 종류나 빈도에 관한 희망을 제시함으로써 이 케어매니저가 케어플랜을 작성하고 본인의 동의를 거쳐 계약이 이루어져 서비스 이용이 시작된다.

그러나 한국에서는 케어매니저가 제도화되지 않았기 때문에 실제 서비스 이용까지 복잡해진다(자세한 내용은 제3장 참조). 한국에서는 서비스 이용 희망자인 노인 또는 그 가족이 복수의 다른 재가 서비스를 희망하는 경우 처음으로 전화 등으로 상담한 기관이 대리적인 케어매니지먼트를 실시(西下彰俊 2011 ,175-195), 실제 계약이 이루어진다(그림 내 C 및 D). 시설서비스의 경우는 일본과 같은 시설과의 직접 계약을 맺는다. 덧붙여 시설서비스 중 노인요양공동생활가정이 그룹홈인 것처럼 표기가 그림 내에 되어 있지만 이 점에 대해서는 이 장 5에서 다시 논한다.

2 자립 지원 및 재가 노인에 대한 지원의 법적 위치 설정

일본과 한국은 노인장기요양보험의 이념 및 목적이 다르다는 가설을 세우고 일본 개호보험서비스의 이념 및 목적으로 두 개의 특성에 관한 모델을 설정할 수 있다.

하나는 '고령자 본인 모델'이다. 즉, 개호보험서비스의 제공이 돌봄이 필요한 노인(이하, 대상자) 또는 치매 노인의 자립 지원 및 생활의 질적 향상에 기여하는 것을 중요한 목적으로 하고 있는 모델이다.

또 다른 하나는 '부양자 가족 모델'이다. 이 모델은 개호보험서비스의 제공이 등급 대상자 노인 및 치매 노인을 일상적으로 돌보는 가족의 생활의 질적 향상을 중요한 목적으로 하는 제도이다(西下彰俊 2020, 31; 西下彰俊 2022, 22).

일본과 한국에서는 이 모델이 다른 것이 아닌가 하는 문제의식에서 우선 한국의 '노인장기요양보험법'의 제1조를 확인해 본다.

> 이 법은 고령이나 노인성 질병 등의 사유로 일상생활을 혼자서 수행하기 어려운 노인 등에게 제공하는 신체활동 또는 가사활동 지원 등의 장기요양급여에 관한 사항을 규정하여 노후의 건강증진 및 생활안정을 도모하고 그 가족의 부담을 덜어 줌으로써 국민의 삶의 질을 향상하도록 함을 목적으로 한다.

즉, 가족부담의 경감을 주된 목적으로 삼아 노인장기요양보험이 제정되었다고 해석할 수 있는 것이다. 조문의 전반에서는 등급자 노인·치매 노인에 대한 지원이 포함되면서 주목적이 노인을 포함한 가족의 부담 경감을 위한 지원임을 명시하고 있다.

상기 조문에서는 일상생활을 혼자 실시하는 것이 어려운 노인에게 제공하는 요양 서비스를 제공하여 노후의 건강 증진, 노후 생활의 안정을 도모하고 있다고는 하지만 요양을 필요로 하는 노인에 주된 초점이 있다고는 해석할 수 없다. 반대로 가족부담 경감에 대해서는 구체적으로 명시되어 있으며 이를 통해 저자는 한국의 노인장기요양보험법이 '부양자 가족 모델'에 입각하고 있다고 판단한다.

한편 일본의 개호보험법에서는 제1조에 다음과 같이 목적이 명기되어 있다.

> 이 법은 노화에 따라 발생하는 심신의 변화로 발생하는 목욕, 식사 등의 기능훈련 및 간호 및 개호상의 관리 그 외의 의료를 필요로 하는 자 등에 대해서 존엄을 유지하고 그 능력에 따라 자립된 일상생활을 영위할 수 있도록 필요한 보건의료서비스 및 복지서비스에 관한 서비스를 실시하기 위해 국민을 위해 개호보험제도를 마련해 그 실시하는 보험 급여 등에 관하여 필요한 사항을 정해 국민의 보험 의료의 향상 및 복지의 증진을 도모하는 것을 목적으로 한다.

일본 개호보험법 조문에서는 요개호 고령자에 초점을 맞추어 보건의료·복지서비스의 제공을 통해서 존엄한 자립 생활을 가능하게 되도록 지원하는 것이 주요 목적이라고 명기되어 있으며, 가족 부양자에 대해서는 전혀 언급하지 않는다. 이를 통해서 저자는 일본 개호보험법은 '고령자 본인 모델'을 사용하고 있다고 판단한다.

특징적인 차이는 한국의 개호보험법에서는 노후를 언급하면서 가족부양자에 대한 지원이 주요 목적이다. 그러나 일본 개호보험법에서는 요개호 고령자 본인에 대한 자립적인 지원이 주요 목적임을 강조하고 가족부양자에 대한 지원에 대해서는 전혀 언급하지 않고 있다(増田雅暢 2022, 212).

일본 및 한국은 도움이 필요한 고령자·치매 고령자를 대상으로 보험제도를 실시하고 있지만, 관련 근거법의 이념에서 명백한 차이가 존재한다고 말할 수 있다(西下彰俊 2020, 31-32).

3 등급분포와 장기요양 인정점수

1. 등급인정점수의 항목

한국의 노인요양보험제도는 일본의 개호보험제도를 답습하고 있어, 등급인정 방법도 기본적인 면에서는 동일하다. 보험 이용을 신청하면 국민건강보험공단의 조사원이 신청자의 자택을 방문하여 조사를 실시한다. 그 중 등급판정에 사용되는 항목은 52항목이며 구체적으로는 신체기능 12항목, 인지기능 7항목, 행동변화 14항목, 간호처치 9항목, 재활 10항목이다. 이 52개 항목은 8개의 서비스 그룹으로 다시 분류된다. 그 8개의 서비스군은 ① 청결, ② 배설, ③ 식사, ④ 기능보조, ⑤ 간접지원, ⑥ 행동변화, ⑦ 간호처치, ⑧ 재활훈련이다(西下彰俊 2009, 11-14).

점수 전체의 합계가 100점 만점이 되도록 조정되며 이 점수에 기초하여 등급판정이 이루어지고 1등급에서 5등급 및 인지지원등급, 등급 외 등이 결정된다.

한편, 일본에서는 점수화는 하지 않고 통계 모델상의 등급인정 등 기준시간이 산출되고 그 시간 수에 기초하여 요지원1 이하 요개호5까지의 7개 단계의 등급 인정이 이루어지는 외에 자립(비해당)도 판정된다.

2. 등급과 점수

요양이 필요한 정도를 나타내는 등급은 2008년 7월의 제도 발족부터 2014년 6월까지는 1등급에서 3등급까지의 단계가 존재했다. 일본과 달리 숫자가 작을수록 중증도가 심하다는 것을 의미한다.

노인장기요양보험법 시행령 제7조에 의하면 1등급은 심신의 기능장애로 인해 일상생활에 있어서 전면 요양을 필요로 하는 사람으로, 장기요양 인정 점수(이하 인정 점수라고 약칭)가 95점 이상의 경우이다. 구체적인 상태는 "전적으로 다른 사람의 도움을 필요로 하는 와상 상태"이다(보건복지부 2017). 일본의 개호보험의 요개호 5등급에 해당한다.

마찬가지로 2등급은 심신의 기능장애로 인해 일상생활 속에서 다른 사람의 도움을 상당히 요구하는 경우로 중증의 상태를 가진 자이다. 인정 점수가 75점 이상 95점 미만인 경우이다. 구체적인 상태상은 "휠체어 사용 등으로 일상생활이 가능하게 된 상태"이다. 일본 개호보험의 요개호 4등급에 해당한다.

3등급은 심신의 기능장애로 인해 일상생활에 있어서 부분적으로 다른 사람의 도움을 필요로 하는 자로 중중도 상태인 인정점수가 60점 이상 75점 미만인 경우이다. 구체적인 상태는 "타인의 도움으로 외출 가능한 상태"이다. 일본 개호보험의 요개호 3등급에 해당한다.

그 후 2014년 7월에 4등급 및 5등급이 신설되었고 2018년 7월에 인지지원등급이 설립되었다. 2014년에 3등급 중 일상생활 동작능력이 비교적 높은 층, 요양의 필요성이 작은 층이 4등급으로 나뉘었다. 또한 일상생활 동작능력이 있는 치매 노인을 5등급으로 인정하게 되었다.

4등급은 심신의 기능장애로 인해 일상생활 속에 있어서 일정한 부분에 대한 도움을 필요한 자인 경우이다. 인정점수가 51점 이상 60점 미만인 경우이다. 일본 개호보험의 요개호 2등급에 해당한다.

5등급은 노인성 질환에 해당하는 치매 환자이며 장기요양 인정점수가 45점 이상 51점 미만인 경우이다. 경도 치매(Mild Cognitive Impairment, MCI)를 대상으로 하는 인지지원등급은 마찬가지로 노인성 질환에 해당하는 치매 환자이며 인정점수가 45점 미만인 경우이다.

다만 5등급도 인지지원등급도 의사에 의한 치매의 진단이 필요하며 확정 진단이 없으면 등급 외로 취급되어 요양보험서비스를 사용할 수 없다. 즉, 51점 미만이고 치매에 해당하지 않으면 요양보험서비스 이외의 노인복지 프로그램 등을 사회복지관이나 노인복지관 등에서 이용하게 된다.

3. 등급과 본인부담금

2022년의 요양수가액은 보건복지부가 2021년 12월에 공표한 고시(제 2021-324호)에 모두 근거하고 있다. 1등급은 재가서비스 이용의 경우, 월 한도액은 1,672,700원(167,270엔, 1원=0.1엔으로 계산, 이하 동일)이며 재가서비스 이용시 15%의 본인부담액이 발생한다. 한도액까지 서비스를 이용한 경우 월 250,905원의 비용이 발생한다.

시설서비스 중 노인요양시설의 경우, 1등급 1일당 요양수가가 74,850원이며 1개월의 본인부담액은 464,070원이 된다. 한편, 시설서비스의 또 다른 유형인 한 시설 10명 미만의 노인요양공동생활가정의 경우, 1등급의 1일의 요양수가액이 65,750원이며 1개월의 본인부담액은 407,650원이 된다.

2등급부터 5등급까지 역시 본인부담 비율은 재가서비스가 15%, 시설서비스가 20%로 되어 있다. 2등급은 재가서비스 이용의 경우 월 한도액은 1,486,800원이며 한도액까지 서비스를 이용한 경우 2,203,020원의 비용이 발생한다.

시설서비스 중 노인요양시설의 경우 2등급 1일당 요양수가액이 69,450원이며 1개월의 본인부담액은 430,590원이 된다. 한편, 시설서비스의 또 다른 유형인 10명 미만의 노인요양공동생활가정의 경우, 2등급의 일일 요양수가액이 61,010원이며 1개월의 본인부담액은 378,262원이 된다.

3등급은 재가서비스 이용의 경우 월 한도액은 1,350,800원이며 한도액까지 서비스를 이용한 경우 202,620원의 비용이 발생한다.

시설서비스 중 노인요양시설의 경우 3등급 1일당 요양수가액이 64,040원이며 1개월의 본인부담액은 397,048원이 된다. 한편, 시설서비스의 또 다른 유형인 노인요양공동생활가정의 경우에는 3등급 일일 요양수가액이 56,240원이며 1개월의 본인부담액은 348,688원이다.

4등급은 재가서비스 이용의 경우 월 한도액은 1,244,900원이며 한도액까지 서비스를 이용한 경우 186,735원의 비용이 발생한다. 시설서비스의 경우는 어느 쪽의 요양시설의 타입도 4등급의 1일의 요양수가액은 3등급의 경우와 동일하다.

5등급은 재가서비스 이용의 경우 월 한도액은 1,068,500원이며 한도액까지 서비스를 이용한 경우 160,275원의 비용이 발생한다. 시설서비스의 경우는 어느 요양시설의 타입도 5등급의 1일의 요양수가액은 3등급의 경우와 동일하다.

인지지원등급은 재가서비스 이용의 경우 월 한도액은 597,600원이며 한도액까지 서비스를 이용한 경우 89,640원의 비용이 발생한다. 덧붙여 이 등급은 ADL, 즉 일상생활 동작능력이 비교적 유지되고 있기 때문에 시설서비스를 이용할 수 없다.

한국의 요양보험에서는 등급 외 판정을 받은 신청자가 매년 15%에서 20% 정도 존재한다. 보험자인 국민건강보험공단은 이러한 등급 외 자의 정보를 해당 노인이 사는 시군구나 보건소에 전달한다. 한국 정부는 등급 외 자가 요양예방이나 치매예방 등의 행정적인 프로그램을 이용하도록 촉구하는 방법을 쓰고 있다.

한편 일본은 개호보험이라는 공적·케어시스템에 포함되지 않는 고령자를 지자체 행정이라는 공적인 조직으로 커버한다는 2단 중첩의 시스템을 구축하고 있는 것으로 평가된다.

4. 보험 수가

〈표 3-1〉은 각 등급의 2022년의 요양수가액과 장기요양인정 점수, 2019년

[표 3-1] 한국 등급별 수가 및 등급 인정 비율

	1등급	2등급	3등급	4등급	5등급	인지지원등급	등급 내 자 합계
판정기준	95점이상	75-94점	60-74점	51-59점	45-50점	45점 미만	
2022년 월 한도액	1,672,700원	1,486,800원	1,350,800원	1,244,900원	1,068,500원	597,600원	
2020년말	43,040명	86,998명	238,697명	378,126명	91,960명	19,163명	857,984명
비율	5.0%	10.1%	27.8%	44.1%	10.7%	2.2%	100.0%
2019년 말	44,504명	86,678명	226,182명	325,901명	73,294명	15,647명	772,206명
비율	5.8%	11.2%	29.3%	42.2%	9.5%	2.0%	100.0%

(출처) 국민건강보험공단, 노인장기요양보험통계연보를 사용하여 저자 작성

[표 3-2] 일본 등급판정자 수 및 인정 비율

	요개호5	요개호4	요개호3	요개호2	요개호1	요지원2	요지원1
월 한도액	36,217점 (362,170엔)	30,938점 (309,380엔)	27,048점 (270,480엔)	19,705점 (197,050엔)	16,765점 (167,650엔)	10,531점 (105,310엔)	5,032점 (50,320엔)
요개호 인정 기준	110분 이상	90-110분	70-90분	50-70분	32-50분	32-50분	25-32분
2021년 11월 등급판정자 수 6,901,043명	591,448명	871,881명	917,852명	1164,994명	1428,217명	953,783명	972,868명
요지원을 제외한 비율 ( )은 요지원을 포함한 비율	11.9% (8.6%)	17.5% (12.6%)	18.5% (13.3%)	23.4% (16.9%)	28.7% (20.7%)	- (13.8%)	- (14.1%)
2020년 1월 등급판정자 수 6,673,718명	600,062명	811,606명	875,224명	1,152,851명	1,351,221명	944,693명	938,061명
요지원을 제외한 비율 ( )은 요지원을 포함한 비율	12.5% (9.0%)	16.9% (12.2%)	18.3% (13.1%)	24.1% (17.3%)	28.2% (20.2%)	- (14.2%)	- (14.1%)

(출처) 후생노동성, 2020, 2021년 개호산업현황 참조하여 저자 작성

및 2020년의 각 등급인정자 수, 관련 비율 등을 나타낸 것이다. 한국의 특징은 예방급여가 요양보험제도에 통합되어 있지 않다는 점이다. 일본의 요지원1이나 요지원2에 해당하는 예방급여는 제도화되어 있지 않다는 점이 한·일 간의 큰 차이이다.

이 표에서 알 수 있듯이 수가는 등급별 분포에 큰 편향이 있어 3등급, 4등급 등 비교적 경도를 의미하는 등급의 점유율이 높다. 3, 4등급 합계로 2019년은 71.5%, 2020년은 71.9%에 달했다.

한편, 간호의 욕구가 높은 중증자, 즉 1등급과 2등급의 합계 비율은 2019년 17.0%, 2020년 15.1%로 매우 낮다. 중증 대상자 상태의 노인 비율이 낮다는 것은 애초의 점수 구분 폭이 타당한지에 대한 의문이 제기된다. 심각한 중증 노인이 적절하며 필요한 양의 서비스를 사용할 수 있도록 점수 구분을 재검토해야 한다.

그럼 일본의 상황은 어떨까. 〈표 3-2〉는 일본의 등급별 수가, 요개호 인정기준시간, 인정자 수, 인정 비율을 나타낸 것이다. 대상자 인정기준시간은 어디까지나 대상자 인정 프로그램의 통계 모델 상의 개념이며, 실제의 대상자 노인이 필요로 하는 개호시간을 나타내는 척도가 아님을 주의해야 한다.

제1차 인정에서는 74항목의 마크용지 인정조사(개황조사)의 결과에 근거하여 신청자마다 대상자 인정기준시간이 분으로 표시된다. 이 표는 2020년 1월 및 2021년 11월의 상황을 나타내고 있지만 2020년 1월에는 등급인정을 받은 노인(667.4만 명) 중 최중도의 요개호5 인정을 받은 노인은 약 60만 명으로 12.5%(요지원1·요지원2를 포함한 경우에는 9.0%), 중증의 대상자 요개호4 인정을 받은 노인은 약 81.2만 명으로 16.9%(요지원1·요지원2를 포함한 경우에는 12.2%)로 되어 있다.

또, 2021년 11월에는 마찬가지로 등급인정을 받은 노인(690.1만 명) 중,

최중도의 요개호5 인정을 받은 노인은 약 59.1만 명으로 11.9%(요지원1·요지원2를 포함한 경우에는 8.6%), 요개호4 인정을 받은 노인은 약 87.2만 명으로 17.5%(요지원1·요지원2를 포함한 경우에는 12.6%)로 되어 있다.

요개호4와 요개호5를 합치면 2020년, 2021년 모두 29.4%로 30% 가까이에 이르고 있어, 간호 욕구가 높은 노인에 대한 대응이 한국에 비해 비교적 적절하게 이루어지고 있는 것을 알 수 있다.

5. 일본의 심각한 과제

일본의 개호보험시스템에도 심각한 문제가 4가지 있다.

첫 번째는 요지원2와 요개호1의 인정기준시간에 관한 문제이다. 〈표 3-2〉에서 알 수 있듯이 요지원2와 요개호1의 대상자 인정 등 기준시간은 모두 "32분 이상 50분 미만"이다. 이 때문에 구조적인 문제가 생길 수 있다.

> 2005년까지의 요지원이 현행의 요지원1이고 2005년까지의 요개호1이 현행의 요지원2와 요개호1로 분할되어 있다. 32분 이상 50분 미만이라는 같은 시간폭이면서 요지원2는 10,531 단위, 요개호1은 16,765 단위가 되어 서비스를 원칙적으로 10% 이용할 수 있는 범위가 현저하게 다르다.

시모노 게이코(下野恵子)는 도대체 어떤 판단을 더해 요지원2와 요개호1을 구별할 수 있는지에 대해 강한 의문을 던지고 있다(下野恵子 2019, 42-43).

치매증상 정도나 일상생활 중에 의사결정 능력 등과 관련하고 있을 것 같다. 결국 최종적으로는 각 보험자가 설치하고 있는 개호인정심사회가 대상자 인정 결과에 관한 책임을 가진다. 요지원2 및 요개호1을 인정하는 판단이 각 개호인정심사회에서 다르다면 자의적이라는 문제가 생기게 된다. 판단기준이 정해져 있다면 정보를 공개해야 한다. 이 문제에 대한 개선이 시급하다.

두 번째는 특히 요개호3 이상에 관해서 대상자 인정기준시간의 시간폭 설정과 개호수가 단위가 비례하지 않고 개호수가 단위 설정의 근거를 알기 어렵다는 문제가 있다. 예를 들면 표로부터 알 수 있는 바와 같이 요개호2, 요개호3, 요개호4는 앞에서 언급한 기준시간이 20분과 같은 간격이다. 그런데 개호수가액은 요개호3은 요개호2를 1.37배한 금액으로 되어 있으며 또한 요개호4는 요개호3을 1.14배 한 금액으로 불균등한 관계에 있다.

세 번째는 요개호 인정시스템을 구축하는 데 있어 전제가 된 가장 중요한 기초 데이터의 수집에 심각한 문제가 있다. 원래 근본적인 문제가 미결인 채로 남아 있다.

마찬가지로 시모노가 지적한 바와 같이, 현행 대상자 인정기준시간은 개호시설에서만 이뤄진 1분 타임 스터디의 데이터만을 기초로 설정되어 있다. 재택개호의 비율이 높음에도 불구하고 재택부양자의 1분 타임 스터디가 행해지고 있지 않기 때문에 재택부양자의 개호 행동은 현행의 요개호 인정기준시간에는 전혀 반영되어 있지 않다.

물론, 재택부양자의 개호 행동은 다양하고 각 대상자 노인이 놓인 상황에 영향을 많이 받고 있다. 개호시설의 개호직원에 의한 표준화된 행동 패턴과는 다르더라도 재택부양자의 1분 타임 스터디는 실시해야 한다. 후생노동성의 홈페이지에서는 3,400명의 1분 타임 스터디를 실시했다는 것만 설명하고 있지만 본래는 연구 조사의 내용을 상세하게 공개해야 할 것이다.

앞으로는 현행 대상자 인정시스템 전체를 재검토하여 새로운 대상자 인정시스템을 구축해야 한다. 이 경우 다음과 같은 대응이 필수적이다.

우선 3가지 유형의 개호시설(특별양호노인홈, 노인보건시설, 개호의료원)에서의 매일을 커버하고 또한 전체 개호 행위를 포함한 타임 스터디를 실시하는 것이 중요하다.

타임 스터디라는 것은 개호직원의 개호 업무의 흐름이나 그 외에 동반하는 곤란 상황을 1분 단위로 조사하는 것이며 대상자 인정 소프트웨어의 알고리즘에 넣는 중요한 데이터이다. 시설개호의 타임 스터디뿐만 아니라 방문개호 등 재택서비스의 타임 스터디 데이터를 모아야 한다.

현행 대상자 인정시스템의 데이터 수집이 개호시설만을 대상으로 하고 있다는 문제점뿐만 아니라, 일부 개호시설에서는 타임 스터디 조사를 실시하는 날이 우연히 목욕서비스를 제공하는 날이 아니었기 때문에 개호부담의 데이터에서 목욕서비스가 빠져 버린다는 '엉터리 데이터'였다고 한다.

만약 이것이 사실이라면 타임 스터디의 조사 설계가 엉터리였다고 말할 수밖에 없다. 그 이후의 모든 절차가 객관적이고 과학적이더라도 첫 번째 데이터 수집이 불완전해서는 안 된다.

이러한 근본적인 개선을 한 후, 새로운 타임 스터디의 데이터에 기초한 수형도를 구축하는 것이다. 요개호 인정 등 기준 시간의 시간 폭의 변경 등을 축으로 하는 새로운 요개호 인정시스템을 구축하여 운용하는 것이 필요하다.

마지막 네 번째, 이것도 근본적인 해결을 도모해야 하는 문제인데, 현행 74항목의 대상자 인정조사의 각 항목의 타당성에 대해서 재검토가 필요하다. 2000년의 개호보험제도 설립 이래 인정 조사표의 질문 항목은 몇번이나 개정되어 왔다. 현재 사용되고 있는 조사표는 '1. 신체기능·일상동작군(20항목)', '2. 생활기능군(12항목)', '3. 인지기능군(9항목)', '4. 정신·행동장

칼럼 1 일본 인정조사항목의 과제

일본의 요개호 인정조사표는 74개 항목으로 구성되어 있다. 첫 번째 질문 항목 범주 중 제9항목에 '한 발로 서기'가 있다. 개호서비스를 희망하는 노인 중 하반신이 불안정한 고령자에 대해서는 한쪽 다리를 올리는 행위는 너무 위험하다. 즉시 삭제해야 한다. 비슷한 항목 중 제12항목은 시력에 관한 것이다. 시력은 한 항목밖에 없으므로 시각장애가 있는 신청자는 요개호도가 가벼워질 가능성이 높다. 재검토가 필요하다.

두 번째 질문 항목의 범주 중 제9항목에서 '머리 정돈'에 관한 동작능력을 묻고 있다. 남성 고령자 중에는 정돈할 머리카락이 없는 경우도 많기 때문에 설문에 있어 해당되는 바가 없다. 요개호 인정의 질문 항목에 비해당 항목이 있는 것이 문제이다. 이 항목은 즉시 삭제되어야 한다.

세 번째 질문 항목의 범주 중 제2항목부터 제7항목은 모두 치매에 관한 기억력의 상태, 기억장애의 유무를 질문하고 있다. 요일이나 생년월일, 연령을 말할 수 있는지, 자신의 이름을 말할 수 있는지, 지금의 계절을 이해하고 있는지, 지금의 장소를 말할 수 있는지 등에 대해서 묻고 있다. 치매에 대해 조금 이해가 있다면 치매의 종류에 관계없이 이러한 6가지 질문에 대답할 수도 있지만, 하지 못할 수도 있다. 즉 기억장애에 관한 능력의 정도는 항상 변화하는 것이다. 그러나 조사표에는'1. 할 수 있다'와 '2. 할 수 없다'밖에 설정되어 있지 않다. 하지만 '가끔 할 수 있다'는 선택 사항이 누락되어 있는 것이다. 즉시 이 선택지를 추가해야 한다.

또한 생활기능의 질문 항목에서 항목의 배열 순서에 어색함을 느낀다. 두 번째 질문 항목의 제5항목이 배뇨, 제6항목이 배변에 관한 질문이다. 제7항목에서 구강청결, 제8항목에서 세면에 대해 질문하고 있다. 좀 더 품위 있는 배열을 검토해 주셨으면 한다. 덧붙여 일본의 요개호 인정조사표의 모든 항목은 이하의 PDF로 꼭 확인해 보기 바란다.[1]

https://www.mhlw.go.jp/file/05-Shingikai-11901000-Koyoukintoujidoukateikyoku-Soumuka/0000126242.pdf

1 일본 및 대만의 등급판정조사표는 이 책 부록을 참고할 것.

[표 3-3] 일본과 한국의 재가서비스에 관한 등급별 월 한도액

일본(2019년 10월 이후)	월 한도액	한국(2022년 1월 이후)	월 한도액	비율
요개호5	362,170엔	1등급	167,270엔	46.2%
요개호4	309,380엔	2등급	148,680엔	48.1%
요개호3	270,480엔	3등급	135,080엔	49.9%
요개호2	197,050엔	4등급	124,490엔	63.2%
요개호1	167,650엔	5등급	106,850엔	63.7%
		인지지원등급	59,760엔	

㈜ 한국의 요양수가액은 원화이지만 엔화로 환산해(1원=0.1엔) 표기하고 있다. 예를 들어 1등급의 수가는 1,672,700원이다.
(출처) 후생노동성 홈페이지, 보건복지부 고시 참조

애군(15항목)', '5. 사회생활 적응군(6항목)'의 5군과 지난 14일간 받은 의료(12항목)로 구성되어 있다.

다음의 〈칼럼 1〉에서 구체적으로 지적한 바와 같이, 적절하다고는 할 수 없는 항목이 2개가 있고, 한층 더 선택 사항이 부족한 항목이 6개 있다. 그 밖에도 개선이 필요한 점이 있다. 후생노동성은 후술하는 바와 같이 케어플래닝 및 케어매니지먼트 전체의 적정화에 최대한의 힘을 쏟고 있다. 그런데, 여기서 지적한 4개의 문제점을 시정하는 데는 전혀 움직임이 없다.

6. 한·일의 요양수가

〈표 3-3〉에서 알 수 있듯이, 예를 들어 일본의 요개호 5등급의 요양수가는 362,170엔인 반면 한국의 재가서비스의 1등급의 요양수가는 일본 엔으로 환산하여 167,270엔(1,672,700원)이다. 두 등급 모두 와상 노인에 해당하는 심각한 중증 상태를 의미하지만 요양수가상 현저한 격차가 보인다.

한국의 물가가 일본에 비해 싸다고 해도 요양수가 비율이 46.2%로 현저히 낮은 것을 알 수 있다. 2등급에서 5등급에 관해서도 차례로 48.1%, 49.9%, 63.2%, 63.7%로 모두 낮다. 또한 일본의 경우에는 요개호도 간의 개호수가 금액에 차이가 있으며 요개호 5등급은 요개호1의 2.2배이며 한

국의 1등급은 5등급의 1.6배로 차이가 별로 없다. 요개호 등급이 악화됨에 따라 필요로 하는 재가서비스도 다양화, 심각화하므로 한국은 차이를 높일 수 있게 1등급, 2등급의 요양수가를 올려야 한다.

실은 한국은 일본에 비해 보험료가 상당히 저가이며 재원 규모가 작기 때문에 이렇게 설계가 되어 있고 문제가 발생한다고 생각된다. 일본의 경우, 65세 이상의 제1호 피보험자의 월액 보험료의 평균은 6,000엔을 약간 넘는 정도지만, 한국에서는 보험료가 2022년 현재 12.27%(2021년은 11.52%)로 싸고 세대 평균 월액 보험료는 14,446원(약 1,445엔) 정도이다(보건복지부 2021a).[1] 이러한 낮은 보험료율을 대폭 끌어올리지 않으면 보험이 있어도 서비스가 없는 상황은 앞으로도 계속될 것이다.

피보험자가 지불하는 보험료가 한·일에서 다를 뿐 아니라 세금 투입액의 차이도 있어 개호보험 전체에 드는 비용도 크게 차이가 난다. 일본의 개호보험은 2020년도의 총비용이 약 10조 8,000억 엔에 달하고 있다.

한편 한국은 2020년에 일본 엔으로 환산하면 수입 9,614억 엔, 지출 9,470억 엔이다. 수입 가운데 정부의 세금 투입은 1,240억 엔 정도이며 이는 전체의 13% 정도이다(보건복지부 2022, 786).

결국 한국은 일본과는 한 자릿수 적은 재원으로 장기요양보험을 운영하고 있는 것을 알 수 있다. 또 일반회계에서 차지하는 보험 재정 비율도 일본이 10% 가까이인 반면 한국은 1.5% 정도에 불과하다. 일본의 개호보험에서는 재원으로서 국가·도도부현·시정촌 합계로 50%의 세금이 투입되고 있는 것에 비해 한국은 나라로부터 13%의 세금이 투입되고 있는 것에 지나지 않는다. 결과적으로 한국은 스펙 한정형의 장기요양보험이 될 수밖에 없다는 것을 알 수 있다(西下彰俊 2020, 33).

---

1 덧붙여 1인당 평균 월액 보험료는 2014년 2,656원에서 2020년 5,976원으로 2배 이상으로 늘어나고 있지만 600엔 미만이므로 역시 보험료의 낮음이 큰 과제의 하나인 것은 변함이 없다.

[표 3-4] 방문요양서비스 급여비용 단위: 원

	2013년	2018년	2022년
30분 이상	10,740	13,540	15,430
60분 이상	16,350	20,790	22,380
90분이상	21,830	27,880	30,170
120분 이상	27,500	35,200	38,390
150분 이상	31,110	40,000	44,770
180분 이상	34,240	44,220	50,400
210분 이상	37,110	48,110	56,170
240분 이상	39,740	51,710	61,950

(출처) 보건복지부 2013, 고시 제2013-160호; 보건복지부 2018, 고시 제2016-242호; 보건복지부 2020, 고시 제2020-160호; 보건복지부 2022, 고시 제2022-160호

4 재가장기요양서비스 요양수가

1. 방문요양서비스

〈표 3-4〉는 한국 방문요양서비스 이용 시간별 요양수가액을 나타낸 것이다. 30분 이상 60분 미만에서는 15,430원, 60분 이상은 22,380원, 90분 이상은 30,170원, 120분 이상은 38,390원, 150분 이상은 44,770원으로 정해져 있다. 가장 긴 240분 이상에서는 61,950원이다.

하루 2시간 방문요양서비스를 이용하면 본인부담액은 5,760원이 된다. 덧붙여 현재는 등급별로 1일당의 요양보호서비스의 이용 시간이 제한되고 있어, 1등급, 2등급은 1일 4시간 이하, 3등급, 4등급은 1일 3시간 이하, 5등급은 1일 2시간 이하로 정해져 있다. 아마도 등급이 낮은 사람들이 오랫동안 방문요양서비스를 사용하면 자립 의욕이 낮아지는 것을 막을 수 있다.

일본의 개호보험제도에서는 방문개호는 서비스 내용에 따라 생활지원과 신체지원의 두 종류로 나누어져 각각 서비스 시간의 길이에 따라 요양

[표 3-5] 주·야간보호서비스 등급별 급여비용

단위: 원

주 · 야간보호서비스	등급별	2016년	2018년	2022년
8시간 이상	1등급	44,530	53,390	61,600
	2등급	41,250	49,460	57,070
	3등급	38,080	45,660	52,690
	4등급	37,040	44,410	51,250
	5등급	35,990	43,150	49,790
	인지지원등급	-	43,150	49,790
10시간 이상	1등급	49,050	58,820	67,870
	2등급	45,440	54,480	62,870
	3등급	41,980	50,340	58,080
	4등급	40,930	49,070	56,620
	5등급	39,880	47,820	55,180
	인지지원등급	-	43,150	49,790
12시간 이상	1등급	52,600	63,070	72,780
	2등급	48,730	58,430	67,420
	3등급	45,020	53,980	62,280
	4등급	43,980	52,730	60,840
	5등급	42,930	51,470	59,400
	인지지원등급	-	43,150	49,790
치매대응형 주 · 야간보호				
8시간 이상	2등급	51,890	56,510	71,800
	3등급	47,900	52,160	66,270
	4등급	46,590	50,740	64,470
	5등급	45,270	49,300	62,630
	인지지원등급	-	-	62,630
10시간 이상	2등급	57,160	62,250	79,100
	3등급	52,800	57,500	73,060
	4등급	51,480	56,060	71,210
	5등급	50,160	54,620	69,400
	인지지원등급	-	-	62,630
12시간 이상	2등급	61,290	66,740	84,790
	3등급	56,630	61,670	78,360
	4등급	55,320	60,240	76,530
	5등급	54,000	58,810	74,710
	인지지원등급	-	-	62,630

(주) 3시간 이상 6시간 이상의 범주가 있으며, 급여비용이 정해져 있지만, 여기서는 포함하지 않는다.

(출처) 보건복지부 2015, 고시 제2015-242 호; 보건복지부 2017, 고시 제2017-309호; 보건복지부 2021, 고시 제2021-324호

수가가 설정되어 있다.[2] 한국도 일본과 마찬가지로 두 종류로 나누어 요양수가를 설정하는 편이 효율적일 것이다.

요양보호사를 파견하는 서비스기관 수는 2008년 4,206개소이었던 것이 2020년에는 15,412개소로 약 3.7배 증가하고 있다. 2020년 이용자는 약 46.4만 명으로 되어 있다(국민건강보험공단 2021, 105).

2. 주·야간보호서비스

〈표 3-5〉는 주·야간보호서비스에 관하여 각 등급별 서비스 이용 시간별 요양수가액을 나타낸 것이다. 한국의 주·야간보호서비스는 일본의 주간보호서비스와 마찬가지로 식사, 체조, 게임과 퀴즈 등의 활동적, 재활 등의 서비스가 제공되지만 서비스 제공 시간이 장시간에 걸친 점이 특징이다.

일본의 주간보호서비스에서는 목욕서비스가 제공되는 경우가 많지만 한국에서는 목욕서비스가 제공되지 않는다. 예를 들어 8시간 이상 10시간 미만으로 서비스를 이용하는 경우 2022년 1등급의 요양수가는 61,600원, 2등급에서는 57,070원, 3등급에서는 52,690원, 4등급에서는 51,250원, 5등급 및 인지지원등급은 49,790원이다.

제도 초기인 2008년에는 이 서비스 제공기관의 수가 790개소로 적었지만 2020년에는 4,587개소로 5.8배 늘어나. 이용자는 약 13.9만 명으로 되어

[표 3-6] 단기보호서비스 등급별 급여비용 단위: 원

	2013년	2018년	2022년
1등급	43,590	52,830	60,490
2등급	40,380	48,940	56,020
3등급	37,290	45,200	51,750
4등급	–	44,000	50,380
5등급	–	42,810	49,010

(출처) 보건복지부 2015, 고시 제2015－242호; 보건복지부 2017, 고시 제2017－309호; 보건복지부 2021, 고시 제2021－324호

2 중국 일부 지역에서는 한국, 일본과는 다르게 가사활동 등의 생활지원을 보험 급여로 제공하지 않는다. 각 서비스의 제공 내용 및 시간을 정하고 있다. 예를 들어 구강청결서비스 시간은 한번에 5-20분이다.

있다. 사업 기관이 늘고 있는 배경에는 서비스 제공기관에게도 이용자에게도 플러스가 되는 '1.5배 인센티브제'(저자의 조어)가 영향을 미치고 있다고 생각된다.

또한 주·야간보호서비스에는 표가 나타내는 바와 같이 치매 전담(대응)형의 요양수가 체계가 설정되어 있다. 다만 1등급의 치매 노인는 주·야간보호서비스의 이용이 고려되어 있지 않다. 직원 배치 조건이 까다로운 데 비해 요양수가가 높지 않기 때문에 치매대응형 주·야간보호서비스의 이용률은 기대할 정도로 높지 않다.

3. 단기보호서비스

〈표 3-6〉은 단기보호서비스의 요양수가를 나타낸 것이다. 이 서비스는 노인장기요양법 시행령 제36조 ③에 나타나 있는 바와 같이 1개월당 '9일'을 상한으로 노인요양시설에 단기입소하는 서비스이다. 1년에 4회까지 9일간의 이용을 연장할 수 있는 규칙이 있다(보건복지부 2017).

제도 발족 당시는 단기보호서비스 이용일 수에 대해 심각하게 생각하지 않았지만 2010년부터 9일을 상한으로 했기 때문에 서비스 제공 사업자 수가 급감했다. 즉, 2008년 서비스 사업 기관 수는 694곳, 2009년 1,368곳이 있었지만 2020년에는 148곳으로 격감하고 있다.

이용자는 전국에서 2,490명이다. 이 서비스는 이용일 수에 제약이 있기 때문에 이익이 좀처럼 나지 않는다. 그 때문에 노인요양시설로 전환한 사업 기관이 많았다(선현규 2021, 45, 55).

실은 일본의 단기입소 제한일 수는 개호보험제도 발족 후 1개월당 15일이었다. 한국에는 연장제도가 있어 당시에는 1년간 15일간의 연장이 두 번 인정됐다. 그 때문에 1년에 2개월간은 단기보호시설에 입소하고 나머지 10개월간은 한 달의 절반을 단기보호시설에서 살고 나머지 절반은 집에서의 생활이 가능했다. 15일에서 9일로의 변경은 단기보호서비스의 본래 이용 형태로 되돌려야 한다는 보건복지부의 의도가 느껴진다.

세세하게 계산해 보자면, 장기요양 보험의 범위 내에서 과거에는 최대 210일의 단기보호서비스가 이용 가능했지만 변경 후에는 최대 144일의 이용으로 제한되게 되었다. 사업 기관 수가 적고 지역적으로 편재하고 있는 것도 있어 보급시키기가 어려운 서비스이다. 덧붙여 일본의 단기보호서비스는 연속적으로 30일간 이용하는 것이 가능하다.

2022년에 1일당 요양수가는 〈표 3-6〉에 나타낸 것처럼 1등급은 60,490원, 2등급은56,020원이며, 이하, 51,750원(3등급), 50,380원(4등급), 49,010원(5등급)으로 뒤를 잇고 있다.

4. 방문목욕서비스 및 방문간호

방문목욕서비스에는 세 종류가 있으며 하나는 목욕차를 이용하는 경우로 2022년 요양수가는 78,580원이다. 두 번째는 목욕차를 이용하지만 가정 내에서 목욕하는 경우이며 요양수가는 70,850원이다. 세 번째는 목욕차를 이용하지 않는 경우로, 요양수가는 44,240원이다.

방문목욕서비스 전체로는 2008년 2,959곳이었던 사업 기관 수가 2020년 11,089곳으로 약 3.7배 늘어나 인기가 있는 서비스라고 할 수 있다. 이용자는 약 9.1만명이다. 다만 첫 번째 경우에는 목욕차까지 이동하여 서비스를 받게 되므로 프라이버시 확보 면에서 개선이 필요하다.

한편, 방문간호서비스는 의료 욕구가 있는 노인에게 필수 불가결한 서비스이지만 서비스기관 수는 증가하고 있지 않다. 2022년 현재 30분 미만의 요양수가는 37,840원이며 30분 이상 60분 미만에서는 47,450원, 60분 이상에서는 57,090원이다.

2008년 592곳이었던 서비스기관은 2020년에 774곳으로 약간 증가에 그치고 있다. 이용자는 약 1.7만 명에 머물렀다. 배경에는 이용자가 본인부담이 적은 방문요양을 선택하는 경향이 있는 것(선현규 2021, 55)과 의료보험 서비스로서의 방문간호를 이용하는 비율이 높은 것으로 생각된다.

총론적으로 한국의 장기요양보험제도 중 재가서비스의 종류에 관해서는 일본과 거의 겹치지만 일본과 달리 보급되지 않은 서비스도 있다. 2022년 시점에서는 재택요양관리지도, 단기입소요양개호, 재택개호지원, 재택수리 등 각 서비스가 존재하지 않는다. 다양한 욕구에 부응하기 위해서 이러한 각 서비스의 도입 여부에 대해서도 검토해야 할 것이다.

5 시설서비스의 유형과 특징

1. 노인요양원 및 노인요양공동생활가정

〈표 3-7〉에서 알 수 있듯이 한국의 시설서비스는 현재 노인요양원과 노인요양공동생활가정으로 나뉜다. 또한 요양시설의 분류와 변천에 대해서는 《한국요양보험제도의 개설과 전개(韓国介護保健制度の創設と展開)》(임춘식 외 2010)을 참조 바란다.

2020년에 노인요양원은 전국에 3,850곳, 입소자는 203,037명, 노인요양공동생활가정은 전국에 1,913곳, 입소자는 21,738명이다(국민건강보험공단 2021, 5).

노인요양원은 대상자 노인이 입소하기 위한 시설이며 이용자가 10명 이상의 요양시설이다. 이 표는 등급별 요양수가를 보여 준다. 2022년 1등급의 경우는 하루 74,850원, 2등급에서는 69,450원, 3등급부터 5등급까지는 64,040원이다.

또 다른 노인요양공동생활가정은 이용자가 5명 이상 9명 이하인 작은

[표 3-7] 시설 급여비용 추이

단위: 원

	월한도액	2016년	2018년	2022년
노인요양시설	1등급	57,040	65,190	74,850
	2등급	52,930	60,490	69,450
	3등급	48,810	55,780	64,040
	4등급	48,810	55,780	64,040
	5등급	48,810	55,780	64,040
노인요양 공동생활가정	1등급	51,290	56,960	65,750
	2등급	47,590	52,850	61,010
	3등급	43,870	48,720	56,240
	4등급	43,870	48,720	56,240
	5등급	43,870	48,720	56,240
치매전담형 장기요양기관	2 등급 가형	65,280	74,600	85,650
	2 등급 나형	58,750	67,140	77,090
	3–5 등급 가형	60,190	68,790	78,980
	3–5 등급 나형	54,170	61,910	71,070
치매전담형 노인요양공동생활가정	2 등급	59,000	65,520	75,620
	3–5 등급	54,390	60,410	69,730

(출처) 보건복지부 2015, 고시 제2015-242호; 2017, 고시 제2017-309호; 2021, 고시 제2021-324호. 또한 가형과 나형은 단순히 차이를 의미할 뿐이다.

인원의 요양시설이다. 물리적 기준으로는 정원이 4명 이하인 것, 또, 1인당의 거실 면적은 6.6m^2 이상, 입소 정원 1명당 총 면적은 20.5m^2 이상이다. 그리고 요양보호사는 입소자 3인당 1명씩 배치되어야 한다는 기준이 있다(김명중 2016, 11). 요양수가는 2022년 1등급의 경우 65,750원, 2등급에서는 61,010원, 3등급에서 5등급은 56,240원이다.

앞에서 언급한 마스다는 장기요양 보험의 구조를 나타내는 가운데 시설 급여의 하나로서 그룹홈을 포함하고 있다(增田雅暢 2007, 38). 그러나 마스다는 노인요양공동생활가정이라는 표기를 하지 않았다. 김정임(도쿄복지대학 교수)은 노인요양공동생활가정(그룹홈)이라는 표현을 사용하고(김정임 2013, 48) 한국의 노인요양공동생활가정이 일본의 인지증 그룹홈에 상당하는 것

칼럼 2 덕화德華 요양원

인천광역시 내에 있는 사회복지법인 진각복지재단이 2003년에 개설한 노인요양원에는 정원 40명 중 32명이 입소하고 있다. 모두 여성이며, 그중 치매 노인은 27명이다. 연령층은 80대 후반이 11명, 90대 전반이 10명이다. 3등급이 14명으로 가장 많고, 이하 4등급 7명, 2등급 6명, 1등급 4명, 5등급 1명이다. 일상생활의 동작능력은 비교적 유지되고 있지만, 치매를 앓고 있기 때문에 요양원 측의 케어 부담은 크다. 직원은 모두 26명이며 그중 요양보호사가 16명을 차지하고 있다. 조리원이 3명, 간호사가 2명, 사회복지사가 1명, 작업치료사가 1명이다. 또 원장이 1명, 과장이 1명, 위생원이 1명이 배치되어 있다. 원장과 사회복지사가 남성으로 24명은 여성 직원이다. 장기근속장려금은 요양보호사 3명, 사회복지사 2명, 간호사 1명이 받고 있다(원장 또는 과장이 사회복지사의 자격을 가지고 있다). 침대방이 1, 2층에 각각 4개씩 있고, 각방에 2-3명이 생활하고 있다. 한국의 특징인 온돌방이 각층에 3개씩 있고 2-3명이 생활을 하고 있다.

덕화요양원 전경

으로 쓰고있다.

일본에서 고령자 그룹홈이라고 하면 치매 그룹홈을 의미한다. 그러나 마스다도 김정임도 노인요양공동생활가정이 치매 그룹홈이라고 단정하지 않고 단순히 그룹홈이라고 설명할 뿐이다. 〈그림 3-1〉(이 책 55쪽)에 나타낸 바와 같이, 보건복지부 노인장기요양보험의 홈페이지에 노인요양공동생활가정을 그룹홈이라고 기재하고 있는 것으로 볼 때, 연구자가 보이는 그대로 설명하는 것도 무리는 아닐 것이다.

조금 더 넓게 해석을 하고 있는 것이 임춘식(林春植) 등이다. 임춘식 등에 의하면 노인요양공동생활가정이, "뇌혈관 장애·치매 등의 노인성 질환에 의해 요양이 필요한 노인을, 공동생활을 영위하는 주거에 입소시켜, 목욕, 식사, 배설 등의 요양, 그 외 필요한 일상생활상의 돌보기와 기능 훈련 등을 제공하는 시설"이며 장기요양보험제도의 설립에 따라 신설된 이 시설이 일본에서 말하는 치매대응형 공동생활개호(그룹홈)에 상당하는 시설이라고 하고 있다(임춘식 외 2010, 39).

중요한 논점은 한국의 노인요양공동생활가정이라는 소규모 요양시설이 과연 일본의 치매 그룹홈에 해당하는지이다. 노인요양공동생활가정의 정의를 확인하면서 다음에서 자세히 검증하도록 하자.

2. 치매대응형 노인요양공동생활가정

2016년에 치매 노인을 위한 전용 거실이 있는 치매대응형(전담형) 노인요양시설 및 치매대응형 노인요양공동생활가정이라는 요양시설이 새롭게 마련되었다. 이 2가지 새로운 유형은 제3차 치매관리종합계획(2016-2020년)의 일환으로 2016년에 설립되었다. 이것은 4등급과 5등급의 설립에 이어 정부의 치매 대책의 일환이다.

덧붙여 이미 〈표 3-7〉에 나타낸 바와 같이, 치매대응형 노인요양원의 경우는 노인요양원보다 전체적으로 요양수가가 높게 설정되어 있다. 시설 수는 아직 적고 2020년 현재 전국에서 112곳, 입소자 1,180명이다. 1일당 요양수가가 2등급 가형이 85,650원, 나형이 77,090원, 3등급에서 5등급에서는 가형이 78,980원, 나형이 71,070원이 된다. 덧붙여 1등급은 전제로 하고 있지 않다.

한편, 치매대응형 노인요양공동생활가정의 경우는 요양원보다 전체적으로 요양수가가 높게 설정되어 있다. 또한 치매대응형 요양원과 마찬가지로 1등급은 전제로 하고 있지 않다.

시설 수는 치매대응형 요양원보다 더 적고 2020년 현재 전국에서 25곳, 입소자 196명이다. 2019년에 34곳이 있었지만 경영난이나 경영자의 건강상 이유로 폐업했다.

서울 시내에는 1개소만 개설되어 있다. 경기도에 6개 있는 것 이외에는 각 지자체에 1개 내지 2개 정도이다. 개설연도는 다양하고 장기요양보험제도가 생긴 2008년에는 2개소뿐이었다.

3. 스웨덴과 일본의 그룹홈의 역할

원래 한국에서의 이 치매대응형 노인요양공동생활가정은 그룹홈 발상지 스웨덴의 기준이나 일본의 치매 그룹홈의 기준과는 질적으로 다른 것이다. 글로벌 스탠더드로서의 그룹홈은 현시점에서 한국에는 존재하지 않는다고 판단해야 한다.

스웨덴과 일본의 그룹홈은 ① 입주자가 개인실을 사용하고 월세가 발생하는 것, ② 개방된 공유 공간이 있을 것, ③ 담당 요양직원이 비교적 적은 인원을 담당할 것 등 유닛 케어의 특징을 갖는다(西下彰俊 2007, 35).

한국에서는 개인실 케어의 도입이 향후 검토되어야 하지만 현시점에서는 개인실 케어가 중요하다는 인식에 대해 문화적 차이가 있다.

스웨덴의 그룹홈과 일본의 그룹홈에는 입주자에게 역할을 부여하는 점에서 큰 차이가 있다. 실제 일상생활의 돌봄 속에서 역할을 부여하는 것은 실은 일본쪽이다. 1990년대에 그룹홈이 설립된 스웨덴에서는 2006년 이후, '순서 모델'(저자의 조어)에 의한 조치 결정이 행해지고 있기 때문에 매우 중증의 대상자 노인만 '케어가 동반된 특별 주택(SärskildaBoendeformer)'의 그룹홈(유닛)에 입주할 수 있기 때문이다(西下彰俊 2012, 25-28).

덧붙여 '순서 모델'이란 가능한 한 자택에서 케어서비스를 받으면서 생활을 하다가 중증 대상자 상태가 된 최종 단계에서만 코뮌(시)의 원조 판정원에 의해 행정조치 결정되어 케어가 수반된 특별 주택에 입주할 수 있다는, 스웨덴에서만 보이는 특징이다. 스웨덴에서는 2006년에 특별비용이라는 벌금 제도가 만들지고 나서 '순서 모델'의 원칙이 결과적으로 탄력을 받고 있다(西下彰俊 2012, 30-31).

한편 일본은 '선택 모델'(저자의 조어)이라고 부를 수 있다. 이는 노인이 등급판정을 받으면 본인이 희망하는 재택서비스를 선택하거나 시설케어서비스를 선택할 수도 있다는 일본 시스템을 말한다. 다만 일본에서는 시설서비스 중 특별양호노인홈(特別養護老人ホーム)의 입주에 관해서는 2016년도부터 원칙적으로 요개호3 이상이라고 하는 제한이 생겨 선택의 가능성이 저하했기에 '제한적 선택 모델'이라고 표현하는 것이 더 옳을 것이다.

순서모델의 원칙이 일반적인 스웨덴에서는 중증 대상자 노인의 입주가 일반적이므로 각 입주자가 그룹홈 내에서 일상적으로 역할을 발휘하는 것이 불가능에 가깝다. 이러한 사정에서 그룹홈 발상지 스웨덴에서는 치매 그룹홈이 지극히 활동성이 낮은 조용한 돌봄 환경이 되고 있다.

6 한국의 가족요양비와 일본의 가족개호위로금*

1. 가족요양비

한국의 장기요양보험에서는 일본에 존재하지 않는 한국 독자적인 운용 기

* 한국 장기요양보험제도에는 가족요양비, 특례요양비, 요양병원간병비 등의 특별현금급여가 있다. 원문에서는 이를 가족요양보호비와 가족요양비로 나누어 설명하고 있는데 니시시타 선생의 표현과 실제 명칭 사이에 차이가 있다. 오해를 막기 위해 이 책에서는 각각 가족요양비 및 특별현금급여로 바꾸어 설명한다.

준으로서 '가족요양비'의 규칙이 있다(西下彰俊 2014, 41-42). 이 규칙은 요양보호사의 국가 자격(이론, 실기, 실습을 각 80시간, 합계 240시간 이수 후에 국가시험에 합격함으로써 얻을 수 있는 자격)을 가지는 가족이 자신의 부모나 배우자를 돌보는 경우에 일정한 조건하에 소속된 방문요양기관으로부터 임금이 지급된다.

노인장기요양보험제도 시작 당시 가족요양비의 조건은 1개월에 30일간, 1일 90분 이상 120분 미만으로 되어 이 조건에서의 가족요양에 급여가 제공되었다.

보건복지부장관 고시(장기요양급여 제공기준 및 급여비용 산정방법 등에 관한 고시)에 의하면 "수급자와 동거하고 있는 요양보호사가 제공하는 방문요양급여는 소요시간에 따라 산정하지만 1일 최대 90분까지로 하고 야간 및 휴일에 요양보호서비스를 제공한 경우에서도 일정한 기준에 따라 산정한다. 이런 경우 동거가족이란 수급자와 같은 주택에서 생활하는 가족(민법 779조에 의한다)"을 말한다. 이 고시의 내용은 요양보호사의 자격을 소유하는 경우 자신의 가족에 대해 하루 90분의 범위 내에서 방문요양서비스를 제공할 수 있는 것이며 그 서비스 제공 시간이 급여로 인정된다는 뜻이다.

2011년에는 조건이 개정되어 1개월에 20일간 1일 60분이라는 조건하에서 가족요양비로 계산되어 임금이 발생하게 됐다. 덧붙여 가족을 돌보는 요양보호사가 65세 이상인 경우나 이용자가 치매로 폭력을 행사하는 등의 문제 행동이 있는 경우에는 제도 시작 시의 기준, 즉 1개월에 30일간, 하루 90분이 적용된다. 제도 설립 시 동거가족의 경우로 한정되어 있었지만 2011년부터 별거가족도 적용 대상이 되었다.

예를 들면 요양보호사의 자격을 가진 고령의 아내가 2등급의 고령의 남편을 요양하는 경우를 생각해 보면 매일 방문요양서비스가 90분 필요한 경우 2022년 시점의 요양수가로 비용을 계산하면 다음과 같다.

1일 30,170원 × 30일 × 재가서비스의 본인부담 비율 15%=135,765원

이 금액이 요양보호사인 아내로부터 요양을 받고 있는 남편이 서비스 이용자로서 본인부담하는 액수가 된다. 요양보호사로 근무하고 있는 방문요양기관의 시급이 13,500원이라고 하면 요양보호사로서 가족을 돌보는 부분의 월 급여는 1.5시간×13,500원×30일=607,500원이 된다.

결국 가구 전체에서 가족요양비로 계산된 임금에 따른 수입이 471,735원(607,500원에서 135,765원을 뺀 차액), 일본엔으로 약 1개월 47,170엔의 수입이 된다.

가족요양비에 대한 가장 큰 우려는 요양보호사가 노배우자나 노부모를 요양할 때 서비스를 제공했다는 사실 여부를 확인할 수 없다는 점이다. 요양 포기(방임)라는 이름의 학대가 발생하고 있어도 그것을 확인하는 수단이 없는 것이 문제이다. 혹은 대상자가 될 수 있는 상태의 부모나 노배우자가 "우리는 요양이 불필요하다"고 요양을 포기하는 경우도 있다고 생각되지만 이것에 대해서도 확인할 방법이 없다.

방문요양서비스기관은 15명 이상의 이용자가 있는 경우에 사회복지사를 고용하는 것이 의무화되어 있다. 이 사회복지사는 이용자의 집을 방문하여 서비스의 질에 관하여 모니터링하게 되어 있지만 가족요양보호사로서의 가족이 집에서 서비스를 제공하지 않아도 노인 본인이나 배우자들은 솔직하게 사회복지사에게 말하지 않을 것이다.

일본의 개호보험제도에는 존재하지 않는 가족요양비에 대해서 제도를 마련한 보건복지부 내부에서도 의견이 나뉘어 폐지론과 옹호론이 있다(增田雅暢 2014, 33).

나는 돌봄의 사회화를 저해하고 방문요양기관의 시장을 좁히게 된다는 이유와 요양 포기라는 이름의 학대의 이유로부터 폐지론을 주장하였다.

[표 3-8] 가족요양보호사 추이

단위: %, ( ) 내 횟수

	가족요양보호사	일반	합계
2011년 6월	33.5(43,791)	66.5 (96,208)	100.0(130,532)
2012년 6월	36.7(42,469)	63.3 (81,374)	100.0(115,858)
2013년 6월	34.3(40,623)	65.7 (85,491)	100.0(118,413)
2014년 6월	31.1(38,710)	68.9 (92,742)	100.0(124,489)
2015년 6월	29.6(39,789)	70.4(102,004)	100.0(134,623)
2016년 6월	28.2(40,178)	71.8(109,348)	100.0(142,235)
2017년 6월	28.1(43,725)	71.9(120,375)	100.0(155,520)
2018년 6월	28.7(50,559)	72.3(135,703)	100.0(175,984)

(출처) 김지미 2018, 78

그러나 마스다는 '가족의 요양을 평가하는 것 외에 재정에 도움이 된다'라는 옹호론의 입장에 서 있다(增田雅暢 2014, 33).

이 가족요양비의 동향에 대해 자료를 입수한 선현규(宣賢奎)에 따르면 2009년 시점에서는 요양보호사 전체가 102,458명인데 그중 가족요양보호사가 26,621명 존재하고 2010년에는 마찬가지로 202,384명 대비 가족요양보호사가 43,749명 존재하고 있다. 가족요양보호사 비율은 2009년 26.0%, 2010년 21.6%이다. 또한 2011년 상반기 비율은 20.8%였다.

동거가족요양비에 대해서 실제로 가족이 자택에서 부모나 배우자의 요양을 실시하고 있는지 아닌지를 확인하는 방법이 없기 때문에 요양 포기 등의 노인학대가 발생할 가능성이 높아서 제도 개정을 요구하고 있다. 게다가 노인장기요양보험의 본래의 목적인 돌봄의 사회화를 저해할 가능성이 높다. 또한 장기요양기관 사이의 부정한 경쟁을 조장할 우려가 있어 제도 개정을 요구하고 있다(선현규 2016, 30-31).

나 역시 동감이다. 원래 노인장기요양보험의 정책이념인 '돌봄의 사회화'를 저해하고 요양 포기라는 노인학대를 조장하는 규정을 제도의 일부로 13년 이상 유지하고 있는 자체에 구조적인 모순이 있으므로 폐지해야 한다.

확실히 제도 설립 시에는 방문요양보호사의 수적 확보를 위해 어쩔 수 없었지만 이미 요양보호사 수를 양적으로도 안정적으로 확보하고 있기에 폐지해도 좋은 단계에 있다고 할 수 있다.

김지미(경남대학)는 보험자인 국민건강보험공단에 정보공개청구를 통해 가족요양비 데이터를 입수했다. 그것이 〈표 3-8〉이다. 매우 귀중한 데이터이다.

이러한 가족에 의한 방문요양보호비라는 특수한 운용이 2011년 이후 현재에 이르기까지 전체의 30% 가까이 차지하고 있다. 2011년부터 2014년까지는 순서대로 33.5%, 36.7%, 34.3%, 31.1%로 전체의 30%를 넘었다. 최근 2018년에도 28.7%로 높은 수준이다.

이렇게 보면 한국의 요양보험에서 차지하는 가족요양비는 더 이상 예외적인 조치라고 할 수 없다.

이처럼 문제가 크지만 앞으로는 2011년에 행해진 제한을 더욱 추진해 하루당 시간을 단축하고 일수를 줄이겠다는 조치가 취해져 요양보호사로서 가족이 돌보는 것이 일부 유상 노동의 형태로 지속될 것이다.

2. 특별현금급여

한국의 요양보험제도에는 세 종류의 현금급여가 존재한다. 그중 하나가 "가족요양비"라고 불리는 가족요양수당이며 다른 두 종류는 특별요양비와 요양병원간병비이다. 다만 특별요양비와 요양병원간병비는 실시되고 있지 않았다.

제도 시작부터 실시되고 있는 것은 가족요양비뿐이지만 수당이 지급되는 조건은 이하의 3가지이다. 수급자가 ① 섬·벽지 등의 장기요양기관이 현저하게 부족한 지역에 살고 있는 경우, ② 천재지변이나 그 외 유사한 사유에 의해 장기요양기관이 제공하는 장기요양급여를 이용하는 것이 어렵다고 보건복지부 장관이 인정하는 경우, ③ 감염증의 환자로서 감염의 위험성이 있는 자, 장애인복지법 제32조의 규정에 의한 정신 장애인, 신체의 변형(물리적 변형은 안면 기형, 화상, 한센병으로 한정)에 의해 대인기피 사유에 해당하는 자 등 신체적·정신적 이유로 가족으로부터 장기요양을 필요로 하는 경우이다.

해당 대상자 노인에게 요양서비스를 제공할 의사가 있는 자가 국민건강보험공단에 신청하고, 공단의 심사를 거쳐 가족요양비가 지급된다. 신청인의 자격으로서 가족이나 친척, 이웃 사람과 같이 폭넓게 인정되고 있다. 지급액은 2008년 제도 발족 이후 2022년 현재에 이르기까지 대상자 관계없이 일률적으로 15만 원(약 15,000엔)으로 지급되고 있다. 가족요양비 수급 후에는 복지용구의 구입과 대여는 가능하지만 다른 서비스는 일절 이용할 수 없다(국민건강보험공단 2021).

가족요양비의 실적으로는 2017년 9,396건, 2018년 9,642건, 2019년 10, 262건, 2020년 11,011건으로 약간씩 늘어나는 경향이다. 가족요양비의 총액은 17억 3,540만 원에 달한다(국민건강보험공단 2021).

3. 일본의 가족개호위로금 지급 사업

한편 일본에서는 한국의 가족요양비(특별현금급여)에 해당하는 제도, 즉 가족이 요양하는 것에 대한 현금 지급이 있는 것일까? 일본에는 보편적인 제도로서의 수당은 아니지만 '가족개호위로금 지급 사업'이라는 것이 존재한다. 이 사업은 1990년대 후반, 개호보험제도가 검토되는 가운데 당시 자민당의 정조회장이었던 가메이 시즈카(亀井静香) 씨가 개호보험제도를 비판했을 때 정부 측의 타협안으로서 만들어진 사업이다.

이 사업은 1년간 개호보험서비스를 이용하지 않은 세대에 대해(단, 연간 1주일 정도의 단기보호서비스의 이용은 인정) ① 요개호4 또는 요개호5로 판정된 자, ② 주민세 비과세 세대이고 또한 ③ 재택 고령자인 자(일정 기간 이상의 의료보험 입원을 한 자는 제외)라는 조건을 충족한 경우, 지자체에 따라 다르지만 10만 엔 내지 12만 엔이 해당 가족에게 지급된다.

마스다(增田雅暢)에 따르면 2014년도에 있어서 모든 지자체의 43%에 해당하는 74개 지자체에 가족개호위로금 지급제도가 존재하지만 대상자는 거의 없다(增田雅暢 2016, 176; 增田雅暢 2022, 209-210).

이 사업의 실적에 대해 저자가 과거 조사한 A현 B시(고령화율 26%)의 경우에는 2014년도 없음, 2015년도 없음, 2016년도 1건, 2017년도 1건으로 마스다의 조사나 이 사례에서도 알 수 있듯이 제도는 존속하더라도 해당자가 거의 없는 상태이다. 해당 사업의 존속에 대해서 국가 전체에서 재검토를 해야 할 시기에 와 있다고 말할 수 있다. 앞서 언급한 마스다는 이 사업을 제도 설계상 문제가 많은 제도라고 지적하고 있다.

이 위로금 지급 사업은 또 다른 관점에서도 적절한 운용이 어렵다는 심각한 문제를 안고 있다. 회계조사원이 2015년도 2016년도의 위로금 지급 사업의 운용에 대해서 18개 도도부현의 157개 시정촌을 추출해 실지 조사, 서류 조사를 한 결과, 16개 부현, 66개 시정촌이 부적절한 운용, 즉 중복 급여를 해 왔던 것으로 밝혀졌다(회계검사원 2018).

66개 시정촌에서는 조건을 만족하는 대상자 노인은 819명(전체의 4.7%)만이었으며 나머지 16,284명(95.3%)은 계속적으로 서비스를 수급하고 있는 세대이면서(서비스 이용의 연간 평균치는 140일에 달한다), 가족개호위로금을 교부하고 있었던 것이다. 앞에서 언급한 3개의 조건에 전혀 일치하지 않는 신청자에 대해 심사의 미비가 원인으로 결과적으로 9억 엔에 가까운 세금을 신청자에게 지급해 버려 경제적인 손실을 입힌 것이 된다.

우선 가족개호위로금을 신청하는 가족이 개호보험서비스의 이용 제한이 연간 1주일 정도인 것을 포함해 3가지 조건을 이해해 둘 필요가 있지만

(현실 문제로는 어렵지만) 원래 보험자인 시정촌이 신청자의 신청 내용, 예를 들면 요개호4 또는 요개호5인 것이나 주민세 비과세 세대인 것을 보험자로서 확인하는 것이 당연한데, 왜 필수적인 확인을 게을리하고 있었는지 이해가 안 된다. 대상자 인정 후 전혀 개호보험과 관련이 없는 가구를 제외하고 신청자를 담당하는 케어매니저에게 문의하면 곧바로 개호보험의 서비스 이용 상황을 알 수 있다. 이러한 정보의 확인을 게을리한 책임은 지극히 무겁다.

일본의 가족개호위로금 제도와 달리 한국의 가족요양비는 한국 전체 인구의 30% 미만이 이용하고 있기 때문에 일반화된 제도로 볼 수 있다. 현금 지급이라는 관점에서 일본의 가족개호위로금 지급 사업을 한국의 가족요양비와 비교하는 것은 논리적으로 무리가 있다고 말할 수밖에 없다.

한국의 연구자 중에는 그러한 비교 연구를 발표하고 있는 케이스가 있지만 비교하는 것 자체에 무리가 있다. 왜냐하면 가족개호위로금제도는 각 보험자에 있어서 소수의 수급 사례밖에 없어, 비율을 계산해 봐도 0에 가까운 현상이어서 일반화된 제도로 볼 수는 없다.

4. 동거가족에 의한 방문요양

가족개호위로금 사업뿐만 아니라 일본에는 더욱 이용자가 적은 '동거가족에 의한 방문개호'에 관한 규정이 존재한다.

기쿠치 이즈미(菊池いずみ)에 의하면 '낙도 및 산간벽지 그 외의 지역으로서 지정 기관에 따라서는 필요한 방문개호 서비스양을 확보하는 것이 곤란하다고 시정촌이 인정하는 지역에서는 기준 해당 방문개호기관(장기요양기관)에 의한 동거 가족에 의한 서비스 제공이 이하의 5개의 요건을 만족하는 경우에 인정된다. 즉, ① 이용자가 지정방문개호만으로는 필요한 서비스의 확보가 곤란하다고 시정촌이 인정하는 지역에 살고 있을 것, ②

재택개호지원사업의 개호서비스 계획에 근거해 제공되는 것, ③ 개호서비스기관의 서비스 제공 책임자가 실시하는 구체적인 지시에 근거한 서비스 제공일 것, ④ 신체개호(목욕, 배설, 식사 등의 개호)를 주된 내용으로 한 서비스일 것, ⑤ 담당 방문개호원 등의 동거 가족에의 이용 시간이 총 이용 시간의 대략 1/2을 넘지 않을 것' 등이다.

이 규정을 실시하고 있는 시정촌 수는 전국에서 2001년이 28개소, 2002년이 32개소, 2003년이 8개소, 2007년이 5개소, 2009년이 8개소, 2010년 10개소, 2011년이 8개소로 되어 있어 실적은 거의 없다(森川美絵·김지미 2018, 120-121). 2014년 시점에서도 동거가족에 의한 방문개호를 용인하고 있는 지자체는 불과 9개로 적었다.

동거가족에 의한 방문개호에 관한 규정은 전국 1,741개 시정촌 중 불과 9개소에서만 인정하고 있다. 이러한 매우 예외적인 규정을 일본이 가지고 있는 것을 두고 한국의 가족요양비 규정의 존속을 정당화시키는 논의가 한국에 벌어지고 있는 것은 문제이다.

한국의 가족요양비는 30%에 육박하는 데 비해 일본의 동거가족에 의한 방문개호에 관한 규정을 가지고 있는 지자체는 0.5%(9÷1,741)에 지나지 않는다. 일본의 방문개호 이용자 약 100만 명에 대해 아마 전국 합계로 100명을 밑돌 정도로 드문 동거가족에 의한 방문개호라 할 수 있다.

7 주·야간보호서비스의 특징

1. 보건복지부의 전략

한국의 요양보험 재가서비스 중 주·야간보호서비스만이 특이한 성격을 띠고 있다. 왜냐하면 보건복지부가 2013년 1월부터 주·야간보호서비스에 관한 특별한 증액 규칙을 실시했기 때문이다.

증액 규칙은 두 종류가 있다. 하나는 나중에 언급할 치매전담실에 있어서 주·야간보호서비스를 빈번하게 이용하는 경우이며 1개월당 15일 이상(1일 8시간 이상) 이용한 경우에는 등급별 요양수가 한도액의 70%를 추가하게 된다. 치매전담실은 직원 배치가 까다롭고 요양수가가 높지 않아 별로 보급되지 않은 것 같지만 2021년 1월부터 등급별 요양수가 한도액의 50% 증액으로 변경됐다.

또 다른 규칙은 제도 개시 때부터 존속하는 일반 주·야간보호서비스를 빈번히 이용하는 경우이며 매월 20일 이상(1일 8시간 이상) 이용하는 경우 각 등급에서 규정한 요양수가 한도액을 50% 증액하는 규칙이다(보건복지부 2019).

또한 이 특별 규칙은 2021년 1월부터 각 등급에서 규정한 요양수가 한도액의 20% 증액으로 변경되었다. 변경의 이유는 앞으로도 이 서비스에 의한 과잉 이용이 진행될 가능성이 높다고 판단되어 이를 방지하기 위해서이다.

이러한 두 종류의 특별 규칙 도입의 배경은 주·야간보호서비스를 더욱 활성화시키고자 하는 것으로, 그 증액분은 주·야간보호서비스의 이용에 한정되지 않기 때문에 복수의 재가서비스를 이용하고자 하는 동기를 강화하기 위한 것이었다. 증액분은 방문간호나 전술한 가족요양비의 서비스에 충당되는 경우가 많다.

이 새로운 규정이 강력한 인센티브가 되어 주·야간보호서비스 제공기관에 의한 20일간(또는 15일간)의 서비스가 생겨났다. 원래 이용자 본인인 대상자 노인이나 치매 노인쪽이 주·야간보호서비스를 연일 8시간 이상의 장시간에 걸쳐 이용하고 싶은 욕구가 있는지 의문이다. 평일 매일 다니는 그 장소에서 8시간 이상 보내게 된다.

이 50% 가산 규칙이 20%로 변경된 것은 노인이 원하지 않는 과잉 서비스가 대상자 노인에게 강제적으로 제공되었기 때문이었다.

주·야간보호서비스는 단기보호서비스와 마찬가지로 노인 자신과 간병인 가족 사이에서 케어 요구가 가장 대립하는 서비스이므로 본래는 일본처럼 케어매니저가 양쪽 케어 요구를 조정하는 등 관리가 필수적이다. 한국에서는 이러한 단계에서 케어매니지먼트를 실시하는 케어매니저가 제도화되어 있지 않기 때문에 주·야간보호서비스기관이 노인에게 과잉 서비스를 제공하는 실태를 막을 수 없었다. 이 점이 큰 과제 중 하나이다.

주·야간보호서비스는 한국에서 보험제도가 도입될 때까지 거의 존재하지 않았다(鳥羽美香 외 2019, 254). 그 때문에 주·야간보호서비스의 인지도는 지금도 낮고 한번 이용한 대상자 노인을 놓치지 않고 이 서비스에 연결해 두고 싶다는 동기가 서비스 제공기관에게는 강하게 존재한다. 게다가 20% 증액 규정이 존재하기 때문에 이것으로부터 장기간에 걸친 일수를 이용 받기 위한 환경에 익숙해졌다.

당일 요양을 필요로 하는 노인을 전문 기관에 맡기는 습관이 없는 가운데 요양보험 시작과 함께 일본의 주간보호서비스와 같이 6시간부터 7시간 정도 이용한다고 하는 단계의 시기를 거치지 않고 아침부터 밤까지 10시간부터 12시간 맡긴다는 장시간에 걸친 서비스 이용 방법을 보건복지부는 제도화했다. 이러한 발상은 앞에서 말한 '고령자 본인 모델'이 아니라 '부양자 가족 모델'에 근거하고 있다고 말할 수밖에 없다.

2. 서비스 제공기관의 과잉화 문제

재가서비스 중에서 가장 높은 이용 욕구는 앞서 언급했듯이 방문요양서비스이다. 보건복지부는 장기요양보험제도를 시작하기 전에 그동안 다양한 명칭으로 불리며 양성 방법도 달랐던 재가돌봄 종사자를 '요양보호사'

로 일원화했다. 따라서 요양보호사의 자격을 얻기 위해 연수를 받아야 했다(西下彰俊 2008, 24). 또, 대량의 요양보호사를 양성하기 위해서 요양보호사 양성 기관이 많이 설치되어 그 결과로서 요양보호사를 파견하는 센터도 많이 개업을 했다.

요양보험제도 시작 후 특히 서울시와 같은 대도시에서 요양보호사 양성기관 과잉개설 문제, 방문요양센터 과잉개설 문제, 요양보호사 과잉공급 문제 등 3가지 과잉 문제가 제기되었다. 이 중 요양보호사에 대해서는 질을 높이기 위해 2010년부터 국가시험이 도입되었다.

이 국가시험은 연 3회 최근에는 연 4회 실시되고 있다. 필기시험이 35문항, 실기시험이 45문항 출제되고 있다. 합격 기준점이 두 분야 각각에서 60점으로 설정되어 있지만 시험문제가 평이하기 때문인지 합격률이 90% 전후로 너무 높아 요양보호사의 질을 높이는 전략이 성공하고 있다고는 말하기 어렵다. 또한 방문요양기관에 대해서도 개설 조건을 2010년보다 엄격히 하고 있으며 질을 높이기 위한 대응책이 강구되고 있다.

한국에서는 서비스를 이용할 수 있는 대상자 인정을 받은 노인이 일본에 비해 현저히 줄어들고 있다. 한국에서는 2020년 인정자 수는 857,984명이었고 같은 시기의 노인 인구는 8,480,208명이었다. 인정률은 10.1%. 이에 비해 일본에서는 2020년 인정자 수는 6,901,043명이며 같은 시기의 노인 인구는 3,617만 명이었다. 인정률은 19.1%이다.

한국의 인정률은 일본의 절반에 불과하다. 한국에서는 욕구(수요)량에 비해 제도 시작 당시의 기반 정비 부족으로 조건을 완화했기 때문에 결과적으로 서비스 공급 주체가 과도한 숫자가 됐다. 따라서 과잉경쟁이 제도 이후 계속되고 있다.

과잉경쟁은 이른바 도덕적 해이를 초래하는 원흉이며 재가서비스의 현장에서는 예를 들면 방문요양기관 간의 경쟁이 치열해지고 있다.

자신의 센터를 이용하면 본인부담분의 15%를 깎아 주거나, 농사 작업 등 무관한 일을 도와주거나 혹은 텔레비전을 선물하는 등의 부정행위로 이용자를 확보하려는 상당히 심각한 사태가 확인됐다. 물론 장기요양보험법으로 벌칙 규정이 있어 보험자인 공단의 사이트에 보험과 관련된 여러 부정을 신고하는 구조가 있지만 문제해결 조짐은 확인할 수 없다.

한편 과소 지역인 장흥군을 조사한 홍시내 씨에 의하면 요양보호사가 부족하기 때문에 동거자가 있는 세대와 요양의 필요성이 더 높은 세대를 꺼리게 되어도, 방문요양사업자는 요양보호사에게 주의를 줄 수 없는 현실이 있다. 강하게 주의를 주면 이용자 전원을 데리고 다른 사업자 쪽으로 이직해 버린다고 한다(홍시내 2021, 22).

8 서비스 제공 주체의 특이성

1. 개인 서비스 제공 사업자

한국의 장기요양보험의 특징은 고령화율이 낮고 기반 정비가 진행되지 않은 가운데 2008년에 시작된 점에 있다. 2008년 당시의 고령화율은 10.3%이고 일본의 설립 시(2000년도)의 고령화율은 17.3%였다(김명중 2019a, 6). 그 때문에 정부는 방문요양서비스나 주·야간보호서비스 등에 대해 재가서비스 제공기관의 설치 기준을 낮게 설정해 진입하기 쉽게 했다. 왜냐하면 당시 아직 진행되지 않았던 기반 정비를 촉진하기 위한 조치가 필요했기 때문이었다.

그 결과 한국의 장기요양보험에서는 개인이 설치하고 경영할 수 있는 제도가 설계될 수밖에 없었던 것이다. 일본의 개호보험제도에서는 개인이 센터를 개설할 수 없다. 서비스 제공기관의 질 담보라는 점에서 한·일 간

[표 3-9] 2020년 서비스 종류별 서비스 제공 주체 분포

단위: %, ( ) 내 실수

구분			지자체	법인	개인	기타	합계
계		기관 수	0.9(244)	15.3(3,896)	83.3(21,158)	0.3(86)	100.0(25,384)
		정원	3.2(11,326)	32.0(112,569)	64.4(226,442)	0.2(996)	100.0(351,333)
재가서비스	계	기관 수	0.6(131)	12.9(2,532)	86.0(16,886)	0.3(72)	100.0(19,621)
		정원	2.0(2,984)	21.2(31,026)	76.3(111,514)	0.4(632)	100.0(146,136)
	방문요양	기관 수	0.1(24)	11.1(1,717)	88.3(13,619)	0.4(52)	100.0(15,412)
	방문목욕	기관 수	0.1(17)	10.7(1,197)	88.7(9,837)	0.3(35)	100.0(11,086)
	방문간호	기관 수	0.3(3)	15.5(120)	83.9(650)	0.1(1)	100.0(774)
	주·야간보호	기관 수	2.6(120)	22.5(1,036)	74.4(3,413)	0.3(18)	100.0(4,587)
		정원	1.9(2,855)	21.2(30,801)	76.3(110,534)	0.4(632)	100.0(144,822)
	단기보호	기관 수	2.7(4)	25.0(37)	72.2(107)	-	100.0(148)
		정원	8.2(109)	17.1(225)	74.5(980)	-	100.0(1,314)
	복지용구	기관 수	-	13.3(260)	86.0(1,671)	0.5(10)	100.0(1,941)
시설서비스	계	기관 수	1.9(113)	23.6(1,364)	74.1(4,272)	0.2(14)	100.0(5,763)
		정원	4.0(8,362)	39.7(81,543)	56.0(114,928)	0.1(364)	100.0(205,197)
	노인요양원	기관 수	2.7(107)	31.1(1,201)	65.8(2,534)	0.1(8)	100.0(3,850)
		정원	4.4(8,309)	42.5(80,125)	52.8(99,558)	0.1(310)	100.0(188,302)
	노인요양 공동생활가정	기관 수	0.3(6)	8.5(163)	90.8(1,738)	0.3(6)	100.0(1,913)
		정원	0.3(53)	8.3(1,418)	90.9(15,370)	0.3(54)	100.0(16,895)

(출처) 국민건강보험공단 2021, 2020 노인장기요양보험통계연보, 744-745 저자 개편

제도 시작 시점에서 큰 차이가 있었던 것으로, 지금도 이러한 구조적 특징은 변하지 않았다.

〈표 3-9〉는 2020년의 서비스 종류별 서비스 제공 주체의 분포를 나타낸 것이다. 재가서비스에서는 방문요양, 방문목욕, 방문간호, 복지용구의 각 서비스에 대해서 '개인'경영이 80% 이상을 차지해 대다수에 이르고 있는 것을 알 수 있다. 주·야간보호서비스, 단기보호서비스 역시 다소 비율은 내려가지만 개인경영이 70% 이상을 차지하고 있다.

한편, 시설서비스는 재가서비스와 사정이 조금 나르나. 노인요양원이라는 시설에서는 '법인'경영 비율이 기관 수에서는 30%를 넘고 인원수에서는 45% 미만이지만 절반을 넘는 가장 많은 형태는 개인 경영이다. 소규모 시설인 노인요양공동생활가정은 다양한 재가서비스보다 '개인'경영이 많아 기관 수도 90%를 넘고 있다.

이러한 요양기관의 개인경영시스템이 한국 요양보험체계의 가장 큰 특징 중 하나이다. 그러나 개인화한 서비스 경영은 불안정한 경영이 되기 쉽고 폐업의 리스크도 높다. 제공하는 서비스의 품질 유지도 어려움을 겪는다. 나중에 서술하겠지만 국민건강보험공단에 의한 정기 평가에서도, '개인'은 '자치단체'나 '법인'경영에 비해 평가의 평균값이 현저하게 낮아지고 있다.

일본의 개호보험에 있어 서비스 제공기관에 대해서는 한국과 같은 기관의 구분에 의한 데이터는 존재하지 않는다. 후생노동성의 〈2021년 개호서비스기관·시설 조사〉 결과에 의하면 2020년 10월 현재로 방문개호도 주간보호도 '영리법인'(회사)이 가장 많고 방문개호는 69.8%, 주간보호는 51.8%를 차지한다.

두 번째로 많은 것은 '사회복지법인'으로 방문개호는 15.7%, 주간보호는 36.3%였다. 단기입소생활개호는 이들과 반대로 사회복지법인이

84.7%, 영리법인이 10.1%였다.

시설서비스에서는 개호노인복지시설에서는 사회복지법인이 압도적으로 많아 95.4%를 차지한다. 개호노인보건시설에서는 '의료법인'이 가장 많은 75.1%, 사회복지법인이 15.7%였다. 개호의료원에서는 의료법인이 압도적으로 많은 90.4%였다(후생노동성 2022a).

어쨌든 재가서비스든 시설서비스든 개인경영이 개호보험법상 인정되지 않기 때문에 존재하지 않는다.

한국에서 개인경영이 다수를 차지하는 상황은 요양보험이 큰 리스크를 안게 되는 것을 의미한다. 현재 서비스의 종류마다 인건비 비율이 설정되어 있지만 특히 방문요양서비스의 인건비 비율이 높게 설정되었기 때문에 방문요양서비스센터가 폐업에 몰린 사례가 적지 않다.

방문요양서비스만 인건비 지출 비율이 현저히 높아 86.4%로 정해져 있다. 방문간호서비스는 59.0%, 단기보호서비스는 58.3%, 방문목욕서비스는 49.1%, 주·야간보호서비스는 48%로 모든 비율이 60% 미만이다. 시설서비스에서는 노인요양원이 60.2%, 노인요양공동생활가정이 64.7%로, 60%대가 되어 대조적이다.

가장 일반적인 방문요양서비스는 지속적인 이익을 얻기 어렵고 그로 인한 불안정한 경영이 될 수밖에 없어 폐업의 위험도 높다고 말할 수밖에 없다(高橋明美 2021, 74).

2. 사회서비스원의 가능성

문재인 정권이 공약으로 나타낸 63,000명의 고용 창출의 일환으로 2019년 서울시를 포함한 4개의 광역자치단체에서 '사회서비스원'이 시작되었다. 각 지자체가 가진 복지 재단에 사회서비스원 운영을 위탁하는 형태로 시작되었지만 과연 이러한 위탁 방식으로 고용 창출이 가능해질지 의문이 남는다.

사회서비스 대상은 노인복지뿐만 아니라 아동복지, 장애인복지, 다문화 가족복지 등 다양하다. 민간 복지종사자를 준공무원으로 고용함으로써 사회서비스 전체의 질을 높이는 것이 목표이지만 사회서비스원의 운영 방침은 지방자치단체마다 다르므로 새로운 지역 격차가 발생할 가능성이 남아 있다(高橋明美 2021, 74).

2022년까지 25개의 지자체에서 사회서비스원이 만들어진다고 한다. 2021년 2월 현재 서울특별시를 포함한 11개 광역지자체에 설립·운영되고 있다(홍시내 2021, 14). 하지만 이러한 사회서비스원이 서서히 만들어지더라도 한국의 모든 지자체를 커버하는 것이 아니라면, 앞서 언급한 개인 경영이 압도적 다수를 차지하는 재가서비스의 질이 저하된다는 구조적인 문제가 단기적으로 그리고 전국적으로 해소될 전망은 낮다.

9 요양인력과 장기근속장려금

1. 요양보호사

재가서비스든 시설서비스든 서비스를 제공하는 주요 인재는 노인장기요양보험제도 설립에 맞춰 양성된 '요양보호사'라는 전문직이다. 새로운 요양보험제도가 시작되기 전, 한국에는 가정봉사원, 간병인, 간병도우미, 간호조무사, 케어복지사 등의 명칭이 난립했다(西下彰俊 2008, 24).

그 후 2008년에 요양보호사 1급과 2급이 설립되었다. 1급은 보유한 국가자격의 유무에 따라 이론, 실기, 실습 연수 시간이 정해졌고(합계 240시간), 2급은 연수 시간이 절반이다.

그 후 2010년이 되어 요양보호사의 전문성을 높이기 위해 1급과 2급 구분은 폐지되고 국회의원의 제안으로 국가시험 합격이 필수가 되었다. 그런데 합격률이 매우 높기 때문에 전문성 담보라는 처음의 목적이 이루어지지 못하고 있다는 구조적인 문제가 존재한다. 아마도 요양보호사의 노동조건이 나쁘고 이직자가 많기 때문에 필요한 인력을 신규 확보하기 위한 정책으로서 국가시험에서 쉬운 문제가 계속 출제되고 있는 것으로 보인다.

2. 장기요양근속장려금

고령화가 진행되는 선진국에서 요양인력 부족은 공통적인 심각한 정책 과제가 되고 있다. 한국도 예외는 아니다. 원래 요양직인 요양보호사를 고등학교, 전문대학, 대학 등 학교 교육 커리큘럼에서 양성하는 제도가 없기 때문에 젊은 요양보호사를 학교에서 양성할 수 없다. 반면 사회복지사의 양성은 대학 교육 등에서 진행되고 있으므로 필요한 과목을 이수하고 졸업하면 사회복지사 2급을 취득할 수 있다.

사회복지사는 젊은 인재 육성이 제도적으로 가능하다. 그 때문에 특히 젊은 세대의 요양보호사의 인재 육성은 곤란하고 일단 취직했다 하더라도 저임금, 중노동이며 직업에 대한 사회적 평가도 낮기 때문에 이직하는 비율도 높다. 그 결과 요양보호사의 고령화가 현저하게 진행되고 있다.

이러한 배경 속에 정부는 2017년 11월 장기근속장려금 제도를 설립했다. 3년 이상의 장기에 걸쳐 동일한 서비스기관에서 장기요양서비스 일에 계속 종사하면 매월 장려금이 지급된다는 제도가 시작되었다.

보건복지부의 〈장기요양급여 제공기준 및 급여비용 산정방법 등에 관한 고시〉 제11조에 의하면 구체적으로는 노인요양원, 노인요양공동생활가정, 주·야간보호서비스, 단기보호서비스에 종사하는 요양보호사, 사회복지사, 간호사, 물리치료사, 작업치료사의 경우 1개월에 120시간 이상 계속 근무

칼럼 3 국가에 따른 인원 배치 차이

일본은 4:1의 인력 배치 기준을 목표로 하고 있는 것 같다. 2021년 12월에 개최된 제7회 규제개혁추진회의에서, AI등의 디지털 테크놀로지나 개호보조자의 활용 등에 의한 현행 인원 배치 기준보다 적은 4:1이 제안되었다. 후생노동성은 2022년 상반기부터 개호시설에서 효과실증연구를 할 예정이다. 본문에서 언급한 노시협(노인시설협회)의 추계에 따르면 인력 배치 기준이 4:1이 되면 야근 횟수가 1인 1개월당 9.3회가 된다. 현재 야근 횟수의 2배 이상이다.

이웃 한국에서는 지금까지 2.5:1 배치가 기준이었지만 2022년에 2.3:1로 변경하고 또한 2025년에 2.1:1로 변경할 계획이다(보건복지부 2022). 대만의 경우, 현행에서는 주간은 5:1 배치가 기준이며 야간은 8:1이 기준이다(郭安君 2021, 83).

북유럽 스웨덴에는 요양시설의 직원 배치의 기준이 법률로 정해져 있지 않다. 기준이 없는 것은 바람직한 직원 배치로 이어질 수도 있지만 반대로 인건비를 줄이는 것에 직결할 수도 있다.

스웨덴의 경우 특히 도시 지자체에서는 민간회사에 3–6년 간 운영을 위탁하는 경우가 많은데, 경쟁 속에서 위탁을 쟁취하기 위해 아예 인건비를 운영계획 속에서 줄여 버리는 경우도 있다. 개호 포기라는 학대를 초래하기 쉬운 입찰 방식이며 이 방법으로 위탁처를 한 개 시설로 결정하는 현재의 입찰시스템은 개선되어야 한다.

해당 기초자치단체(코뮌)도 입찰에 참가하므로 인건비를 적게 하여 계획서를 내게 된다. 기초자치단체 의회 여당이 보수정당인 경우에 이러한 민간 위탁 방식이 많이 채용되는 경향이 있다. 자세한 내용은 니시시타(西下彰俊 2012, 4장)를 참조.

한 기간이 3년 이상 5년 미만이면 6만 원, 같은 5년 이상 7년 미만이면 8만 원, 같은 8년 이상이면 10만 원이 매월 지급된다. 한편, 방문요양, 방문목욕, 방문간호서비스에 종사하는 요양보호사, 간호사, 치과위생사의 경우 1개월에 60시간 이상 계속 근무한 기간이 3년 이상 5년 미만 6만 원, 같은 5년 이상 7년 미만이면 8만 원, 같은 8년 이상이면 10만 원이 매월 지급된다. 덧붙여 이 장려금의 기준은 2019년 1월로 변경된 것이다(보건복지부 2019).

장기근속장려금제도가 과연 요양 인재의 이직을 낮추는지 여부는 향후 상황을 파악할 필요가 있다. 효과가 적어 이직이 진행되는 것 같으면 장려금의 금액이나 장기근속기간의 재검토가 필요하게 될 것이다. 예를 들어 12년 이상 12만 원 혹은 14만 원이라는 새로운 인센티브 범주가 필요할지도 모른다.

한국에서도 20대, 30대의 요양직원은 적다. 젊은 요양직원이 장기요양근속장려금 획득을 동기부여로 취직하게 될지 지켜봐야 할 것이다.

3. 일본의 임금 개선 동향

덧붙여 일본에서도 개호보험제도에서 처우개선을 위한 가산이 행해져 왔다. 2012년 개호직원 처우개선 가산이 2019년에는 특정 처우개선 가산이 각각 설립되었다. 후자의 가산은 근속 10년 이상의 개호복지사를 대상으로 월액 8만 엔 이상 혹은 연봉 440만 엔까지 임금을 올리는 것이 주된 목적이었지만 가산 대상은 서비스기관의 재량으로 유연하게 넓히는 것이 인정되었기 때문에 특정 처우개선은 되지 않았다.

2021년 10월에 발족한 기시다 정권하에서 개호직원 임금의 3%, 약 9,000엔 상향이 특별 회계로 인정되어 2022년 2월부터 9월까지 정해진 조건을 만족하는 사업 기관이 개호직원 처우개선 지원보조금을 청구할 수 있게 되었다. 또한 10월 이후는 임시 개정에 의해 개호수가로 가산될 예정이다(후생노동성 2022b).

개호보험제도 안에서의 가산 설정 및 국비를 투입하여 개호직원의 임금을 서서히 그리고 지속적으로 개선해 나가는 것은 중요한 정책이지만 개호인력 부족이나 개호직의 이직은 임금만의 문제는 아니다. 잊지 말아야 할 큰 요인으로는 '야근 횟수가 많음'과 거기에 관련된 개호라는 직업에 대한 이미지가 있다.

전국노인복지시설협의회에 의하면 기존 특별양호노인홈에서 야근 가능 직원을 전체의 60%, 인원 배치 기준을 전국 평균인 2.12로 가정하고 야근의 횟수를 계산하면 1인당 1개월에 4.4회가 된다. 본래의 인원 배치 기준인 3:1의 경우, 야근이 5.3회가 된다. 개호의 현장에서는 3:1로는 근무표를 짤 수 없기 때문에 직원을 늘리고 있어 전국 평균 대상자 노인과 개호직원의 비율은 2.12:1이 되고 있다(전국 노인복지시설 협의회 2022, 3-6). 더불어 대형 서비스기관의 제안에 근거해 일본이 향후 목표로 하는 인원 배치 기준은 4:1이다. 이 협의회의 추계에 의하면 야근의 횟수는 증가한다. 인원 배치에 관한 움직임과 다른 나라의 기준에 대해서는 〈칼럼 3〉을 참조하기 바란다.

■ 조문기 옮김

제4장

한국의 재가서비스 케어매니지먼트

1 케어매니지먼트의 실제

한국에는 케어매니저라는 전문직이 설치되지 않았는데 어떻게 케어매니지먼트를 하고 있을까?

〈표 4-1〉은 재가서비스를 희망하는 2등급 판정을 받은 남성 노인(75세)에 관한 표준장기요양이용계획서(이하 이용계획서, 현재 개인별장기요양이용계획서로 변경됨)이다. 이러한 이용계획서는 보험자인 국민건강보험공단이 서비스 신청자의 주소로 발송한다.

이 표의 상단에는 우선 이용계획서의 역할에 관한 주의사항이 기재되어 있다.

> 본 이용계획서는 권고사항으로 본인(가족)의 희망에 따라 자율적으로 장기요양기관과 협의하여 적절한 장기요양급여를 이용하실 수 있도록 돕기 위한 안내서입니다.[1]

1 여기서 언급하고 있는 인용문은 이 책의 원서가 간행된 2019년 당시 표준장기요양이용계획서의 것이다. 2021년 개인별장기요양이용계획서로 변경되면서 서식 문구도 수정되었다. 〈표 4-1〉은 개정된 개인별장기요양이용계획서이다.

[표 4-1] 개인별장기요양이용계획서

장기요양인정번호 : *****

본 서식은 수급자가 장기요양급여를 원활히 이용할 수 있도록 발급하는 이용계획서로 장기요양기관과 급여계약 체결 시 제시하시기 바랍니다.

<table>
<tr><td>성명</td><td>*****</td><td>주민등록번호</td><td>*****-*****</td></tr>
<tr><td>장기요양등급</td><td>2등급</td><td>발급일</td><td>2010-**-**</td></tr>
<tr><td>재가급여(월한도액)</td><td>1개월당 971,200원</td><td rowspan="2">재가급여</td><td rowspan="2">15%</td></tr>
<tr><td>노인요양시설</td><td>1일당 34,980원</td></tr>
<tr><td>치매전담형 장기요양시설</td><td>1일당 45,290원</td><td rowspan="2">시설급여</td><td rowspan="2">20%</td></tr>
<tr><td>노인요양공동생활가정</td><td>1일당 45,290원</td></tr>
</table>

<table>
<tr><td colspan="3">장기요양 필요영역 및 주요 기능 상태</td><td>장기요양목표</td></tr>
<tr><td colspan="3">·신체기능, 재활요구, 사회생활기능 : 2007년 이후 손과 팔 떨림이 심해 걷기 힘들어져 '뇌경색', '파킨슨병' 진단을 받았다. 2009년 가을 이후 상태가 점점 악화되어 지금은 거의 침대에 누워 있는 상태이다. 성격도 난폭해지고 물건을 던져 치매 진단을 받았다. 갈아입기, 세면, 양치질 등에 도움이 필요하다. 체위 변환, 일어나서 앉기, 방 밖으로 나갈 때 도움이 필요하다. 가사나 금전 관리, 시장보기 등에 항상 도움이 필요하고 몸가짐에도 모두 도움을 필요로 한다.
·인지기능, 행동변화: 단기기억장애, 장기기억장애, 지시에 대한 이해가 안 된다. 상황판단력이 떨어지면서 계산 능력도 떨어지고 있다. 망상, 환각을 보거나 이유 없이 화를 내기 때문에 간병인이 매우 피로해 하고 있다. 물건을 숨기기도 한다.</td><td>·기능상태 악화방지와 합병증 예방
·침대에서 넘어짐 방지
·가족부양자의 부담 경감
·인지장애에 대한 적절한 대처방법 학습
·행동변화에 대한 적절한 대처</td></tr>
<tr><td>장기요양필요내용</td><td colspan="3">·세면, 구강 관리, 몸청결, 머리감기, 옷 갈아입기, 목욕, 배설, 자세변환, 이동, 화장실이용, 일어서기, 운동 및 일상생활 훈련보조
·취사, 청소 및 주변정리·정돈, 세탁
·외출 시 동행</td></tr>
<tr><td>수급자희망급여</td><td colspan="3">방문요양</td></tr>
<tr><td>유의사항</td><td colspan="3">·고혈압 관리가 필요하다.
·아래 서비스 계획은 재가서비스를 이용하는 경우를 고려해 작성한 것으로 참조하기 바란다.</td></tr>
<tr><td colspan="4">표준 장기요양 이용계획 및 비용(조정가능)</td></tr>
<tr><td>급여종류</td><td>횟수</td><td>장기요양급여비용</td><td>본인부담금</td></tr>
<tr><td>방문요양</td><td>주5회(240분)</td><td>790,000원</td><td>118,500원</td></tr>
<tr><td colspan="2">합계</td><td>790,000원</td><td>118,500원</td></tr>
<tr><td>복지용구</td><td colspan="3"></td></tr>
</table>

☎ ****_****　　　ㅇㅇ지사　　　담당자 : ㅇㅇㅇ

국민건강보험공단 이사장

(출처) 西下彰俊 2011, 182

이 인용문에 보이는 권고, 협의, 도움, 안내서라는 용어를 통해 알 수 있듯이 이 이용계획서가 일본의 케어플랜처럼 실질적인 역할[2]을 수행하지는 않는다. 노인장기요양보험제도의 유일한 보험자인 국민건강보험공단이 이사장 명의로 발행하는 '개인별장기요양이용계획서'는 어디까지나 참고자료일 뿐이다. 강제력이 있는 이용계획서가 아님은 분명하다.

케어매니지먼트 연구의 최고 전문가 시라자와(白澤政和, 오사카시립대학 명예교수, 국제의료복지대학대학원 교수)는 표준장기요양이용계획서가 한정적인 기능밖에 없는 이러한 상황을 파악해 '케어매니지먼트 흉내'라고 하는 자극적인 평가를 내리고 있다(白澤政和 2019, 175).

또 김정임은 표준장기요양이용계획서에 관해 "건강보험공단의 직원이 대상자 노인과 상담하지 않고 일방적으로 표준 케어플랜을 작성해 송부하고 있다. 대상자 노인은 서비스를 제공하는 기관과 직접 연락을 취하고 있고, 서비스 제공기관은 그 기관의 서비스를 포함한 케어플랜을 새롭게 작성하여 대상자 노인에게 제시하는 경우가 적지 않다. 노인은 요양에 관한 정보의 비대칭 때문에 그 기관이 제시하는 서비스를 이용하고, 공단 직원이 작성한 표준 케어플랜을 무시하고 있다는 문제가 지적되고 있다"(김정임 2009, 75)고 서술했다.

케어플랜 단계에 이르기 전 국민건강보험공단은 우선 요양보험서비스를 신청한 노인을 방문조사한다. 방문조사에서는 등급판정 및 이용계획서를 작성하는 데 필요한 90개 항목을 조사한다. 그 후 등급판정위원회가 판정한 등급의 급여한도액 이내에서 본인이 희망하는 급여에 기초하여 서비스의 횟수를 설정한다. 아울러 장기요양 필요영역 및 주요 기능 상태, 장기요양목표, 장기요양 필요내용, 주의사항 등을 표기하여 이용계획서를 완

2 개인별장기요양이용계획서는 수급자의 서비스 이용을 적극적으로 권하는 것이 아니라 어떤 서비스를 받을 수 있는지 안내하는 역할을 맡는다.

성한다.

등급판정이 이루어진 후 건강보험공단 방문조사원이 신청자를 다시 방문하지 않는다는 점에서 일본에서는 제도화되어 있는 케어매니저의 개별 케어매니지먼트 지원은 애당초 공단 직원의 역할이 아니다. 당연한 결과겠지만 이용계획서는 참고 자료에 그칠 뿐 구속력은 없다.

김정임은 공단 직원이 작성하는 표준 케어플랜이 무시되고 있다는 문제가 있다고 지적하고 있지만 원래 성격상 참고 자료이므로 참고에 그칠 수밖에 없다.

그렇다고 해도 해당 이용계획서에는 중요한 정보가 많이 포함되어 있으므로 일정한 범위이지만 중요한 참고 자료가 된다. 예를 들어 신청자의 신체나 정신 상태는 방문조사를 통해 밝혀져 이용계획서에 상세히 기술된다. 그런 의미에서 장기요양 필요영역 및 주요 기능 영역, 그리고 장기요양 필요내용 등은 무시할 수 없다. 당연히 수급자(신청자)의 희망 급여도 꼭 필요한 정보이므로 무시할 수 없다.

아마도 이용계획서의 정보에서 정말로 참고되는 것은 급여의 종류와 횟수 정도일 것이다. 장기요양인정조사표의 '1. 일반사항'의 ⑧에서 희망하는 서비스를 복수 체크할 수 있게 되어 있지만(西下彰俊 2009, 1-14; 임춘식 외 2010, 229) 재가 급여로 제공받을 수 있는 6종류의 서비스에 대해 신청자가 사전에 숙지하고 있다고는 도저히 생각할 수 없다. 실제로는 등급판정 결과를 받은 후에 재가서비스기관과 상담을 하면서 어떤 서비스를 어느 정도의 본인부담금으로 받을 수 있는지에 대한 정보를 얻는 경우가 많다. 이용계획서에 기재된 재가서비스의 종류 그 이상의 서비스를 실제로 이용할 가능성이 높다.

2 개인별장기요양이용계획서와 장기요양급여 제공계획서

앞에서 서술한 2등급 판정을 받은 남성 노인의 사례에 근거해 이용계획서와 급여제공계획서의 관계성을 고찰해 보자.

〈표 4-2〉[3]는 방문요양서비스를 제공하고 있는 서비스기관이 당시 독자적으로 작성한 급여계획서이다. 이 표에서 필요 영역은 신체기능, 인지기능 및 행동변화로 구분되며 각각 장기목표와 단기(세부)목표가 설정되어 있다. 단기목표는 보다 구체적인데, 신체기능 면에서는 보행 훈련과 외부 산책, 인지기능 면에서는 복지관 나들이 권장, 행동변화 면에서는 타인과의 교류 지원 등이 목표로 설정되었다.

표 아래 칸에 있는 장기요양급여비용에 보이듯이 이 수급자는 두 종류의 방문요양서비스를 이용하고 있다. 두 종류로 나뉜 이유를 이 표에서는 알 길이 없다. 그 의문은 〈표 4-3〉을 통해 풀린다 .

이 표는 〈표 4-2〉에 표시된 서비스가 실제로 제공되는 구체적인 날짜와 시간을 보여 주는 자료이다. 4월 8일부터 방문요양서비스를 이용하기 시작한 이 수급자는 평일뿐만 아니라 일요일도 서비스를 이용하고 있는 것을 알 수 있다.

이와 관련하여 해당 수급자의 보호자인 배우자와 인터뷰한 결과, "매주 일요일은 불교 시설 행사에 참가하고 싶기 때문에 8시간 이상 연속으로 방문요양서비스를 이용하고 있다"고 한다.

게다가 치매로 인한 남편의 문제행동 때문에 노부부 둘이 살고 있는 아내는 스트레스를 심하게 느끼고 돌봄 부담이 심하다. 아내는 본인을 위한 재충전을 포함해 일요일에는 기도를 드리러 간다는 것이다.

3 이 책에 인용된 급여제공계획서는 2010년도 양식이므로 현재(2024년) 양식과 다르다.

[표 4-2] 장기요양급여 제공계획서

장기요양 인정번호	*****	성명	*****	주민등록번호	*****	전화번호	*****
장기요양 등급	2등급	월 한도액	971,200 원/월	주소	*****		
장기요양인정 유효기간	2010년 4월 8일~2011년 4월 30일			작성일	2010년 4월 8일	담당자	*****

종합 계획	신체기능 면에서 현재의 기능 상태를 유지하기 위해 보행훈련과 외부산책을 지원한다. 인지능력을 향상시키기 위해 복지관 나들이를 지원한다. 행동변화에 적절히 대처할 수 있도록 타인과의 교류를 지원하고 우울한 감정과 불안감을 감소시킴으로써 안락한 노후 생활을 지원한다.

문제 영역	목표				제공내용				
	장기목표	기간	단기목표	기간	종류	내용	제공기간	주기	시간
신체기능	현재의 기능 유지	2010.4/8	보행훈련, 외부산책	2010.4/8			2010.4/8		월, 금, 토:
인지기능	인지기능향상	–	복지관 나들이	–	방문요양	방문요양	–	주4회	240분
행동변화	적절한 대처	2011.10/30	타인과의 교류 지원	2010.10/8			2011.4/30	(월, 금, 토, 일)	일: 480분

장기요양급여비용

급여 종류	급여	서비스 횟수	장기요양급여비용	본인부담금
방문요양	39,500	12	474,000	71,100
방문요양	39,500 x 1.3 x 2회	3	308,100	46,215
합계			782,000	117,310

[표 4-3] 서비스 일정표

장기요양 인정번호	*****	성명	*****
장기요양 담당자	*****	작성일	2010년 4월 8일

일	월	화	수	목	금	토
				1	2	3
4	5	6	7	8	9	10
				14:00-18:00	14:00-18:00	09:30-18:00
11	12	13	14	15	16	17
09:30-18:00	09:30-18:00				14:00-18:00	09:30-18:00
18	19	20	21	22	23	24
09:30-18:00	09:30-18:00				14:00-18:00	09:30-18:00
25	26	27	28	29	30	
09:30-18:00	09:30-18:00				14:00-18:00	

서비스 제공 현황

서비스 제공자명	전화번호	담당	급여내용	횟수	서비스 제공일
*****	*****	*****	방문요양	주 4회	*****

서비스 제공 현황

수가	서비스 횟수	장기요양 급여비용	본인부담금(15%)
39,500	12	474,000	71,100
39,500×1.3×2회	3	308,100	46,215
합계	15	782,000	117,310

(주) 가공의 날짜임

일요일이기 때문에 심야 시간대와 마찬가지로 30% 가산된다. 그 때문에 표 아랫부분에는 급여가 39,500×1.3×2로 따로 기재되어 있다(4시간짜리 서비스를 연속해서 2회 이용하고 있는 것으로 계산이 되기 때문에 ×2라고 표기하고 있다).

가족부양자인 배우자의 매주 일요일에 불교 시설 행사에 꼭 참석하러 가고 싶다는 욕구는 공단이 실시한 방문조사에서는 전혀 알 수 없는 정보이다. 방문요양기관이 등급판정을 받은 이용자 및 그 가족과 면담하면서 이런 부양자의 수요를 파악해 장기요양서비스 제공계획서를 작성하는 것이다. 이 제공계획서의 작성은 매우 중요하다. 일본 개호보험제도의 케어플랜에 해당하기 때문에 한국에서는 방문요양기관이 작성하는 것이 중요하고 장기요양서비스 제공계획서는 필수 불가결한 것이다.

위 수급자의 경우 방문요양서비스만 이용하는 간단한 사례였다. 방문요양서비스를 중심으로 방문목욕서비스나 주·야간서비스를 이용하는 경우가 앞으로는 늘어날 것이다. 여러 종류의 재가서비스를 이용하는 경우, 앞의 〈표 4-2〉와 같이 장기요양서비스 제공계획서를 어느 서비스기관이 작성할지, 이용자의 판정등급 한도액을 넘지 않도록 서비스 이용료의 상한관리를 어느 서비스기관이 어떻게 실시할지 등 많은 과제가 남는다.

아마 먼저 연락을 취한 서비스기관이 이용자의 요구를 파악하면서 다른 종류의 서비스 사업 기관과 함께 제공 횟수를 조정하게 될 것이다. 그러나 경우에 따라서는 사용자의 요구를 무시하고 자사의 서비스만 한도액까지 사용하게 하는 서비스기관도 존재할 것이다.

3 개인별장기요양이용계획서

요양보험 개시 시부터 2017년 말까지는 〈표 4-1〉과 같은 서식이었다. 이 계획서의 중앙 부분은 장기요양 필요영역과 주요 기능 상태(신체기능, 재활의 욕구, 사회생활기능, 인지기능, 의사소통), 장기요양목표, 장기요양 필요내용 등 세 요소로 구성되었다. 이 세 요소는 공단 직원이 인정 조사 결과를 바탕으로 전문성과 경험에 근거해 '주관적 판단'에 의해 작성한다고 한다(공단 직원 인터뷰).

그 후, 2018년 1월 새로운 표준장기요양이용계획서의 서식이 만들어져 중앙 부분은 〈표 4-4〉와 같은 형식이 되었다.

이 이용계획서는 2021년 6월 '개인별장기요양이용계획서(이하 개인별 계획서)'라고 명칭이 변경되었다. 새로운 개별계획서는 ① 장기요양 문제, ② 장기요양 목표, ③ 장기요양 필요영역, ④ 장기요양 필요내용 등 네 개 요소로 구성된다. 새로운 양식은 장기요양상의 어려운 문제를 모두 목록화하여 목표와 욕구를 명확히 하고 각 문제별로 목표, 필요영역, 필요내용 등을 대응시켜 명시할 수 있게 되었다. 이러한 문제 설정이 판정조사표에서 얻은 다양한 정보에 근거해 '보다 객관적으로 제시할 수 있다'는 것이 공단 측의 평가이다.

이 표를 보면 확실히 과거의 이용계획서에 비해 12종류의 장기요양문제를 명시하고 있어, 이 문제들과 장기요양목표, 장기요양 필요영역, 장기요양 필요내용 등 세 요소와의 대응 관계를 명확하게 판단할 수 있다. 〈표 4-4〉에서 다루는 영역 외에는 변경이 없다.

[표 4-4] 개인별장기요양이용계획서(주요 부분)

장기요양 문제	장기요양 목표	장기요양 필요영역	장기요양 필요내용
개인위생 관리 곤란	청결 상태 유지를 통한 자존감 향상		옷 갈아입기, 세면 도움, 수염정리 도움, 구강청결 도움, 몸 단장, 머리감기 도움,
식사 곤란	영양 섭취를 통한 건강 유지		균형잡힌 식사 지원
이동 곤란	자력 보행 가능		보행 연습 등을 통한 하지근력 강화
낙하 위험	낙하 예방	신체 지원	위험방지 및 안전관리를 통한 낙하 예방
화장실 이용 곤란	지원을 통한 화장실 사용 가능		화장실 이용 지원
배뇨 관리 곤란	자립 배뇨 관리		배뇨 훈련(규칙적인 배뇨 연습, 배뇨 자극, 수분 섭취 관리 등)
복약 곤란	건강과 신체기능 유지		규칙적인 복약 지원
인지기능 저하	인지기능 훈련을 통한 잔존 능력 개발 및 유지	인지활동 지원	인지 자극 활동, 반복 훈련, 공동 훈련, 인지 훈련 도구(지필, 수공예, 회상, 감각, 일상생활 활동)
가족 등 지원체제 부족	사회적 고립감 감소, 사회적 지원체제 마련	정서적 지원	정서적 지원, 지원 체제 연계, 비상시 연락망 형성
일상생활 수행 곤란	일상생활 수행	일상생활 지원	취사, 세탁, 청소 및 정리정돈, 시장보기
개인활동 수행 곤란	사회생활 능력 향상	개인활동 지원	외출 동행, 병원 동행, 산책 동행(지원)
목욕 곤란	청결 상태 유지를 통한 건강 증진	방문목욕	욕조 준비, 목욕 준비, 목욕, 뒷정리, 목욕 전후 건강상태
희망서비스	방문요양 9:00-13:00, 방문목욕 15:00-16:00		
유의사항	1. 본 수급자는 옆에서 부축하면 보행이 가능하며 하지근력의 지속적 강화와 보행 훈련을 통해 보행 능력을 향상시킬 필요가 있음. 2. 인지력 저하가 있지만 잔존 기능을 활용하여 자력으로 수행할 수 있도록 지원할 필요가 있음.		

(출처) 국민건강보험공단 2019

[표 4-5] 개인별장기요양급여 제공계획서

장기요양급여 제공계획서		장기요양 기관명	○○		
		장기요양 인정번호	○○		
		급여종류	방문요양		
수급자	○○	생년월일	○○	계약일	○○
장기요양 등급	4등급	장기요양 인정 유효기간	2019.02.2~ 2020.02.29	계약 기간	○○
개인별장기요양 이용계획서 번호	○○	급여 적용기간	2019.02.2~ 2020.02.29	작성자	○○
목표	·개인위생 및 환경관리 보조를 통한 일상생활 유지·신체 잔존 기능 유지 및 증진 ·가족돌봄부담 경감				

장기요양 필요영역	장기요양 세부목표	장기요양 필요내용	세부 제공 내용	횟수	시간(분)	작성자
신체활동 지원	보조를 받아 개인위생관리 가능	옷 갈아입기, 지켜보기와 지도	옷 갈아입기 준비, 옷 갈아입기 지도	필요 시	20	○
		목욕 도움	바디워시 사용 및 뒷정리	주 1회	30	○
		머리 감기 도움	이동보조 및 머리 감기, 건조	주 1회	20	○
		손톱 깎기	손톱 깎기 및 관리	필요 시	10	○
		두피 관리	정리, 케어	필요 시	10	○
	요실금 관리를 통해 청결 유지	배뇨 훈련(규칙적 배뇨 훈련, 배뇨 자극, 수분섭취 관리 등)	규칙적인 배뇨 훈련과 배뇨 지원	필요 시	10	○
	규칙적인 복약 가능	정확한 시간에 복약 지원	정해진 시간에 복약을 확인	1일1회	10	○
치매관리 지원	행동 변화에 대한 안전한 대처	위험 요소를 배제하고 수급자와 부양자의 안전관리 지원	수급자와 부양자의 안전관리 지원	필요 시	20	○
정서 지원	의사소통 능력 향상	의사소통 보조 (발음 연습, 필딤 등)	의사소통 보조 (발음 연습, 필딤 등)	필요 시	30	○

일상생활 지원, 환경관리	지원을 통해 일상생활 수행	취사	식재료 준비, 밥솥, 요리, 설거지 등	1일 1회	30	○
		세탁	수급자의 옷, 양말, 수건, 이불 등 세탁	주 2회	30	○
		방청소, 정리	수급자의 방, 거실, 화장실 청소	1일 1회	30	○
		시장 보기	식료품, 약품, 옷 등 생필품 구입	필요 시	30	○
개인활동 지원	개인활동과 사회생활 유지	외출 시 동행	외출 시(산책 등) 보조 및 동행(자동차 이용 포함)	필요 시	30	○
		병원 동행	병원 요양			○
지역자원 연계	사회적 지원을 통한 삶의 질 상승	지역사회의 다양한 자원 연계	인적 지원 등 다양한 지역사회 자원 연계	필요 시	20	○
종합 의견	일반적인 지원으로 잔존 능력을 활용해 스스로 수행할 수 있도록 서비스를 제공하고, 이동 시나 외출 시, 목욕 시 보조할 때 낙상 위험이 있으므로 예방 관리가 필요하다.					

(출처) A 방문요양기관

4 개인별급여제공계획서

재가서비스 제공기관은 공단이 작성한 개인별장기요양이용계획서의 정보에 근거하여 장기요양서비스제공계획서를 작성하고 이 계획에 따라 서비스를 제공해야 한다. 구체적으로는 〈표 4-5〉에 나타낸 바와 같이 장기요양 필요영역, 장기요양 세부목표, 장기요양 필요내용, 세부제공내용, 횟수, 시간(분)이 계획서에 표기된다.

이 이용계획서는 4등급 인정을 받아 방문요양서비스를 이용하는 경우의 계획서이다. 이 계획서는 〈표 4-4〉 이용계획서의 대상자와는 다르다. 공단이 발행한 개인별장기요양이용계획서의 내용을 참고하면서 서비스제공계획서가 작성된다.

해당 이용자의 경우 개인 위생 및 환경관리 보조를 통한 일상생활 유지·신체 잔존 기능의 유지 및 증진을 도모하면서 가족요양부담을 경감하는 것에 목표를 둔다. 장기요양 필요영역으로서 신체활동 지원, 치매관리 지원, 정서 지원, 일상생활 지원, 환경관리, 개인활동 지원, 지역자원 연계를 실시한다.

또한 장기요양 세부목표를 8항목으로 설정하고 각각에 대응한 장기요양 필요내용을 16항목 설정한다. 게다가 방문요양서비스 제공기관이 그에 대응하는 서비스 빈도와 요양 시간을 설정하는 세세한 장기요양서비스제공계획서를 작성한다. 그 후 이용자 및 가족의 승인을 거쳐 제공계획서를 공단에 발송한 후 공단의 인증을 받아 해당 서비스를 제공한다.

장기요양시설에 입소한 경우의 개별장기요양이용계획서 및 장기요양서비스제공계획서의 관련성에 대해서는 다카하시 아케미(高橋明美, 분쿄대학 준교수)의 연구가 구체적이다.

다카하시는 장기요양시설이 작성한 장기요양서비스제공계획서에 관한 규정이 노인장기요양보험법에는 존재하지 않는 점, 그리고 국민건강보험공단이 3년에 한 번 실시하는 시설 평가의 매뉴얼에 게재된 평가 지표가 사실상 장기요양서비스제공계획서 작성의 지침이 되어 제공계획서를 작성하고 있는 점 등에 근거해 상세하게 분석하고 있다(高橋明美 2020, 67-78).

5 사회복지사에 의한 모니터링

1. 방문요양서비스

한국 보건복지부는 2017년 1월 1일부터 방문요양서비스 이용자가 15명 이상인 경우 해당 방문요양기관은 사회복지사, 간호(조무)사, 팀장급 요양보호사 중 한 명을 배치하도록 의무화했다(보건복지부 2016).

이들은 모든 방문요양서비스 이용자에 대해 월 1회 이상 요양보호사가 방문요양서비스를 제공하고 있는 시간대에 정기적으로 이용자의 집을 방문해 적절한 서비스가 제공되고 있는지, 서비스의 이용 횟수나 시간대가 제공계획대로 실시되고 있는지, 서비스가 이용자의 욕구에 맞는지 등의 모니터링을 실시한다. 이 규칙은 보건복지부의 〈장기요양급여 제공기준 및 급여비용 산정방법 등에 관한 고시〉 제57조에 명기되어 있다(보건복지부 2018).

이 규정에 의해 서비스의 질을 담보하기 위한 지속 가능하고 효과적인 모니터링 및 케어매니지먼트가 가능해져 일본 같은 케어매니저의 역할을 일부 수행하는 것이 가능하게 되었다고 할 수 있다. 그러나 한편 서비스 이용자가 14명 이하의 소규모 기관인 경우에는 사회복지사 등을 배치하는 것이 어렵다. 결과적으로 사용자가 적은 방문요양기관에서는 서비스의 질을 담보하기 위한 모니터링 및 케어매니지먼트를 확보할 수 없다.

2. 주·야간보호서비스

주·야간보호서비스에 관해서는 이용자가 10명 이상인 경우 서비스 제공기관은 사회복지사 등을 한 명 배치하는 것이 의무화되어 있다. 방문요양서비스와 마찬가지로 이용자마다 작성된 케어플랜대로 적절히 서비스가 제공되고 있는지, 서비스가 이용자의 욕구에 맞는지 등 사회복지사 등이 모니터링을 실시한다. 그러나 이용자가 9명 이하인 경우 사회복지사 등을 배치할 수 없기 때문에 결과적으로 서비스의 질을 담보하기 위한 모니터링 및 케어매니지먼트를 확보할 수 없다는 문제가 발생하고 있다.

방문요양서비스든 주·야간보호서비스든 개인 사업자에 의한 소규모 경영이 많기 때문에 오히려 소규모 경영자가 제공하는 서비스 질의 담보가 급선무이며 사회복지사 등에 의한 모니터링이 필수적이다. 이 점이 속히 개선되어야 한다.

서비스 질의 확보를 위해서는 이용자의 인원수에 관계 없이 사회복지사에 의한 모니터링이 필요하다.

6 한국 사회복지사의 특성

요양서비스의 질 보증에 관해서 한국의 사회복지사는 매우 중요한 위치를 차지하고 있다. 한국에서는 국가가 정한 대학 등에서 사회복지사 양성을 위한 커리큘럼을 이수하고 학점을 취득하면 졸업과 동시에 사회복지사 2급 자격을 취득할 수 있다. 게다가 국가시험에 합격하면 사회복지사 1급을 취득할 수 있다. 사회복지사 2급 수준에서는 전문성이 충분하지 못하여 문제가 되고 있는 점에 대해서는 이미 다카하시가 지적하고 있으며(高橋明美 2019, 113), 나 또한 동감한다.

일본의 사회복지사는 대학교·전문대·전문학원 등의 양성 시설에서 국가시험 수험 자격을 얻는 커리큘럼을 이수하고 학점 취득(예정)의 조건하

[표 4-6] 사회복지사 자격증 연도별 발급 현황

단위: 명

	1급		2급		합계	
	해당 연도	합계	해당 연도	합계	해당 연도	합계
2011	3,635	94,623	66,164	375,776	69,992	482,807
2016	9,528	133,205	65,508	717,782	75,198	864,269
2020	8,427	162,293	90,631	1,030,319	99,061	1,206,180
2021	16,356	178,649	76,871	1,107,190	93,233	1,299,413

(주) 전체 합계에는 3급 누계 13,574명을 포함한다.
(출처) 한국사회복지회 2022, 2021 사회복지사통계연보, 260 부록표-2를 저자 일부 수정

에 국가시험에 합격하지 않으면 사회복지사 자격을 취득할 수 없다.

한국사회복지사협회 자료를 바탕으로 작성한 〈표 4-6〉에 따르면 2021년 현재 사회복지사 자격보유자 1,299,413명 중 1급 자격취득자가 13.7%(178,649명), 2급이 85.2%(1,107,190명), 3급이 1.0%(13,574명)의 비율로 구성되어 있다. 여전히 사회복지사 1급의 비율은 낮지만 , 2021년 신규자격취득자는 1급 합격자가 전년도 2배 가까이 늘어났으며 2급은 약 1.4만 명 감소하고 있다(한국사회복지사협회 2022, 260).

현재는 2급 사회복지사가 85%로 압도적 다수인데, 정부가 2025년 완성을 목표로 추진하는 지역사회통합케어(커뮤니티케어)나 재가서비스 모니터링 등에서 중요한 역할을 할 것으로 기대하는 가운데 전문성에 관하여 불안이 쏟아지고 있다.

물론 경험을 쌓으면서 전문성이 높아지는 경우도 있지만 경험의 축적뿐만 아니라 1급 국가 자격을 취득함으로써 기본급이 오르는 등의 사회적 장치도 필요할 것이다.

관리직으로 빨리 승진하거나 중요한 업무의 리더가 되는 등 구체적인 인센티브를 강화하는 것도 필수적이다. 사실 현재는 취업 시 사회복지사 1급인지 2급인지 묻지 않고 자격 수당도 설정되어 있지 않은 경우가 많다.

이러한 과제 속에서 2021년 사회복지사 1급 합격률이 과거의 2배인 60%에 달한 것은 주목할 만하다. 사회복지사 2급 자격 문제에 관한 가장 빠른 대책은 커리큘럼을 재검토하는 것이다. 현재 상황에서는 사회복지의 대상자별 과목인 노인복지론, 장애인복지론, 아동복지론 등이 선택과목으로 되어 있으므로 우선 이러한 과목을 필수과목으로 하고 분야 여하를 불문하고 취직 후에 전문성을 발휘할 수 있도록 해야 한다.

불행히도 2019년 개정에서도 노인 등 대상자별 복지론은 여전히 선택과목이다. 대학에서 노인복지론을 이수하지 않은 채 사회복지사 2급을 취득하고 졸업 후 노인복지관이나 사회복지관 등에 취업하는 등의 일이 항상 발생하고 있다.

실은 일본의 커리큘럼도 같은 문제를 안고 있다는 점을 지적해 두고 싶다. 2021년도 개정에 따라 노인, 장애인, 아동, 가정 등 대상자별 복지론의 이수시간 조건이 60시간에서 30시간으로 절반이나 삭감되었다. 사회사업 전체의 업무 능력과 지식 습득이 커리큘럼의 축이 되는 것은 당연하며, 업무 능력 습득을 위한 연습 시간을 늘리는 동시에 사회복지의 각 대상자에 관한 깊은 이해도 필요하다.

7 장기요양 통합재가서비스 설립과 케어매니지먼트

한국에서는 노인장기요양보험 이용자의 대부분이 만성질환을 가지고 있는데도 불구하고(98%가 1개 이상, 85%가 2개 이상) 방문간호 이용자는 약 2%로 압도적으로 적다. 이 상황을 개선하기 위해 방문요양, 방문간호, 방문목욕을 한꺼번에 이용할 수 있는 서비스, 즉 '장기요양 통합재가서비스'가 2016년에 고안되었다(株本千鶴 2017, 15).

서비스 제공기관별로 이용 신청을 해야 하는 한국의 장기요양보험시스템이 발목을 잡아 각종 서비스 특히 방문간호서비스를 이용하기 어려웠다. 그러나 통합재가서비스 제공기관에 신청하면 1개소에서 3종류의 서비스를 이용할 수 있게 된다.

여러 서비스를 희망하는 이용자에게 통합재가서비스를 제공하는 기관은 케어플랜 작성 및 케어매니지먼트를 실시해야 한다. 이 제공기관에 소속된 사회복지사 및 간호사가 '통합서비스 관리자(가칭)'로서 케어플랜 작성, 사례관리, 지역사회 자원과의 연계를 담당한다(株本千鶴 2017, 15).

장기요양 통합재가서비스 설립이 제안된 후 장기간에 걸쳐 3차례 모델 사업이 이루어졌지만 2022년 현재 아직 본격적으로 실시하지 못하고 있다. 이미 확인한 대로 한국의 서비스 제공기관은 '개인 사업자'가 압도적으로 많다. 이용자도 적기 때문에 영세한 경영을 하고 있는 경우가 많고 따라서 통합재가서비스 제공기관도 적어지게 된다. 서비스기관의 기반 정비가 어느 정도 정리될 때까지 통합재가서비스의 설립은 어려울지 모르겠다.

이 서비스는 방문요양, 방문간호, 방문목욕, 주·야간보호 등으로 구성되는 여러 서비스가 패키지로 구성될 가능성이 높다. 주·야간보호를 포함한 서비스 패키지와 이를 포함하지 않는 패키지가 준비되기를 바라지만, 어느 쪽이든 요양급여 설정액, 정액제의 도입 유무와 이 서비스를 실시하는 사업자의 수, 지역적 분포 등이 성패의 포인트일 것이다.

신규 통합재가서비스가 보급되면 주·야간보호서비스 제공만 비대화되어 있는 지금까지의 왜곡된 구조적 문제가 해소될 가능성이 높다. 또 여러 서비스 중에서 필요한 서비스를 선택하는 형태가 되기 때문에 지금보다 케어플랜이나 케어매니지먼트를 전문적으로 실시하는 케어매니저 제도를 추진할 가능성이 높다.

아직 본격적으로 실시되기 전이지만 이미 몇 가지 우려되는 과제가 있다. 이 서비스의 발상의 기초에는 일본의 '간호 소규모 다기능형 재택개호'가 있는 것 같다. 이 서비스는 방문간호, 방문개호, 주간보호서비스, 단기보호서비스 등 4가지 서비스를 등급별로 정해진 요양수가액의 범위 내에서 케어플랜에 근거해 몇 번이라도 이용할 수 있는 정액제 서비스로 이른바 구독(포괄)형이다.

일본에서는 구독형의 서비스로서 그 밖에 소규모 다기능형 재택개호(2006년 신설), 정기순회 수시대응형 방문간호개호(2012년 신설)가 존재한다.

이 중 간호 소규모 다기능형과 소규모 다기능형은 이용 정원이 정해져 있고 사전 등록한 사람에 한해 이용할수 있으며, 각 서비스 1일당 상한 이용자 수도 정해져 있다.

서비스 제공기관 측에서 보면 이익 예측이 어렵기 때문에 소규모 기관의 경우 사업을 실시하기 어려운 서비스이며 그 결과 좀처럼 전국적으로 보급되지 않고 있다는 구조적인 과제가 있다. 게다가 소규모 다기능형 서비스와 간호 소규모 다기능형 서비스를 이용하는 경우, 제공기관에 소속된 케어매니저가 있으므로 지금까지 재가서비스를 이용해 온 경우에는 케어매니저를 변경해야 한다. 일본에서 정액제 복수기능형 서비스는 대규모 법인이나 기업에서만 실시할 수 있고 결과적으로 지역 격차를 조장하고 있다.

예를 들어, 일본 후생노동성이 정기적으로 공표하고 있는 〈개호급여비 등 실태통계표〉(2021년 4월 심사분)에 의하면, 개호보험 전체의 이용자 444.9만 명 중, 방문개호가 104.7만 명, 주간보호센터가 114.0만 명의 이용자가 있는 한편 간호 소규모 다기능형 재가서비스가 1.6만 명, 소규모 다기능형 재가서비스가 10.3만 명, 정기순회 수시대응형 방문간호개호가 3.3만 명으로 현저하게 이용자가 적다. 방금 지적한 구조적 과제가 가로막고 있는 것을 알 수 있다.

이미 확인한 것처럼 한국에서는 재가서비스든 시설서비스든 압도적으로 개인 사업자가 많다. 통합재가서비스의 모델 사업에 참여하는 서비스 제공기관도 줄어들고 있기 때문에 서비스를 설립해도 제공기관이 도시 지역에만 몰리게 되어 수요가 있어도 이용할 수 없는 상황이 예상된다.

일본의 구독형 정액제 서비스를 그대로 도입하면 여기에서 지적한 것과 같은 문제점을 안게 된다. 보건복지부 및 보험자로서 국민건강보험공단은 이 책의 우려를 모두 불식하는 타입, 즉 일본의 정액제도 아닌 한국형 통합재가서비스를 설립해야 한다.

또 다른 문제는 통합재가서비스를 구성하는 서비스 조합의 문제이다. 주·야간보호서비스를 포함한 패키지와 포함하지 않는 패키지의 2종류가 있는 것이 바람직하다. 절차의 번잡함을 없애고 원스톱 창구에 집약하는 것이 통합재가서비스의 큰 매력이지만 노인들 중에는 한 장소에 다니면서 집단 속으로 들어가는 것을 어려워 하는 경우도 있으므로 방문형만으로 구성된 서비스 패키지도 필요하다.

그러나 서비스의 종류를 넓히면 영세 개인 사업자는 더욱 진입할 수 없게 된다. 한국에서는 개인 사업자가 압도적으로 많지만 지자체가 경영하는 경우나 법인이 경영하는 경우도 있으므로 이러한 큰 규모의 기관이 통합재가서비스에 적극적으로 진입하기를 기대한다. 혹은 보험자인 국민건강보험공단의 지역 본부가 통합재가서비스 사업 기관을 직영하는 것도 기대하고 싶다(실제로 국민건강보험공단은 노인요양시설을 직영하고 있는 사례가 있다). 그렇게 한다면 보다 바람직한 케어매니지먼트의 실시를 기대할 수 있기 때문이다.

8 제2차 장기요양기본계획과 한국형 케어메니지먼트

보건복지부는 제2차 장기요양기본계획(2018-2022년) 중 한국형 케어매니지먼트를 제안했다. 〈그림 4-1〉이 새로운 한국형 케어매니지먼트를 나타낸 그림(안)이다.

한국형 케어매니지먼트 도입의 목적은 등급판정 및 모든 프로세스의 지원을 실시하는 것으로 조기의 시설 입소를 예방해 지역사회 거주를 지원하는 것이며 국민건강보험공단의 케어코디네이터와 재가서비스 제공기관의 사례관리자가 연계해 신청자의 욕구에 근거한 개인별케어플랜을 작성해 사례관리를 수행하게 된다.

이 그림에서 공단의 케어코디네이터가 재가서비스 이용 희망자와 상담하여 포괄적 케어매니지먼트에 근거하여 케어플랜을 작성하는 것이 가장 기본적인 단계가 된다(제2단계). 이 케어플랜은 공단이 지금까지 발행해 온 장기요양이용계획서에 서비스 이용자 및 가족의 욕구를 충실히 반영시킨 계획서이며 서비스 제공기관의 사례관리자가 작성한 개인별서비스 제공계획의 구체적인 가이드라인의 기능을 수행한다.

이 사례관리자의 개별서비스계획서에 근거하여 서비스를 희망하는 노인은 희망하는 서비스 제공기관과 계약한다. 동시에 기관은 이 개별서비스계획을 공단의 케어코디네이터에게 보낸다. 덧붙여 대상자 노인 가족이 개별 기관과 계약하기 전에 공단의 케어코디네이터와 재가서비스 제공기관의 사례관리자는 1개월에 1회 이상 사례관리회를 개최하고 요양서비스 조정을 수행한다. 서비스 희망자의 욕구에 맞는 서비스가 제공되어 있는

[그림 4-1] 장기요양 케어매니지먼트 시스템(안)

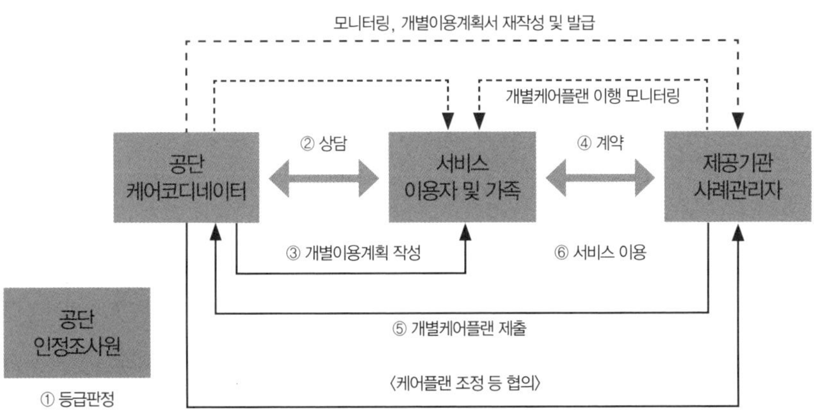

(출처) 보건복지부 2018, 제2차 장기요양기본계획(2018-2022년), 15-17
https://www.korea.kr/archive/expDocView.do?docId=38113
장기요양케어매니지먼트체계(안)을 저자가 수정

지 여부 등의 조정이 이루어진다.

그러나 이 공단의 케어코디네이터와 서비스 제공기관의 사례관리자가 관련된 2원형 케어매니지먼트는 비효율적이고 비현실적이지 않을까. 공단의 케어코디네이터가 재가서비스의 이용희망자를 매번 상담하는 것이 가능하겠는가 하는 우려가 있다. 욕구를 확인하더라도 스마트폰이나 태블릿을 사용하지 못하는 경우에는 전화 상담으로 대체한다.

둘째, 그러한 상담 과정이 가능하더라도 공단 직원이 개인별 케어플랜을 작성하고 이를 전제로 하여 서비스 제공기관이 개인별서비스 제공계획서를 작성한다는 분업은 수고와 시간이 걸린다. 그래서 자연스런 케어매니지먼트를 전개할 수 있다고는 도저히 생각하기 어렵다.

시라자와에 의하면 사례관리회의에서는 공단과 기관뿐만 아니라 동사무소의 복지공무원이나 사회복지관·노인복지관의 사회복지사도 참가해 지역의 비공식인 사회자원의 활용도 논의하는 포괄적인 다차원형 케어매니지먼트를 실시하도록 설정되어 있다고 한다(白澤政和 2019, 178-180).

이러한 방향성으로 진행하는 것으로 확실히 다직종 연계에 근거하는 케어매니지먼트는 이상적이지만 케어매니저에 의한 케어매니지먼트가 정착되어 있지 않은 제1단계에서는 효과적인 케어매니지먼트를 수행하기 어렵다.

시라자와의 지적에 따르면, 본디 공단 직원이 향후 담당할 케어코디네이터는 노인의 건강·기능 상태의 이해, 지역의 보건복지 자원의 파악이나 연계 등 관련 서비스를 제공하는 핵심적 존재로서의 전문직이 되도록 양성된다고 한다(白澤政和 2019, 179).

2022년은 제2차 장기요양 기본계획의 완성 연도이지만 불행히도 공단 직원의 케어코디네이터의 양성은 진행되지 않았다. 구체적으로 생각해 보자.

6개 지역 본부의 범위에서 1등급부터 인지지원등급까지 인정받은 대상자 노인 약 86만 명(2020년)의 케어코디네이터를 공단 전문직 직원이 담당한다. 한 개 본부당 300명의 전문 직원이 양성되어 14만 명을, 1인당 약 480명을 담당하게 된다.

케어코디네이터는 담당하는 많은 이용자 및 가족과 상담해 욕구를 파악한 다음, 다양한 서비스기관의 사례관리자 및 동사무소 복지공무원, 사회복지관·노인복지관 소속의 사회복지사와 한 달에 1회 이상의 사례관리회의를 개최하여 드디어 서비스 제공이 시작된다. 그 후 PDCA 사이클(계획[plan], 실행[do], 측정/평가[check], 대책/개선[action]의 가설, 검증형의 과정을 순환하여 관리의 품질을 향상시키려는 프로세스)이 개별 사용자마다 전개된다.

간호사나 사회복지사의 자격을 가지는 현재의 공단 직원 수로 판단한다면 전문직으로서의 케어코디네이션이 성공적으로 수행될 수 있는 것은 아니다. 간호사나 사회복지사의 자격을 가진 공단 직원의 대폭 증원이 대전제가 된다.

그럼 어떻게 하면 좋을까. 사회복지관이나 노인복지관의 사회복지사는 저소득 노인의 사례관리에 관해서 풍부한 경험을 가지고 있기 때문에 이러한 사회복지사, 특히 1급의 자격을 가지는 사회복지사를 활용해 케어 관리를 수행하는 방법을 검토해야 한다.

공단은 중장기적으로는 치매안심센터나 기초자치단체의 단위인 읍면동의 각 주민센터에 사례관리를 위탁하는 것도 검토하고 있는 것 같다. 공단은 일원적인 케어매니지먼트가 가능한 에이전트를 여러 종류 준비하며 이용자별로 선정한 다음 케어매니지먼트 담당자가 책임을 지고 케어플랜을 작성하는 것까지 포함된 매니지먼트 방식을 검토해야 한다.

요컨대, 현재 제시되고 있는 새로운 한국형 케어매니지먼트(〈그림 4-1〉)는 상기의 이유로부터 드는 비용에 비해서 얻을 수 있는 성과가 현저하게 낮아 재검토해야 한다. 공단의 케어코디네이터와 서비스 제공기관의 사례관리자가 실시하는 2원형 케어매니지먼트라는 새로운 시스템은 많은 인력을 양성하더라도 비효율적이며 지속 가능한 구조가 될 수 없다. 역시 일본형의 케어매니지먼트의 시스템을 도입해야 할 것이다. 다만 중립형 케어매니저를 양성하는 것을 포함하여 케어매니지먼트를 모색하는 것이 중요하다.

실은 제7장에서 논의한 바와 같이 대만의 케어시스템에 관해서도 상황에 따라 2원형 케어매니지먼트가 발생하는 경우도 있어 한국과 마찬가지로 비효율적인 시스템이다.

9 돌봄의 사회화와 케어플랜 작성의 윤리성

1. 케어매니지먼트 업무

일본의 개호보험제도에서는 컴퓨터에 의한 제1차 판정에 근거해 인정조사원의 특기사항, 주치의 의견서, 이른바 3점 세트에 근거해 시정촌이 설치하고 있는 개호인정심사회가 신청자의 등급을 최종적으로 결정한다. 그 후 신청자에게 인정결과가 발송된다.

신청자는 그 인정결과를 받아 케어매니저를 선택해 연락한다. 신청자에게는 인정결과의 서류와 아울러, 해당 시정촌의 케어매니저가 소속된 재택개호지원기관의 목록이 발송되므로 그중에서 기관 1개만 선택해 연락한다. 혹은 대상자 노인나 치매 노인이 병원에 입원 중이면 의료사회복지사가 소속된 재택개호지원기관 일람표를 제시한다.

본인이나 가족이 선택한 케어매니저가 집을 방문하여 희망하는 다양한 서비스를 조합한 케어플랜을 작성한다. 이 케어플랜에 따라 각 서비스기관의 서비스를 이용한다.

덧붙여 실제로 개호보험의 서비스를 이용할 때 구체적인 재택서비스를 제공하는 기관의 선정은 복지용구 대여 · 판매의 경우도 포함해 케어매니저에 맡기는 경우가 많지만(그 때문에 서비스를 둘러싼 구조적인 문제가 생기기 쉽다), 노인 본인 또는 가족이 스스로 정보를 얻어 선택해도 지장은 없다.

전문가인 케어매니저가 케어플랜을 작성하는 것으로 신청자가 희망하는 서비스의 이용이 원활하게 진행된다. 제도상으로 케어플랜을 서비스 이용자 본인 또는 가족이 작성하는 것도 가능하지만(자가 작성 케어플랜) 서비스 이용에 앞서 보험자에게 케어플랜에 관한 각종 서류를 제출해야 한다.

2. 일본에서 돌봄의 사회화와 생활지원서비스

돌봄의 사회화와 관련된 문제는 한국만의 문제가 아니다. 일본의 개호보험제도에 관해서도 큰 문제가 발생하고 있다. 개호보험 설립 시의 목적은 돌봄의 사회화였다. 구체적으로는 돌봄이 필요한 노인나 치매 노인에 대하여 등급판정을 받으면 그 거주 형태에 관계없이 방문개호서비스가 제공되었다. 그런데 2006년에 동거자가 있는 경우에는 생활원조서비스를 원칙적으로 받을 수 없게 되었다.

다만 동거자가 장애나 질병으로 가사를 할 수 없는 경우나 노인의 경우 등 몇 가지 예외가 존재하고 그 경우에는 생활원조서비스를 케어플랜에 통합할 수 있으므로 항상 보험자나 지역포괄지원센터에 문의해야 한다.

예를 들어 최근 늘어나는 노인부부 세대에서 남편이 요개호 2등급, 아내가 요개호 2등급인 경우를 생각해 보자.

남편과 함께 사는 아내가 있으므로 남편의 케어매니저는 생활지원서비스를 케어플랜에 넣을 수 없다고 판단하는 경우도 있는 반면(두 사람 모두 요개호 2등급이므로) 생활지원서비스가 필수적이라고 기재하는 이유서를 보험자(지자체)에 제출하여 케어플랜에 넣는 경우도 있다. 후생노동성이 노인부부 세대의 생활지원에 대해 상세한 가이드라인을 제시하지 않기 때문에 보험자의 판단에 격차가 생기는 것이다. 이것도 심각한 지역 격차이다.

이 돌봄의 사회화 문제를 방문개호서비스의 생활원조에 초점을 맞추고 상세하게 논한 후지사키 히로코(藤崎宏子)는 일본의 개호보험은 원래 돌봄의 사회화라는 이념이 뼈대만 남고 개호의 재가족화라고 표현할 수밖에 없는 상황에 이른 것은 아닐까라는 문제를 제기하고 있다(藤崎宏子 2009, 41-57).

돌봄의 사회화의 평가를 둘러싸고 이토 슈헤이(伊藤周平)에 의한 비판이 설득적이다. 이토는 개호보험법을 분석하면 돌봄의 사회화라는 말은 목적조항(개호보험법 제1조)에는 나오지 않고 제도적으로도 개호보험의 급여 수준은 집에서 24시간 개호를 보장하는 것과는 거리가 멀고 분명 가족요양을 전제로 하고 있다고 비판하고 있다.

또한 이토는 요개호 5등급의 노인이 매일 1일 2시간 보험의 틀 내에서 방문요양을 사용할 수 없는 현상을 지적하고 개호 부담을 무상으로 담당하는 가족부양자가 없으면 재택 생활은 불가능하다고 비판하고 있다(伊藤周平 2019, 127).

덧붙여 일본에서는 2018년도의 개정에 따라 케어매니저가 작성한 케어플랜이 생활지원 이용 횟수의 기준을 넘는 경우에는 시정촌에 의무적으로 신고하도록 되었고, 시정촌의 지역케어의회에서 이를 검증·시정한다. 그 후 후생노동대신이 정한 기준은 요개호1에서 27회 이상 요개호2에서 34회 이상, 요개호3에서 43회 이상, 요개호4로 38회 이상, 요개호5는 31회 이상이다.

해당 시정촌은 횟수의 삭감 등 내용의 시정을 요구할 수 있기 때문에 케어매니저가 계획을 작성하는 단계에서 자발적으로 억제함으로써 이용억제가 발생하게 된다. 이러한 문제에 대한 대응은 앞으로 더욱 엄격히 체크될 것이다.

케어매니저는 이용자 본인과 가족의 욕구를 파악하면서 케어플랜을 작성해 케어매니지먼트를 실시하는 전문직이다. 문제는 과도한 서비스의 사용을 동반한 케어플랜이 작성되면 규제가 들어가고 욕구에 근거한 자유로운 케어플랜 작성을 할 수 없게 되어 버린다는 것이다. 케어매니저로서 직업윤리를 지켜야 하지만 한편으로는 재택개호지원사업기관의 직원이기도 하기 때문에 항상 딜레마를 느끼면서 업무에 종사해야 하는 셈이다. 일본의 개호보험제도에 대한 한국 측으로부터의 비판은 대체로 케어매니저에 대한 이 구조적 편향성에 집중되고 있다.

후생노동성은 2021년 10월 케어플랜 검증을 위한 새로운 시스템을 시작했다. 케어플랜 적정화를 향한 두 번째 대응 목적은 “이용자의 의향이나 상태에 맞는 방문개호 제공을 연결할 수 있는 케어플랜의 작성을 위해서” 이다. 각 보험자는 국민건강보험단체연합회 개호서비스 적정화 시스템을 통하여 재택개호지원서비스기관별로 전체 이용자의 구분지급한도액 총액에서 전 이용자의 서비스 비용 총액을 70% 이상 사용하고 또한 서비스 비용 총액 중 방문서비스 비용이 60% 이상인 조건을 만족하는 서비스기관을 추출할 수 있게 되었다(후생노동성 노건국, 2021).

보험자로부터 요청이 있으면 해당 사업 기관은 케어플랜 양식 일지, 이유서 등의 서류를 모두 제출해야 하며 사업 기관의 정보는 지역케어회의에서 검토된다.

10 향후 과제

일본과 한국의 보험제도를 비교한 결과 아래와 같은 4개의 큰 특징을 확인할 수 있었다.

우선, 가장 큰 차이는 한국의 장기요양보험이 스펙한정형 보험인 것에 반해 일본의 개호보험은 풀스펙형 보험이라는 점에 있다. 한국의 보험에서는 대상자 인정의 기준이 엄격하고 중증의 등급의 비율이 낮은 점, 등급별의 요양수가액이 일본에 비해 40%에서 60%로 현저하게 저가인 점, 정기순회 수시대응형 방문개호간호, 재활형의 방문재활서비스, 치매대응형 공동생활개호, 주택개보수 등 많은 서비스가 없는 점, 예방서비스가 없는 점 등 많은 면에서 소규모의 보험제도로 운영되고 있다.

다음으로 한국의 보험 도입 당시에는 서비스 제공기관의 기반이 마련되지 않았기 때문에 개인 경영을 법적으로 인정해 온 경위가 있어 최근에는 인건비 비율이 높아져 그 결과 폐업하게 되는 등 경영 기반 취약성이 지적되고 있다.

앞으로는 2019년에 4개의 광역지자체에서 설립된 사회서비스원이 경영 기반의 취약성을 일부 해결할 가능성이 있지만 지자체마다 운용이 다르기 때문에 일부 지역에서 직원을 준공무원화하더라도 한국 전체의 요양서비스의 질을 보장하는 특효약이 될 수 없다.

셋째, 한국의 노인요양보험에 있어서 케어플랜의 본질적인 문제가 있다. 한국에서는 보험자인 국민건강보험공단이 개인별장기요양이용계획서라는 명칭의 케어플랜을 작성한다. 2018년에 개정된 이용계획서 형식의 변화를 확인해 보았다. 이용계획서에 근거하여 서비스 제공기관이 서비스 제공계획서를 작성하는 시스템이므로 서비스 제공계획서의 양식도 확인했다.

한편, 일본의 개호보험에서는 보험자인 시정촌 자신이 대상자 인정 조사의 데이터에 근거해 케어플랜을 작성한다고 하는 한국과 같은 프로세스는 없고 각 재택개호지원서비스기관에 소속하는 케어매니저가 이용자나 가족부양자와 상담하면서 케어플랜을 작성해 케어플랜에 근거해 요양급여를 국민건강보험단체연합회에 청구하는 형태이므로 크게 다르다.

넷째, 한국은 주·야간보호서비스에 대해서 독자적인 서비스 제공 규정이 존재한다는 점을 밝히고 개호보험서비스가 도대체 누구를 위한 것인가에 주목해 두 개의 사고방식의 모델을 제시한 한국의 특성을 부각시켰다.

독자적인 서비스 제공 규정은 2013년에 보건복지부가 결정한 것으로 1개월에 20일 이상(1일 8시간 이상) 주·야간보호서비스를 이용함으로써 해당 노인의 월 한도액이 대폭 확대된다는 규정이다. 그 후, 조건이나 규정은 변경되었지만 노인의 욕구나 생각이 존중되지 않는 현실은 변하지 않았다.

보건복지부의 목적은 주·야간보호서비스를 확장하여 여러 종류의 서비스 이용에 연결하는 것에 있지만 이 특이한 규정은 부양자 가족의 레스파이트(휴식)를 중시하는 '부양자 가족 모델'에 입각하는 것이다. 대상자 노인 또는 치매 노인의 생활의 질을 중시하는 '고령자 본인 모델'의 발상은 약하다. 향후의 과제로서는 중증의 요양 등급이 있는 노인의 서비스 이용에 알맞은 타당한 요양급여가 설정되어야 한다는 것과 대상자 등급판정을 위한 등급별 점수의 폭이 적절히 설정되어야 한다는 것이 있다.

■ 조문기 옮김

제5장

한국의 치매케어와 노인학대방지

1 치매와 치매예방으로서의 경로당

1. 치매의 명칭

한국에서는 인지증(認知症)이 아니라 치매라고 불리며 한자로 치매(癡呆)로 표기한다. 이것은 세계 공통의 명칭인 'Dementia'를 한국어로 번역한 것이다.

대만에서는 'Dementia'를 '실지증(失智症)'이라고 한다. 일본에서도 치매라고 불렀지만, 후생노동성과 노년의학, 노년사회과학과 관련한 여러 학회가 연계하여 재검토한 결과, 2004년 12월에 명칭이 변경되고 이후 인지증이라고 부르게 되었다(후생노동성 2004).

그러나 일본과 같은 명칭 변경은 전 세계 국가에서는 이루어지지 않았다. 'Dementia'라는 글로벌 표준 표현은 한국어나 중국어로의 번역으로 알 수 있듯이 차별적인 표현이다. 'mentia'는 정신적인 활동, 'de'는 그 활동에서 벗어났다는 의미이며 'Dementia'는 일본어 치매와 같은 중립적인 의미를 갖지 않기 때문이다. 고령화가 진행되는 선진국을 중심으로 이러한 표현에 대한 문제의식이 싹트고 있다.

이러한 가운데 한국 보건복지부는 치매라는 용어의 변경 가능성에 관한 검토를 시야에 넣어 2014년과 2021년에 19세 이상의 일반 국민을 대상으로 설문 조사를 실시했다. 유효 응답수는 2014년 1,000명, 2021년 1,200명이었다. 2021년에 관해서는 치매 가족 319명이 포함된다. 이러한 용어의 타당성에 관한 재검토 및 조사의 실시는 나중에 서술하겠지만 제4차 치매관리종합계획(2021-2025년)에 표기된 것이다.

이 조사에 따르면 우선 치매라는 용어에 대한 생각으로는 '반감을 느낀다'는 응답이 43.8%로 다수인 한편 나머지는 '아무것도 느끼지 않는다' 20.5%, '반감을 느끼지 않는다' 33.5%로 나뉜다. 반감을 느끼는 이유로는 '치매라는 질병에 대한 우려가 있다'는 응답이 과반수를 차지했다.

다음으로 치매라는 용어의 변경에 대한 생각으로는 '변경해야 한다'는 응답이 21.5% 있는 한편, '유지해도 변경해도 상관없다'고 하는 중간적인 응답이 45.0%, '이 용어를 유지해야 한다'라는 응답이 27.8%로 역시 나누어져 있다. '변경해야 한다'는 응답의 이유로는 '치매라는 용어에 편견이 생기고 있기 때문'이라는 의견이 많았다.

'변경해야 한다'라는 대답 중 대체 용어로 많이 제시되었던 것은 '인지저하증'이었다(보건복지부 2021).

이상의 결과로 볼 때 서둘러 용어를 변경해야 한다는 의견이 한국에 많다고 판단하기 어렵지만, 향후 치매 노인, 초로기 치매가 급증하는 가운데 용어 변경의 가능성이 높아질 수 있다. 또한 제3차 국가치매관리계획 보고서에 따르면 2015년 치매 노인은 64.8만 명, 2020년은 84만 명이지만 고령화 진행과 함께 2030년 127.2만 명, 2050년 271만 명으로 급증할 것으로 예측되고 있다(Ministry of Health and Welfare 2016, p.3).

2. 장기요양보험과 치매

장기요양보험은 등급 인정의 기준 및 판정조사의 각 항목이 일상생활 동작능력(ADL)을 축으로 구성되어 있다. 그 때문에 치매 노인 중 신체기능이 저하되어 있지 않은 ADL이 높은 노인의 경우는 요양보험 인정의 대상자에서 제외되어 버리는 구조적인 문제가 존재하고 있었다.

정승원(鄭丞媛, 니이미공립대학 교수)에 따르면 2011년 당시 2만 명이 넘는 신체적으로 건강한 치매 노인이 노인장기요양보험서비스를 이용할 수 없었다. 2010년 단계에서 치매 노인으로 진단받은 47만 명 중 절반 정도가 의료서비스와 요양서비스의 사각지대에 있었음이 지적되고 있다(정승원 2015, 47).

덧붙여 ADL이 높은 치매 노인이 요양서비스를 받을 수 없다는 이 구조적인 문제는 한국뿐만 아니고 일본 대상자 인정시스템에도 존재한다. 실제로는 치매를 앓고 있으며 요양 욕구가 높은 노인이 많다고 생각된다. 향후에는 1등급에서 4등급 안에 치매 노인이 적절하게 인증되어야 한다.

국가통계포털(KOSIS, Korean Statistical Information Service)에 따르면 2020년 등급별 치매 노인의 비율은 다음과 같다. 1등급 43,040명 중 치매 노인은 21,387명이며 전체에서 차지하는 비율은 49.7%였다. 통계에서는 치매와 치매 및 뇌졸중이 별도로 표시되어 있지만 여기에서는 합산한 비율을 나타내고 있다.

이하, 2등급 86,998명 중, 치매 노인은 40,479명이며 전체에서 차지하는 비율은 46.5%였다. 3등급 238,697명 중 치매 노인은 100,481명이었으며 전체에서 차지하는 비율은 42.1%였다. 또한 4등급 378,126명 중 치매 노인은 133,294명이었으며 전체에서 차지하는 비율은 35.3%였다. 5등급 91,960명 중 치매 노인은 76,442명이었으며 전체에서 차지하는 비율은 83.1%였다.

이상을 합하면 요양보험으로 등급판정을 받은 피보험자의 합계는 857,984명이며 그중 치매 노인은 388,142명으로 전체의 45.2%를 차지하고 있다(KOSIS 2021, 치매).

이상으로부터 1등급에서 4등급까지 50% 가까운 판정 노인이 치매에 걸려 있는 것을 알 수 있다. 2016년 이후 치매대응형의 주·야간보호서비스나 치매대응형의 2종류의 요양시설이 설립된 것은 이상과 같은 배경에 근거하는 것이다. 5등급이나 인지지원등급만의 문제가 아니라 모든 등급에 관계되어 치매대응형의 다양한 서비스가 전개되어야 한다.

3. 돌봄 예방과 치매예방 기능을 담은 경로당

한국에는 경로당(敬老堂)이라는 노인을 위한 여가시설이 있다. 노인복지법에 있어서 노인의 활동 거점으로서 3종류의 노인여가복지시설, 즉 노인복지관, 노인교실, 경로당의 3종류가 규정되어 있다. 이 중 경로당은 다른 노인여가복지시설과 달리 이용자 자신이 시설 운영을 담당하는 자주적인 관리 시설이라는 점이 독특하다. 설치 기준은 $20m^2$ 이상의 거실과 수도·전기뿐이며 일본에 이와 같은 시설은 없다(김성룡 외 2020, 1091).

최신 데이터에 의하면 전국에 67,316개소가 있고(Kosis 2021), 대략 노인 130명당 1개소의 비율로 존재한다. 경로당은 지역밀착형 여가시설이며 자립 노인을 위한 사회 참가의 공간으로 정비되고 있다. 독립된 건물의 경우도 있지만 집합 주택의 1층에 설치되거나 사회복지관이나 노인복지관 내부에 설치되는 경우도 있다.

원래, 경로당은 부유한 자가 주거를 지역에 개방한 '사랑방'에서 유래되었다. 1960년경부터는 6·25 전쟁에 의한 주택 상황 악화에 따라 노인의 피난 장소가 필요하게 되어 전국적으로 정비되었다. 1989년에 노인복지법 속에 자리매김해 90년대의 집합 주택의 단지 개발에 따라 시설 수가 급증했다. 그리고 2000년대에 들어서 전국적으로 지역복지 시책에 중점을 두게 되면서 경로당에서 자립 노인의 건강 유지·커뮤니티 형성 등을 지원하

칼럼 4 경로당

편의점보다 많이 있는 경로당. 2021년 현재 전국에서 7만 개소 가까이 있다. 아파트 등 집합 주택에는 고령자의 여가시설인 경로당이 마련되어 있다. 후기 고령자의 이용자가 많기 때문에 쉼터·휴양의 공간으로 마련하고 있는 곳도 많다. 남성과 여성으로 방이 나뉘어 있는 등 세심한 배려가 있는 점도 큰 특징이다.

최근에는 고령자를 위한 건강·복지 정보의 전달 기능도 높아지고 있으며 치매안심센터와의 연계도 볼 수 있다. 선거 전에는 후원 물품을 지참해 연설을 하는 후보자도 많다고 한다. 유권자가 모여 있기 때문에 정치인들도 주목하는 고령자 여가시설·사회교육시설이라고 할 수 있다.

2014년 대한노인서울시연합회가 중심이 되어 서울시 경로당 광역지원센터가 마련되었다. 이 연합회는 서울시의 3,000개 경로당을 관리하는 역할을 담당하고 있다.

저자가 방문한 경로당

는 프로그램을 제공하기 시작했다. 경로당은 모임의 장소뿐만 아니라 지역복지의 거점으로서의 기능을 갖고 있다(김성룡 외 2020, 1091).

오늘날 경로당에서는 보다 생산성이 높은 활동으로서 노인에 의한 아이 지원 등의 새로운 프로그램의 도입이 시작되어, 보다 열린 시설 만들기가 하나의 과제로 되었다. 경로당에 참가하는 노인의 비율은 높다. 총 노인 수의 40% 이상이며 참가 빈도도 매일 아침부터 저녁까지 머무는 것이 보통이고 규칙이 있는 것도 아닌데, 조금의 시간만 와서 활동하는 사람은 거의 없다. 노인의 활동적 모임의 장소이다(斎藤嘉孝 2007, 78).

또한 경로당은 2000년 이후, 주민이 선출한 회장이 경로당을 운영해 이용자의 의향을 정리, 지자체와 협상하면서 예산을 얻고 독자적인 활동을 유지, 전개하고 있다. 컴퓨터·종이접기·민요·김치 만들기·체조·영화·댄스 등의 프로그램을 마련하고 있다.

경로당은 노인의 고립을 완화하고 지역 내 노인들이 서로를 지켜 주며 집 안에만 틀어박히는 것을 방지하는 기능을 가지고 있다. 또한 요양·치매예방을 실시하기 위한 지역 커뮤니티의 장소이며 향후 필요성도 높아질 것으로 생각한다(興水めぐみ 2015, 58, 60). 최근에는 치매안심센터의 프로그램을 전개하는 장소로도 기대된다.

서울 시내 어느 경로당 회장을 2018년 직접 인터뷰한 바에 따르면 경로당이 노인의 자발적인 사회 참가·사회 교류의 장으로서 중요한 역할을 하고 있지만 젊은 노인 회원이 적은 것이 과제라고 한다.

한국은 원래 연공서열주의(seniority)가 강력한 사회 구성 원리이며 경로당 내에서도 후기 고령자가 권력을 독점하는 경향이 강하다고 한다. 그 때문에 전기 고령자(젊은 노인)가 경로당의 회원이 되는 것을 주저하는 경우도 있다.

향후, 경로당이 다양한 프로그램을 전개하는 가운데 요양예방, 치매예방의 기능을 높이기 위해서는 연공서열주의로부터 평등주의(equality)로 운영상의 원칙을 바꾸고 회원끼리의 의식과 인간관계를 바꾸어 가는 것이 필수적이다. 연공서열주의로부터 벗어나는 것은 지역 경로당의 과제인 동시에 후원 단체인 대한노인회 나아가 한국 사회의 근본적인 과제이기도 하다.

2 치매 국가 플랜 및 치매관리법

1. 치매관리종합계획의 전개

요양보험제도가 시작된 2008년에 치매 국가 플랜인 제1차 치매관리종합계획(2008-2012년)도 동시에 시작되었다. 정부의 치매 노인 케어에 관한 적극적인 자세가 당시부터 강했던 것을 알 수 있다. 전년인 2007년에는 9월 21일을 치매 극복의 날로 정하고 2008년에는 '치매와의 전쟁'을 선언했다

2011년 8월에 치매관리법이 제정되어 2012년 2월에 시행되었다. 이 법의 목적은 제1조에 제시되었다.

> 이 법은 치매의 예방, 치매환자에 대한 보호와 지원 및 치매퇴치를 위한 연구 등에 관한 정책을 종합적으로 수립·시행함으로써 치매로 인한 개인적 고통과 피해 및 사회적 부담을 줄이고 국민건강증진에 이바지함을 목적으로 한다(보건복지부).[1]

이 법의 명칭인 치매관리란 치매의 예방과 검진·요양 및 조사·연구 등을 말한다. 이 법에 의하면 치매란 퇴행성 뇌 질환 또는 뇌혈관계 질환 등에 의해 기억력, 언어능력, 방향성, 판단력 및 수행 능력 등의 기능이 저하됨으로써 일상생활에서 지장을 초래하는 후천적인 다발성 장애이다.

덧붙여 한국의 법률에서는 법률의 대상이 되는 중요한 내용에 대해 이와 같이 서두에 정의를 내리는 경우가 많다.

반면 일본에는 치매에 초점을 맞춘 법률은 아직 제정되지 않았다. 다만 한국의 치매관리법과 같은 법은 없지만 개호보험법 제5조의2 중에서 치매

1 2018년에 개정.

는 뇌혈관 질환, 알츠하이머병 기타 요인에 근거한 뇌의 기질적인 변화에 의해 일상생활에 지장이 생기는 정도까지 기억기능 및 기타 인지기능이 저하된 상태를 나타낸다. 이것을 치매의 정의로 간주할 수 있다.

2. 제2차 및 제3차 치매관리종합계획

한국에서는 치매관리법 제16조를 근거로 제2차 치매관리종합계획(2013-2015년)이 진행되었다. 2012년 중앙치매센터(2019년부터 국립의료센터에 위탁)가 설치되었으며 이 계획에 따라 광역치매센터가 11개소 설치되었다. 게다가 동법 제17조에 의해 시·군·구의 보건소에 치매상담센터가 설치되어 치매상담콜센터가 의료기관, 치매 관련 전문기관, 법인 등에 설치되었다.

이와 같이 치매관리법과 제2차, 제3차 치매관리종합계획이 유기적으로 관련하면서 전국적으로 의료와 요양의 연계에 의한 치매 케어매니지먼트의 시스템이 갖추어졌다(정승원 외 2015, 47-48).

또한 2015년 12월에 발표된 제3차 치매관리종합계획(2016-2020년)에 근거해 2016년에는 치매 케어가 포함된 장기요양기관, 치매전담형 노인요양시설, 치매전담형 노인요양공동생활가정이 설립되었다. 또 2018년에는 전국에 치매안심센터가 설치되어 현재 256곳까지 증가하였다.

제3차 치매관리종합계획에서는 '치매 노인과 가족이 지역사회에서 평온하고 안전하게 살 수 있는 사회 실현'을 최종 목표로 삼아 다음 4가지 목표를 제시하고 있다. ① 지역사회 중심의 치매예방 및 관리, ② 평온하고 안전한 치매 진단·치료·케어서비스 제공, ③ 치매 노인 가족의 요양 부담 경감, ④ 연구·통계 및 기술을 통한 인프라 확충이다.

이 4가지 목표에 따라 10개의 영역, 38개의 과제를 설정했다(이영주 2019, 46-49; Ministry of Healthand Welfare 2016, 15-31).

이영주(울산예림종합복지센터장)는 제3차 치매관리종합계획에서 처음으로 지역사회에 초점을 맞춘 것을 평가하면서도 3차 계획 책정 전에 치매 노인의 외출 욕구와 요양 가족의 욕구를 들어주려 했던 일이나 치매 노인의 생활 곤란이나 일상생활 유지의 모습을 구체적으로 파악할 수 없는 것, 그 결과로서 치매 노인과 가족이 지역사회에서 평온하게 안전하게 살 수 있는 사회의 구축이라는 최종적인 목표에 가까워지지 않았던 것, 원래 치매 국가 플랜으로서 가장 중요한 노인에게 적극 다가가는 시점이 없었다고 통렬하게 비판했다(이영주 2019, 152-153).

또한 3차 계획에서는 치매 노인의 사회참여를 촉진하는 것이 중요한 과제였지만 최근 증가하고 있는 치매 파트너가 치매 노인의 외출 자원봉사로서 기능하지 못한 것을 비판하고 있다(이영주 2019, 157).

한편, 김원경(메이지학원대학 준교수)은 일본의 치매 서포터에 대응하는 치매 파트너가 오프라인 교육뿐만 아니라 온라인 교육도 이루어지고 있으며 등록자 수가 2020년 8월 현재 약 105만 명에 이르고 적극적으로 양성되어 있기 때문에 적극적인 자원봉사 활동의 가능성에 기대하고 있다(김원경 2021, 519).

3. 제4차 치매관리종합계획

2021년에 제4차 치매관리종합계획(2021-2025년)이 시작되어 현재 진행 중이다. 이 계획에서는 아래의 3가지를 나타내고 있다. ① 치매 환자를 조기에 발견하기 위해 건강진단 결과에 대해 공단으로부터 치매안심센터에 전달하고 조기에 대응할 수 있도록 하는 것, ② 치매 가족의 돌봄 부담을 경감하기 위해 사회적 방책으로서 '치매가족휴가제도'의 이용 한도 기간을 현행의 6일간에서 12일간으로 확대하는 것, ③ 단기보호서비스의 제공기관이 적어 이용할 수 없기 때문에 향후 주·야간보호기관에서 단기보호가 가능하게 하고 이 서비스의 '휴식' 기능을 높이는 일이다.

3 인지지원등급과 치매 가족에 대한 지원

1. 인지지원등급

인지지원등급은 정부가 제시한 치매국가책임제를 기반으로 2018년 1월에 신설된 등급이다. 대상자는 치매 노인 및 치매를 앓고 있는 초로기 치매 환자이며 또한 등급판정 결과 점수가 45점 미만인 노인이다. 동급에서는 이용 가능한 서비스의 종류에 제한이 있고 방문요양서비스는 이용할 수 없다. 요양수가는 2022년 현재 597,600원이다(보건복지부 2021).

1회 8시간의 주·야간보호서비스는 월 12회 이용 가능하며 치매 대응의 주·야간보호서비스이면 1회 8시간으로 월 9회 이상 이용함으로써, 요양수가 월액이 30% 증액된다. 게다가 복지용구서비스도 연간 160만 원의 범위에서 이용할 수 있다.

2. 치매 가족에 대한 지원

2014년 7월 보건복지부는 치매가족휴가제도를 설립했다. 이 제도는 자기 집에서 1등급 또는 2등급, 인지지원등급의 판정을 받은 치매 노인을 요양하는 가족을 위한 것이다. 단, 판정조사표의 'c. 인지기능 영역' 및 'd. 행동변화 영역'에서 ① 의사소통 장애, ② 망상, ③ 불규칙한 수면, ④ 케어에 대한 저항, ⑤ 시간, 장소의 혼란, ⑥ 폭언 및 폭행, ⑦ 배회, ⑧ 불결 행위 중 어느 하나에 기재된 경우에는 이용이 가능하다(유애정 2018, 247).

치매가족휴가제도는 가족부양자의 일시적인 휴식(respite)을 위해 연간 6일간을 상한으로 15%의 본인부담액을 지불함으로써 치매 노인을 요양시설에 단기보호할 수 있는 제도이다.

치매 대상자가 연간 6일간을 상한으로 요양시설에 단기입소하여 서비스를 받음으로써 해당 치매 노인의 부양으로 지친 가족이 노인의 보호 및 요양으로부터 해방되어 스트레스를 경감하도록 돕는 제도이다. 이용자의 가족은 보건복지부에 전자 바우처를 신청하여 이용하여 본인부담금을 납부하게 된다.

보건복지부는 2021년 하반기에 가족이 휴식을 필요로 하는 경우 당해 치매 노인을 요양시설에서 단기보호하는 서비스 기간을 최대 8일간으로 늘렸다. 정부가 2021년에 시작한 '제4차 치매관리종합계획'에서는 2025년까지 단기보호하는 서비스의 기간을 최대 12일간으로 확대할 예정이다(보건복지부 2020, 27).

그러나 보건복지부는 치매 노인에게 있어 익숙한 집을 떠나 요양시설에 단기간이라고는 해도 거주하기가 곤란하다는 판단에서 발상을 바꾸고 2016년 요양보호사가 치매 노인의 집을 방문해 서비스를 제공한다는 24시간 방문요양서비스를 설립했다.

이 서비스는 1등급, 2등급이라는 중증의 치매 노인의 간병인 가족만 이용할 수 있으며 요양보호사가 이용자의 자택을 방문해 가족 대신 24시간 일상적인 간호서비스를 제공한다. 또한 서비스 이용 기간 중 반드시 1회는 간호사가 집을 방문해 긴급 사태에 대비하는, 방문간호를 연계시킨 서비스이다.

하루 서비스 전체 요금은 18.3만 원이지만 이용자의 본인부담액은 19,570원으로 비교적 소액이며 15%보다 낮은 금액이다. 잔액 163,430원은 건강보험공단의 부담이 된다. 이 서비스는 선택제로 되어 있어 2014년 설립의 단기보호서비스를 선택할 수도 있다. 덧붙여 이 서비스는 2019년에 '24시간 방문요양서비스'라고 명칭이 변경되었다. 이 서비스는 당초 연간 12회(12시간을 넘기는 경우는 6일)였는데, 2022년에는 연간 16회(8일)로 늘어나고 2025년까지는 연간 24회(12일)까지 확대할 계획이다.

2014년에 설립된 치매가족휴가제도는 가족과 함께하는 서비스(부양자 가족 모델에 대응한 서비스)였지만 2016년에 설립된 치매 노인을 대상으로 하는 24시간 방문요양서비스는 완전한 의미로 치매 노인의 삶의 질 향상을 지향한 서비스(고령자 본인 모델에 대응한 서비스)가 되고 있다.

이 서비스는 한국의 보험서비스 중 유일하게 노인 중심 서비스로 특징적이다. 다만 심각한 문제가 2가지 있다.

첫 번째는 사용자 수가 너무 적은 것이다. 국회의원인 고영인 의원(더불어민주당)이 국민건강보험공단의 데이터를 바탕으로 문제를 제기하고 있다. 2020년에 관해서는 요양보험 전체의 인정자 수가 529,475명인데, 단기보호서비스 이용자가 전국에서 639명, 24시간 방문요양서비스 이용자가 304명이었다. 두 서비스 합계로 943명이며 이용률은 0.18%에 불과하다. 2018년, 2019년에 대해서도 양 서비스의 합계는 548명, 848명으로 적고 인정자 총수에 대한 비율은 0.13%, 0.18%로 낮다(고영인 2021).

가족부양자가 휴식하고 싶어도 쉬지 못하는 경우나 노인의 필요에 따라 서비스의 이용 욕구가 발생하지 않는 경우도 많다고 생각된다. 왜냐하면 24시간 방문요양서비스는 전문가라고 해도 타인이 자택에 오랜 시간 있는 것에 대한 심리적 부담이 강하고 단기보호서비스는 원래 이용자 본인이 희망하지 않거나 맡길 수 있는 기관이 없다는 것 또는 직원의 확보를 포함해 즉시 서비스를 준비할 수 없다는 것 등이 문제이다.

한편, 필요가 발생하더라도 서비스를 제공하는 기관이 가까이 있지 않으면 이용할 수 없다. 단기보호서비스 제공기관 측도 언제 신청이 있을지 모르는 가운데 단기보호자용 침대를 마련할 여유가 없어 그를 위한 직원 확보가 어렵다. 24시간 방문요양서비스는 가족부양자가 부재중 요양보호사나 방문간호사가 집에서 서비스를 제공하는 것에 가족 자신이 심리적인 저항이 강한 것이 상정되는 가운데 항상 인원을 확보하는 데 어려움이 동반된다.

두 번째는 이 치매가족휴가제도 및 단기보호, 24시간 방문요양서비스가 잘 알려지지 않았을 가능성이 있다. 일본 지역포괄지원센터와 같은 원스톱 상담기관이 한국에는 설치되어 있지 않기 때문에 일반 가족들에게 이러한 제도가 알려지지 않은 것이 일반적인 현상이다. 이러한 서비스의 사용을 활성화시키기 위해서 제도 및 운영을 검토할 필요가 있다.

저자 역시, 1992년에 단기보호서비스가 가진 구조적 문제를 지적하고 이를 바꾸는 서비스를 다음과 같이 제안한 바 있다.

> 발상을 바꾸어 가족부양자를 대신해 전문 요양보호사가 노인의 주택에 단기적으로 입주하면서 서비스를 제공하는 것이다. 이에 대해서는 당연히 프라이버시의 문제가 새롭게 발생하지만 여기서 가장 중요한 것은 도대체 누구를 위한 가족복지서비스인지, 도대체 누구의 복지를 최우선으로 해야 하는가 하는 것이다(西下彰俊 1992, 95).

어느 나라에서도 비슷한 발상은 존재할 수 있는 것이다. 일본의 개호보험제도에는 치매만을 위한 특별한 등급은 설치되어 있지 않으며, 노인 본인에게 바짝 다가가는 치매가족휴가제도도 없다. 일본은 한국 요양보험의 다양한 프로그램으로부터 치매 노인 본인에 대한 지원 및 가족에 대한 지원에 관하여 많이 배워야 한다.

3. 치매안심센터 설치

2012년에 시행된 치매관리법은 그 후 개정이 계속되었으며, 2018년 6월의 3번째 개정 시 치매 관리의 정의가 변경되어 치매안심센터의 설치가 결정되었다. 치매관리법 시행 당초는 제2조에서 치매 관리가 치매예방, 검진·요양 및 조사·연구로 규정되고 있었지만 "치매예방, 치매 노인에 대한 보호·지원 및 조사·연구"로 재정의되었다.

치매관리법 시행 당초 제16조에서 중앙치매센터의 설치가 결정되고 제17조에서 치매상담콜센터의 설치가 결정되었다(상담센터의 전화번호는 1899-9988). 2018년 개정으로 상담센터가 치매안심센터로 명칭이 변경되어 전국 보건소 256개소에 모두에 이 센터가 설치되었다.

안심센터로 만들어지면서 업무가 상담 대응에만 그치지 않고 치매 진단, 치매 악화 방지를 위한 프로그램 운영, 치매 노인 가족 지원 등 종합적인 서비스를 실시하고 있다(藤原夏人 2018, 18-19).

이와 같이, 치매안심센터에는 우선 치매 노인 본인 및 가족에 관련되는 '지역의 상담 지원 창구'로서의 역할이 기대되고 또한 치매예방, 조기 진단, 보건복지 자원의 연계 및 교육 등의 유기적인 치매통합관리서비스를 제공함으로써 치매 중증화의 억제 및 사회적 비용의 경감, 궁극적으로는 치매 노인과 가족, 일반시민 생활의 질 향상에 기여하는 것을 목적으로 하고 있다(보건복지부 2021, 41-42).

치매안심센터는 시군구에 설치되어 각 지자체는 통합형, 거점형, 방문형, 소규모형과 운영형으로 나눠져 있다. 이 센터에 배치되는 전문직으로는 의사, 간호사, 사회복지사, 임상심리사, 작업치료사 등이 있으며 치매에 관한 종합 상담 센터이다.

센터의 사업 대상은 치매 노인, 경도 치매 노인, 가족, 지역 주민이다. 주요 사업으로는 우선 치매 조기 진단이 있으며 만 60세 이상의 지역 주민에게 치매의 가능성에 관한 검사를 실시한다. 둘째, 치매예방으로써 예방 관련 정보, 인지 훈련 프로그램을 제공한다. 셋째, 개인 사례 관리로서 노인

인천광역시 연수구 치매안심센터 외관
(2층이 치매안심센터, 3층이 정신건강복지센터이다)

및 가족에게 욕구에 맞춘 케어 계획을 세워 치매지원서비스를 제공한다. 넷째, 치매 쉼터라는 사업명으로 경도 치매 노인을 주간 시간대 보호함으로써 치매의 중증화를 막아 사회적 교류를 활성화시킨다. 이 사업으로 치매 노인 가족의 심신 부담 경감을 도모한다. 다섯째, 가족 지원으로써 가족의 요양 기술을 높이기 위한 강좌나 가족끼리의 정보 교류를 촉진하는 카페의 설치를 실시한다. 여섯째, 의식 개선 사업을 통해 치매에 대한 지역 주민의 인식을 개선하여 치매에 친화적인 사회적 환경을 만든다(보건복지부 2021, 43-49).

또한 치매안심센터가 관여하여 행해지는 조기 진단은 3개의 단계로 나뉜다. 제1단계로 세계 표준의 치매 체크리스트(MMSE, MiniMental Statement Examination)를 사용한 치매 선별 검사를 무료로 행하며 제2단계에서는 인지기능의 저하를 보이는 경우에는 안심센터가 있는 보건소와 연계된 거점 병원에서 진단을 받는다. 또한 제3단계에서는 거점 병원에서 감별 검사가 실시된다.

앞의 MMSE는 시간, 장소, 계산, 문장 따라 읽기, 도형 모사 등 11개 질문으로 구성된 30점 만점의 테스트이다.

이 센터는 2019년 12월에 전국에 설치되어 256개소로 급격히 확대된 적도 있어 지역 간 격차가 존재한다(김원경 2020, 516-518).

치매안심센터에 가면 치매 검사를 무료로 받을 수 있는 것이 서서히 노인에게 알려지게 되어 2019년 이후, 치매 노인의 절반 이상이 치매안심센터에 등록되어 있다. 2021년 현재 치매 노인 910,276명 중 502,933명이 등록을 마치고 있으며 등록률은 55.2%에 달했다(Dementia News 2022).

4. 치매대응형 주·야간보호서비스

앞의 〈표 3-6〉(이 책 73쪽)에 나타난 바와 같이 2016년 7월 1일부터 치매 노인을 대상으로 하는 주·야간보호서비스가 시작되었다. 치매전담형의 주·야간보호서비스이다. 이 서비스가 일반 주·야간보호서비스와 다른 점은 주·야간보호서비스 시설 내에 치매전담형의 공간을 마련하는 것이다.

또한 치매전담형 기관으로서 인정을 받으면 요양수가가 높다는 점에서 개설을 위한 동기부여가 되고 있다.

덧붙여 설치의 조건은 1실당의 정원이 25명 이하이며 생활실(1명당 6.6m^2 이상)과 프로그램실을 마련하고, 요양직원에게는 치매에 관한 연수의 수강이 의무화되었다.

치매대응형 주·야간보호는 2등급으로부터 5등급까지가 대상 범위로 되어 있어 1등급은 포함되지 않는다고 하는 특징이 있다. 이 서비스는 이상과 같이 요양수가가 다소 높게 설정되어 있지만 정부의 기대와는 달리 전국적으로도 서울 시내에서도 서비스를 제공하는 장소가 늘어나지 않은 것이 현실이다.

5. 치매와 시설요양서비스

시설서비스는 노인요양시설과 노인요양공동생활가정으로 나뉜다. 2020년 시점에서는 노인요양시설은 전국에 3,850개소가 있고 입소자는 188,302명이었다. 노인요양공동생활가정은 전국에 1,913개소 있으며 입소자는 16,895명이다(보건복지부 2021, 744-745).

2022년 노인요양시설의 1일 요양수가는 앞의 〈표 3-9〉은 64,040원이다. 노인요양공동생활가정의 경우는 1등급의 경우 하루 요양수가는 65,750원, 2등급은 61,010원, 3-5등급은 56,240원이다.

이상의 2종류의 시설서비스에 더해 2016년에 치매 노인을 위한 전용 거실이 있는 치매전담형 노인요양시설과 같이 치매전담형 노인요양공동생활가정이라고 하는 요양시설의 타입이 새롭게 마련되었다. 이 표에서 알 수 있듯이 이 2가지 유형은 3차 치매관리종합계획(2016-2020년)의 일환으로 설립되었다. 이것은 5등급의 설정에 이어 정부의 치매 대책의 일환이다.

2019년 시점에서 치매전담형 노인요양시설은 전국에 3,595개소가 있고 입소자는 152,967명이었다. 치매전담형 노인요양공동생활가정은 전국에 1934개소 입소자는 15,153명이다(보건복지부 2021).

2022년 노인요양시설의 2등급 가형의 1일 요양수가액은 85,650원이고 2등급 나형의 1일 간호수가액은 77,090원이다. 3등급에서 5등급은 동일하며 가형 1일 요양수가액은 78,980원, 나형 1일 요양수가액은 71,090원이다. 일반 노인요양시설에 비해 다소 고액의 경사형 요양수가 체계로 치매 대응형 노인요양시설 개설의 동기를 부여하고 있다.

치매전담형의 노인요양시설은 이렇게 가형과 나형으로 나뉜다. 노인복지법 시행규칙 제22조 제1항의 별표에 따르면 면적 기준에 따라 다르며 가형은 1인실 9.9m², 2인실 16.5m², 3인실 23.1m², 4인실 29.7m² 이상의 4종류로 나뉘고, 나형은 1인실 9.9m², 다인실은 1명당 6.6m² 이상으로 나뉜다.

가와 나에 특별한 의미는 없고(A와 B의 차이와 같은 것), 인원수와 면적의 기준의 차이를 나타내는 것에 지나지 않는다. 덧붙여 치매 노인요양공동생활가정에 가형과 나형의 구분은 없다.

시설서비스의 본인부담 비율은 20%이지만 저소득의 경우에는 12%와 8%의 2단계 본인부담 경감 비율이 설정되어 있다. 예를 들어 치매 노인요양공동생활가정에 2등급 치매 노인이 입소한 경우 장기요양보험 1개월의 본인부담액은 75,620원×0.2×30=453,720원이 된다.

치매전담형 노인요양시설이 일반 노인요양시설과 다른 점은 치매 노인의 입주자의 비율이 일정한 비율로 정해져 치매 노인의 입주를 적극적으로 추진하기 위해 요양수가가 높게 설정되어 있다. 또한 치매 케어의 이해에 관한 연수가 요양보호사의 취업 조건으로 요구되었다.

2019년 현재 치매전담형 노인요양시설은 한국 전체에서 가형이 66개소, 나형이 14개소인데 서울 시내에서는 가형이 7개소, 나형이 1개소에 지나지 않는다. 요양수가 인센티브가 마련돼도 현실은 사업자가 좀처럼 반응하지 않는다는 것을 보여 주고 있다.

다만 2020년 이후에 대해서는 국민건강보험공단이나 지방자치단체가 치매전담형 노인요양시설을 운영할 계획이 사이트상에서 확인되어 있어 향후는 증가할 가능성이 있다.

4 노인학대와 치매 노인

1. 노인학대와 법률

치매 케어를 장기요양보험제도 속에 넣으려는 한국의 자세는 지금까지 논해 왔듯이 적극적이다. 그렇다면 한국의 또 다른 사회문제인 노인학대에 대해 비슷한 적극적인 정책이 전개되고 있는 것일까?

한국에는 노인학대에 관한 독립적인 법률이 없고 노인복지법 속에 노인학대에 관한 규정이 존재한다. 노인복지법 제1조 제2항에서는 노인학대에 대하여 다음과 같이 정의한다.

> "노인학대"라 함은 노인에 대하여 신체적·정신적·정서적·성적 폭력 및 경제적 착취 또는 가혹 행위를 하거나 유기 또는 방임을 하는 것을 말한다.

노인복지법의 주요 개념에 대해 정의하는 항에서 부양의무자, 보호자, 치매에 이어, 이상과 같이 노인학대를 정의하고 있는데, 조문으로 표시된 정의는 실제로 학대의 종류를 열거하고 있는 것에 지나지 않는다.

일본에서는 2006년에 노인학대에 관한 독립된 법률인 〈노인학대의 방지, 노인의 부양자에 대한 지원 등에 관한 법률〉(이하, 학대방지법이라고 약칭한다)이 시행되었다. 이 법에서는 제2조에서 노인학대를 정의하고 있지만 제3항에서 이 법에 있어서 "노인학대"란 "부양자에 의한 노인학대 및 개호시설 종사자 등에 의한 노인학대를 말한다"라고 설명할 뿐이다.

이 설명은 불충분하다고 할 수밖에 없다. 노인학대라는 개념을 정의하기 위해 노인학대를 사용하여 설명하는 소위 동어반복의 함정에 빠져 있다. 한국의 노인학대의 정의도 학대의 종류를 나열하고 있는 것뿐으로 학대란 무엇인가에 대해서 설명이 없는 것은 큰 문제이다. 그러나 일본과 같은 동어반복에 빠지지 않는 점에서 큰 차이가 있다.

일본의 정의 함정을 피하기 위해서는 노인학대에 대해 적절한 정의를 해야 한다. 개인적으로는 이하와 같이 잠정적으로 정의한다. "노인학대란 가정 내 또는 개호시설 내에서 가족 또는 개호직원 등이 대상자 노인 또는 치매 노인의 인권을 반복적으로 침해 또는 유린하는 부적절한 행위이다" 라고 정의해야 한다.

한국에서는 2004년 노인복지법 제39조 제5항에 따라 치매 노인을 포함한 대상자 노인 전체의 인권을 보호하는 기관으로 중앙노인보호전문기관(Korea Elder Protection Agency)이 서울 시내에 마련됐다. 그 하부 조직으로서 지방노인보호전문기관이 2022년 현재 35개소 전국 각지에 설치되어 있다.

중앙노인보호전문기관은 2005년부터 매년 각지의 지방노인보호전문기관이 파악한 학대 데이터를 집약하고 전국 및 지역별 노인학대 데이터를 집계·분석하여 상세한 보고서를 발행하고 있다. 또, 데이터 수집 및 보고서의 발간에 더하여 중요한 역할로서는 학대에 관한 전화 상담을 24시간 365일 접수하는 것(전화번호는 1577-1389)이며 한층 더 노인요양시설 등에 학대방지에 관한 연수를 실시하는 등이 있다.

중앙노인보호전문기관은 국가의 노인학대 예방기관이지만 사회복지법인에게 업무 위탁 되어 있으며 수년 단위로 위탁처가 변경된다는 것이 특징이다. 지방노인보호전문기관에 관해서도 사회복지법인에 업무가 위탁되어 있다. 각 지방노인보호전문기관은 지리적 범위가 넓기 때문에 소수의 직원으로 학대의 판정조사를 실시하여 학대의 유무를 확정하겠다는 업무가 가혹하다는 문제를 안고 있다.

[표 5-1] 한국 학대 발생 장소의 변화

단위: %, ( ) 내 건수

	2005년	2010년	2015년	2020년
자택	92.8(1,893)	85.6(2,625)	85.8(3,276)	88.0(5,505)
자택 이외 (생활시설만 해당)	7.1(145) 2.3(46)	14.4 (443) 4.1(127)	14.2(1,004) 5.4(206)	12.0(754) 8.3(521)
합계	100.0(2,038)	100.0(3,068)	100.0(4,280)	100.0(6,259)

(출처) 보건복지부 · 중앙노인보호전문기관 2021, 16

또한 일본과 대만에는 노인을 대상으로 하는 노인학대방지 전문기관이 설치되어 있지 않다. 대만에는 세대형의 학대방지기관, 배우자 학대방지기관이 마련되어 있기 때문에 학대방지기관의 설치라는 점에서 일본이 가장 늦다.

2. 한·일 학대 발생 건수

아래의 각 표의 데이터는 2021년 6월에 공표된 보고서에 모두 게재된 것이다(중앙노인보호전문기관 2021). 이 보고서는 매년 공표되고 있다.

〈표 5-1〉은 한국에서 학대가 발생하는 장소의 비율과 건수를 2005년, 2010년, 2015년, 2020년 4가지 시점으로 나타낸 것이다. 노인학대의 총수는 조사가 시작된 2005년에 2,038건이었던 것이 2010년의 3,068건, 2015년의 3,818건을 거쳐 2020년에는 6,259건에 이르고 있다. 16년간에 학대의 총수가 약 3.1배로 증가하고 있어 심각한 사회문제가 되고 있다. 이 중 집에서 학대가 발생하는 비율이 88%로 높은 비율을 차지하고 있다.

2020년의 경우, 자택 이외에서의 학대는 총 754건 존재한다. 자택 이외의 발생 장소로는 요양시설, 병원, 공공장소, 주간보호시설 등이 포함되지만 이들 중 생활시설인 요양시설 등에서의 학대는 521건으로 70% 정도를 차지하고 있다.

2020년 현재, 집에서 발생한 학대는 5,505건이었다. KOSIS(국가통계포털)에 따르면 2021년 노인 인구는 885.1만 명이다(KOSIS 2021). 해당 노인 인구 10만 명당 70.7명이 학대의 피해를 받고 있다.

또 자기 방임 233명을 제외하고 계산하면 노인 인구 10만 명당 59.7명이 학대의 피해를 받고 있다. 생활시설(양로시설을 포함한다)에 있어서의 학대 건수는 적어도 약 11.3배로 급증하고 있어 실효성이 있는 학대방지대책이 급선무이다.

[표 5-2] 일본의 고령자 학대에 관한 상담 건수 및 판단 건수

	보호자			요양시설 종사자		
	상담·신고 건수	학대 판단 건수	학대 피해자 수	상담·신고 건수	학대 판단 건수	학대 피해자 수
2006	18,390	12,569	12,787	273	54	94
2007	19,971	13,273	13,727	379	62	100
2008	21,692	14,889	15,293	451	70	104
2009	23,404	15,615	16,002	408	76	138
2010	25,315	16,668	17,213	506	96	186
2011	25,636	16,599	17,103	687	151	328
2012	23,843	15,202	15,627	736	155	263
2013	25,310	15,731	16,140	962	221	402
2014	25,791	15,739	16,156	1,120	300	613
2015	26,688	15,976	16,423	1,640	408	778
2016	27,940	16,384	16,770	1,723	452	870
2017	30,040	17,078	17,538	1,898	510	854
2018	32,231	17,249	17,686	2,187	621	927
2019	34,057	16,928	17,427	2,267	644	1,060
2020	35,774	17,281	17,778	2,097	595	1,232
증가율	1.9배	1.4배	1.4배	7.7배	11.0배	13.1배

(출처) 후생노동성, 각 연도 자료

한편, 일본은 어떨까? 〈표 5-2〉에 의하면 보호자의 학대는 2006년의 12,569건(12,787명)으로부터 2020년의 17,281건(17,781명)으로 건수도 인원수도 약 1.4배로 증가하고 있는 것을 알 수 있다. 또한 보호자는 노인을 돌보는 가족, 친족, 동거인 등을 의미한다.

학대 건수와 학대 피해 노인의 수가 다른 이유는 일본의 경우 가해자가 동시에 복수의 노인에 대해 학대를 하는 경우를 데이터 집계 시 고려하고 있기 때문이다. 국립사회보장·인구문제연구소에 따르면 2020년 노인 인구는 3,617만 명이다(국립사회보장·인구문제연구소 2017). 2020년 시점에서는 해당 노인 인구 10만 명당 49.2명이 학대의 피해를 받고 있다.

학대와 관련해 요양시설 종사자에 의한 상담/통보는 2006년의 273건에서 2020년의 2,097건으로 약 7.7배 많아졌다. 또한 요양시설 종사자에

의한 판단 건수는 2006년에 54건(94명)이었던 것이, 2020년에는 595건(1,232명)으로, 건수로는 11배, 인원수로는 13.1배나 급증했다.

요양시설 종사자란 개호노인복지시설 등 개호시설 또는 재가서비스 등 서비스기관의 업무에 종사하는 사람을 의미한다. 2020년 시점에서는 해당 노인 인구 10만 명당 3.4명이 학대를 당하고 있는 것을 알 수 있다.

한국과 일본에서는 노인학대의 데이터 집계 방법이 다르기 때문에 정확한 비교는 할 수 없지만 최근 2020년 데이터에 따르면 한국에서는 5,505명의 노인이 가정(자택)에서 학대를 받고 있는 반면 일본에서는 17,778명이 부양자에 의한 학대를 받고 있다. 노인 인구 10만 명당 집에서의 학대 발생률은 한국에서는 59.7명, 일본에서는 49.2명이므로 한국이 약 1.2배 많지만 거의 차이가 없다.

한편, 2020년에 있어서의 자택 이외의 시설 등에서의 학대는 한국에서는 754명, 일본에서는 1,232명이므로, 노인 인구 10만 명당의 학대 발생률은 한국에서는 8.5명, 일본에서는 3.4명이므로 한국이 2.5배 많다.

3. 한·일 학대의 유형

다음으로 한국의 경우 어떠한 종류의 학대가 2020년에 많았는지, 또 학대의 유형에 변화가 보이는지 〈표 5-3〉을 통해 확인할 수 있다.

1개의 학대 사례에 대해 복수의 학대 종류가 있었다고 인정되는 경우가 있기 때문에 2020년의 총수는 9,803명으로 많아지고 있다. 2020년 현재 가장 많은 것은 '심리적 학대(정서적 학대)'로 42.7%(4,188명)이다. 2005년, 2010년, 2015년에 비해 몇 포인트의 증감이 있는데 큰 변화는 보이지 않는다.

두 번째로 많았던 것이 '신체적 학대'였고 40.0%(3,917명)였다. 2005년 19.1%, 2010년 25.7%, 2015년 25.9%였기 때문에 15포인트 가까이 증가

[표 5-3] 한국 학대 유형별 변화

단위: %, ( ) 내 건수

	2005년	2010년	2015년	2020년
신체적 학대	19.1(665)	25.7(1,304)	25.9(1,591)	40.0(3,917)
심리적 학대	43.1(1,499)	39.0(1,981)	37.9(2,330)	42.7(4,188)
성적 학대	0.5(18)	0.8(39)	1.7 (102)	2.4 (231)
경제적 학대	12.2(425)	11.3(574)	8.8 (542)	4.4 (431)
방임	23.4(816)	17.6(891)	14.9 (919)	7.8 (760)
자기 방임	1.0(36)	3.9(196)	10.1 (622)	2.3 (223)
유기	0.6(22)	1.8(91)	0.8 (48)	0.5 (53)
합계	100.0(3,481)	100.0(5,076)	100.0(6,811)	100.0(9,803)

(출처) 보건복지부·중앙노인보호전문기관 2021, 15 저자 작성

하고 있다. 2005년과 비교하면 2배 이상으로 증가하고 있다. 2020년 시점에서는 심리적 학대와 신체적 학대의 차이가 2.7포인트밖에 없고 신체적 학대가 현저하게 증가하고 있는 것을 알 수 있다.

'방임'은 3번째로 많지만 2005년 23.4%였던 것이 2020년 7.8%로 3분의 1 정도로 현저하게 감소하고 있다. 경제적 학대, 성적 학대, 자기 방임, 유기의 4가지 유형은 모두 적다.

이 중 한국의 경우 학대 유형에 자기 방임(셀프 네그렉트, self neglect)이 포함된다는 점에 유의할 필요가 있다. 일본의 후생노동성 데이터에서는 자기 방임은 포함되지 않고 한·일에서 집계 방법이 크게 다르다. 2020년에 관해서는 223명의 자기 방임이 포함되어 있다. 소수이지만 2005에 비해 6배나 증가했다(보건복지부 2021, 15).

한편, 일본의 부양자에 의한 학대의 유형을 나타낸 것이 〈표 5-4〉이다. 가장 많은 비율을 차지하는 것이 '신체적 학대'로 2006년 이후 증가하고 있으며 2020년은 68.2%(12,125명)에 달하고 있다. 다음으로 많은 것이 심리적(정서적) 학대이며 2006년 이후 계속 늘어나 2020년에는 41.4%(7,360명)에 달하고 있다.

[표 5-4] 일본 보호자 학대 유형별 변화

단위: %, ( ) 내 건수

	2006년	2010년	2015년	2020년
신체적 학대	63.7(8,009)	63.4(10,568)	66.6(10,939)	68.2(12,125)
심리적 학대	35.9 (4,509)	39.0 (6,501)	41.1(6,746)	41.4(7,360)
방임	29.5 (3,706)	25.6(4,273)	20.8(3,420)	18.7 (3,324)
경제적 학대	27.1 (3,401)	25.5(4,245)	20.0 (3,285)	14.6 (2,596)
성적 학대	0.6 (78)	0.6(94)	0.4 (65)	0.5 (89)
합계	156.8 (19,703)	154.1 (17,213)	148.9 (16,423)	143.4(17,778)

(출처) 후생노동성, 각 연도 자료 저자 작성

일본에서는 이 2가지 유형의 학대가 중심으로 요양 포기, 경제적 학대는 2006년 이후 계속 줄어들고 있다. 성적 학대는 1% 미만이다.

4. 한·일 학대 가해자의 관계

한국의 학대 가해자의 관계 분포를 나타낸 것이 〈표 5-5〉이다. 2020년 시점에서 가장 많은 학대 가해자는 아들이며 34.2%(2,288명)이다. 2005년, 2010년, 2015년과 점점 아들의 차지하는 비율은 감소하고 있다. 반대로 점차 늘고 있는 것이 배우자이며 2005년에는 156명이었던 것이 2020년에는 2,120명으로 약 14배로 늘고 있다. 부부 간의 '노노 학대', 즉 가정 학대가 심각화하고 있는 것을 알 수 있다.

게다가 증가하고 있는 것이 '기관'이며 2005년에 2.9%(70명)였던 것이 2020년에는 13.0%(874명)가 되었다. 기관이란 생활시설(요양시설), 이용시설, 병원이다. 한국에서는 가해자에 가족관계자뿐만 아니라 타인이나 기관을 포함하여 통계를 내고 있는 것과 '노인 당사자'를 학대의 가해자로 자리매김하여 집계에 포함하고 있는 점이 특징이다. 이른바 '자기 방임'을 학대의 하나로 자리매김하고 있는 것이다.

일본의 노인학대 조사에서는 자기 방임을 학대의 종류에 포함하지 않으

[표 5-5] 한국의 학대 가해자 관계 변화 분포

단위: %, ( ) 내 건수

	2005년	2010년	2015년	2020년
아들	51.2(1,237)	48.4(1,686)	36.1(1,523)	34.2(2,288)
배우자	6.5(156)	10.0(347)	15.4(652)	31.7(2,120)
본인	1.0(23)	5.6(196)	14.7(622)	3.3(221)
딸	11.7(283)	12.7(441)	10.7(451)	8.8(589)
기타	26.8 (649)	19.9(693)	14.1(597)	9.0(606)
기관	2.9(70)	3.3(115)	9.0(379)	13.0(874)
합계	100.0(2,418)	100.0(3,480)	100.0(4,224)	100.0(6,698)

(출처) 보건복지부 · 중앙노인보호전문기관 2021, 19 저자 작성

며 노인 당사자를 학대 가해자로도 보고 있지 않다. 한국과 일본이 가장 크게 다른 부분이다. 그 배경을 보자면 일본에서는 자기 방임이 노인학대방지법에 규정되어 있지 않은 점과 관계가 있으며 후생노동성 조사에서는 집계 대상에서 제외되어 있다.

'노인 당사자'는 2015년까지 증가하고 있었지만 2020년 시점에서는 3.3%로 격감하고 있다. 노인의 독신 가구가 늘어나는 가운데 자기 방임의 위험도 높아질 것이지만 한국에서는 그 비율이 줄어들고 있는 그 배경을 분석할 필요가 있다.

한편, 일본의 부양자에 의한 학대 가해의 이슈 분포를 나타낸 것이 〈표 5-6〉이다. 가장 많은 학대 가해자는 '아들'이며 2006년은 38.5%(5,390명)이며 2020년에도 39.9%(7,462명)이다. 지난 15년간 40% 전후로 분포하고 있다.

둘째로 많은 것은 '배우자'이며 2006년에 19.8%(2,767명)였던 것이 2020년에는 29.4%(5,492명)로 점차 늘어나고 있다. 어느 해도 남편이 학대 가해자인 경우가 4분의 3을 차지하고 있다.

세 번째는 '딸'이며 2006년 14.5%에서 점차 늘어나 2020년 17.8%에 달

[표 5-6] 일본 보호자에 의한 학대 가해자의 관계 분포

단위: %, ( ) 내 건수

	2006년	2010년	2015년	2020년
아들	38.5(5,390)	40.6(7,783)	40.3 (7,099)	39.9 (7,462)
배우자	19.8(2,767)	21.9(4,124)	26.6 (4,685)	29.4 (5,492)
딸	14.5(2,025)	15.6(2,842)	16.5 (2,906)	17.8 (3,330)
며느리	10.7(1,503)	7.2(1,323)	4.3 (757)	2.8 (523)
기타	16.5(1,988)	12.7(4,604)	12.3 (2,167)	10.1(2125)
합계	100.0 (13,983)	100.0(18,266)	100.0 (17,614)	100.0 (18,687)

(출처) 후생노동성, 각 연도 자료 저자 작성

했다. 학대 가해자로 아들과 배우자의 비율이 높은 것은 양국이 공통적이지만 딸이 가해자가 되는 비율은 일본이 높은 편이다.

다음으로 2020년 한국에서의 피학대 노인의 성별에 관해서는 남성이 28%(1,187명)인 반면 여성은 72%(3,093명)이며 압도적으로 여성이 많다. 피학대 노인을 5세 간격으로 나눈 연령 계층과의 관련성은 2020년에 거의 없는 것으로 나타났다.

일본의 경우 2006년도에는 시설에서의 학대 피해자는 여성이 78.7%(74명), 남성이 21.3%(20명), 집에서의 학대 피해자는 여성이 76.6%(9,799명), 남성이 23.1%(2,946명)이며 여성이 80% 가까이 차지했다.

2020년에는 시설에서의 학대 피해자는 여성이 69.4%(855명), 남성이 30.6%(377명), 집에서의 학대 피해자는 여성이 75.2%(13,377명), 남성이 24.8%(4,401명)로 여성이 70%에서 75%를 차지하고 있다. 시설도 집도 여성 피해 비율이 높다.

다음으로 한국의 학대 가해자에 대해 〈표 5-7〉을 보면 2005년 당시에는 40대가 가장 많고 이하 50대, 70대 이상으로 계속되고 있었지만 2020년 시점에서는 순위가 역전되어 70대가 30.4%로 가장 많다. 이하 50대의 24.4%, 40대의 20.2%로 이어지고 있다.

[표 5-7] 한국 학대 가해자의 연령 계층 변화

단위: %, ( ) 내 건수

	2005년	2010년	2015년	2020년
70세이상	4.4(107)	14.0(484)	27.0(1,140)	30.4(2,034)
50-59세	23.5(569)	27.7(964)	27.4(1,156)	24.4(1,634)
40-49세	31.8(770)	29.4(1,022)	20.6(870)	20.2(1,352)
기타 연령계층	40.2(972)	29.0(1,008)	25.0(1,471)	25.0(757)
합계	100.0(2,418)	100.0(3,478)	100.0(4,637)	100.0(5,777)

(출처) 보건복지부 · 중앙노인보호전문기관 2021,18 저자 작성

2005년 당시에는 자녀 세대가 부모 세대를 학대하는 패턴이 많았던 것이 지난 15년 동안 배우자들 사이의 학대가 가장 많은 패턴으로 변화해 왔다고 할 수 있다. 학대 피해자의 72%가 여성이기 때문에 노인 남편이 노인 아내를 학대하는 형태가 가장 많다고 할 수 있다. 노부부 가구가 증가하고 있는 것에 더하여 부부 가구의 빈곤, 남편의 알코올 의존, 아내의 치매 등이 배경 요인으로서 생각된다.

한편 일본은 어떨까? 개호시설에 대한 2006년도 조사에서 학대자의 연령은 개호시설에서는 30세 미만이 29.7%(19명), 30대가 25.0%(16명)로 비교적 젊은 직원이 많은 것을 알 수 있다. 2020년도 조사에서는 개호시설 가해자는 40대가 15.8%(117명)로 가장 많으며 이하 30대의 15.0%(111명), 50대의 14.7%(109명), 30세 미만의 13.0%(96명)로 연령층이 약간 분산되어 있는 것을 알 수 있다.

5. 한국 학대 빈도 및 지속 기간

한국에서는 중앙노인보호기관이 학대의 빈도에 대해서도 조사하고 있다. 〈표 5-8〉은 학대의 빈도를 보여 준다. 2020년에 관해 가장 많은 것이, '1개월에 1회 이상'으로 27.7%, 이하 '주 1회 이상'이 26.6%, '1회만(단발)'이

[표 5-8] 고령자 학대의 빈도

단위: %, ( ) 내 건수

	매일	주1회 이상	한달에 1번 이상	3개월에 1번 이상	6개월에 1번 이상	1회만	합계
2015년	23.1 (883)	36.5 (1,393)	21.1 (804)	5.5 (210)	4.6 (176)	9.2 (352)	100.0 (3,800)
2018년	13.3 (689)	30.3 (1,574)	27.6 (1,434)	8.6 (444)	6.3 (327)	13.9 (720)	100.0 (5,188)
2020년	11.6 (726)	26.6 (1,664)	27.7 (1,733)	9.8 (614)	8.3 (520)	16.0 (1,002)	100.0 (6,259)

(출처) 보건복지부 · 중앙노인보호전문기관 2021, 87

16.0%, '매일'이 11.6% , '3개월에 1회 이상'이 9.8%, '6개월에 1회 이상'이 8.3%로 이어지고 있다.

2015년 시점에서는 빈도 '매일'과 '주 1회 이상'이 합쳐 6할이나 되어 매우 심각한 상황이었지만 2020년에는 '매일'이 반감하고 '1회만'이 늘어나고 있어 약간 개선된 것으로 보인다.

이 기관은 학대의 지속 기간도 조사하고 있다. 〈표 5-9〉에 의하면 2015년에는 '1년부터 5년', '5년 이상'이라고 하는 장기에 걸친 심각한 노인학대가 70%를 넘고 있었지만 2018년, 2020년에 약간 개선되어 66.2%, 64.5%로 감소하고 있다. '1회만(단발)'이 2015년에 비해 2배로 늘어나고 약간 개선되어 보인다. 다만 학대가 5년 이상 지속되는 경우도 34.1%로 극히 많다.

지극히 빈번하게 학대를 받고 게다가 그 병리적인 상황이 1년 이상, 경우에 따라서는 5년 계속된다는 사태는 어쨌든 노인의 인권이 장기간에 걸쳐 극도로 유린(침해)되고 있다는 결과이다. 일단 학대가 발생했다면 재빠르게 대책을 세우고 재발 방지 구조를 조속히 구축해야 한다.

한국의 경우 조기 발견이 어려운 사회적 배경이 있을까. 혹은 조기 대응해도 반복적으로 학대를 하는 가해자 측의 원인이 있는 것일까. 노부모가

[표 5-9] 고령자 학대의 지속 기간

단위: %, ( ) 내 건수

	한달 미만	한달부터 1년	1년부터 5년	5년 이상	1회만	합계
2015년	4.0 (151)	18.6 (710)	35.9 (1,370)	34.2 (1,307)	7.3 (280)	100.0 (3,800)
2018년	3.5 (180)	18.0 (934)	32.7 (1,696)	33.5 (1,738)	12.3 (640)	100.0 (5,188)
2020년	3.9 (243)	16.7 (1,043)	30.5 (1,907)	34.1 (2,136)	14.9 (930)	100.0 (6,259)

(출처) 중앙노인보호전문기관 2021, 88

학대 피해를 밝히면 아들 등 가족과 만날 수 없게 되어 학대를 견디고 있는 경우가 있다고 중앙노인보호전문기관 직원들과의 인터뷰 조사에서 파악되었다. 피해자 측의 의식 개혁도 요구되지만 가해자 측에 대한 사회적 지원, 교육적 지원 등을 포함한 종합적 지원 체제의 구축이 긴급한 과제이다.

또한 상기와 같은 학대의 빈도나 지속 기간에 관한 조사 항목은 실은 일본의 노인학대방지법에 근거하는 매년의 조사 데이터가 없기 때문에 양국에서 비교하는 것이 불가능하다. 일본에서도 빈번한 빈도로 장기간 계속되는 학대가 일어나고 있는 경우도 충분히 예상되므로 이러한 질문 항목을 도입해야 하며 또한 이러한 심각한 인권침해 사례에 관해서는 구체적인 대응책이 시급하게 구축되어야 한다.

중앙노인보호기관 소장(가운데, 2019)

6. 치매와 학대

그런데 일본에 있어서 부양자에 의한 학대의 피해자 중에 어느 정도 치매 노인이 포함되는 것일까. 2020년 데이터에 의하면 부양자에 의한 학대의 피해 노인 17,778명 중, 대상자 인정이 끝난 노인은 11,741명이며 그중 치매 일상생활 자립도 III 이상이라고 하는 치매의 증상이 비교적 중증 노인, 즉 일상생활에 지장을 초래하는 증상·행동이나 의사소통의 어려움이 가끔 보이며 일상적으로 또는 상시 요양을 필요 하는 노인이 3,884명 존재한다. 대상자 등급인정을 거쳐 치매 일상생활 자립도가 확정되기 때문에 11,741명 중 약 33.1%가 비교적 중증 치매를 앓고 있어 데이터에 의해 치매 일상생활 자립노와 학대의 종류와의 상관 관계를 알 수 있다(후생노동성 2021).

이 데이터에 의해 치매 일상생활 자립도가 악화될수록 요양 포기 등이 늘어나 심리적 학대가 줄어든다는 상관관계를 확인할 수 있었다(후생노동성 2021, 10).

또한 이 상관성은 장애 노인의 일상생활 자립도(와상 정도)와 학대의 타입과의 관계에서도 마찬가지로 확인할 수 있고 와상 정도가 악화될수록 요양 포기 등이 늘어나 심리적 학대가 줄어든다는 상관관계가 분석되었다(후생노동성 2021, 11).

한편, 2020년 시설 종사자 등의 학대에 관해서는 피학대 노인 1,232명 중 치매 일상생활 자립도가 III 이상의 증상이 비교적 무거운 노인이 469명이었다. 약 38%가 비교적 무거운 치매를 앓고 있는 가운데 학대 피해를 당하고 있음을 알 수 있다(후생노동성 2021).

치매 일상생활 자립도와 학대의 종류와의 상관관계는 다음과 같이 밝혀졌다. 치매 일상생활 자립도가 악화될수록 신체적 학대가 증가하고 심리적 학대가 줄어든다(후생노동성 2021, 4).

또한 장애 노인의 일상생활 자립도(와상 정도)와 학대의 종류와의 관계에서도 동일한 상관관계를 확인할 수 있다. 와상 정도가 악화될수록 신체적 학대가 늘어나 심리적 학대가 줄어들었다(후생노동성 2021, 6).

이상, 한국과 일본의 노인학대와 치매의 관련성에 대해 비교했다. 한국의 요양보험 판정조사표에서는 치매 일상생활 자립도 및 장애노인의 일상생활 자립도 두 항목을 조사(주치의 의견서에도 두 항목을 포함)하고 있는데(임춘식 외 2010, 230, 239), 일본의 데이터로 확인되는 것과 같이 노인학대와 치매의 관련성은 확인할 수 없었다.

치매 노인 수에 치매가 의심되는 노인 수를 합해 노인학대에서 차지하는 비율을 보면 2010년 18.8%, 2015년 27.0%, 2020년 24.5%이고 이 비율은 일본에 비해 낮다는 것을 알 수 있다. 이런 낮은 비율의 영향인지 노인학대의 여러 유형과의 관계성은 명확하지 않았다.

한국과 일본의 치매 노인의 수와 유병률이 다르다는 것도 배경에 있지만 그뿐만 아니라 해당 노인이 치매인지 여부의 확정 진단 시스템의 보급률이 다른 것도 큰 영향이 있다고 생각된다. 치매 진단 여부는 전문의의 진단 및 CT, MRI 등을 통한 화상 진단이 보급되어야 비로소 가능해진다.

양국에서는 고령화율이 2배 이상 차이가 나기 때문에 치매 전문의의 수, 전문적인 확정 진단 수준에 차이가 있는 것은 부인할 수 없다. 앞서 언급했듯이 치매안심센터에서 치매 등록하는 노인이 늘어나고 있기 때문에 앞으로는 치매와 학대의 관련성이 명확하게 드러날지도 모른다.

학대를 받고 있는 노인 중에는 노인 장기요양보험의 서비스를 신청하지 않아 치매임에도 불구하고 의사의 진단을 받지 않은 노인도 아직 많지 않을까 추측한다. 서비스 이용 시에 본인부담액 15%가 발생하는 점, 주치의의 의견서를 신청자가 직접 준비해야 하는 점, 치매 환자에 대한 정보가 지방이나 중앙의 노인보호기관 정보 네트워크에 연결되어 있지 않은 점 등 여러가지 장애가 한국과 일본의 차이를 만들고 있을 가능성이 높다.

5 노인학대방지대책

현재 한국은 현재 주로 아래에 설명하는 3가지 학대방지대책을 강구하고 있다. 첫 번째는 노인복지법을 개정함으로써 노인학대의 가해자에 대한 벌칙을 강화하는 시책이다. 보건복지부는 다음 3가지 주요 벌칙 강화를 2017년에 시행하였다(보건복지부 2017, 21-24).

① 노인에게 상해를 입히는 행위에 대한 벌칙을 강화했다. 7년 이하의 징역 또는 2,000만 원 이하의 벌금이었던 것을 징역은 같은 조건으로 벌금을 7,000만 원 이하로 했다(제55조의 2).

② 노인보호전문기관의 직원에 대한 폭행·협박, 업무 방해 등에 대한 벌칙을 강화했다. 5년 이하의 징역 또는 1,500만 원 이하의 벌금이었던 것을, 징역은 같은 조건으로 벌금을 5,000만 원 이하로 했다(제55조의 3 제1항 제1호).

③ 정서적인 학대를 포함한 노인학대 행위에 대한 벌칙을 강화했다. 5년 이하의 징역 또는 3,000만 원 이하의 벌금이었던 것을 징역은 같은 조건으로 벌금을 5,000만원 이하로 했다(제55조의 3, 제1항 제2호).

이상의 벌칙 강화와 더불어 노인학대에 의한 피해를 입은 노인의 보호와 심신 치유 프로그램 제공을 위해 피해자 전용의 휴식의 장소 설치·운영 조항을 담았다(제39조의 19). 또 노인학대의 가해자에 대해서는 상담, 교육이나 심리적 치료 등을 받을 것을 권고하고 있다(제39조의 16).

2017년 노인복지법 개정에 앞서 노인학대 대응 경찰관이 설치되면서 경찰과의 연계가 강해지고 있는 것을 지적할 수 있다. 한국은 일본에 비해 학대를 범죄로 엄벌하려는 경향이 분명 강하다.

두 번째는 노인학대 신고의무자를 확대하고 학대의 조기 발견 확률을 높이는 시책이다. 학대 신고에는 노인복지 및 의료 관련 전문직으로 구성된 신고의무자에 의한 통보와 관련된 전문직 이외의 일반 비신고의무자에 의한 통보가 있다. 이 중 신고의무자는 학대를 발견했을 때 즉시 행정이나 노인보호전문기관에 신고할 책임을 갖고 있으며 이를 게을리하면 법적 책임을 지게 된다.

2004년에 노인복지법에 노인학대에 관한 법 개정이 이루어졌을 때에는 5개의 직업군만이었지만 2011년에 8개 직업군으로 확대되고 2016년에는 14개의 직업군으로 더욱 확대되어(중앙노인보호전문기관 2017a, 214-215), 주요 신고의무자는 사회복지계 공무원, 노인복지시설 직원, 가정폭력(DV)관계시설 직원, 성폭력상담소 직원, 의료기관, 재가요양관계기관 직원, 사회복지 관련 직원, 장애인복지시설 직원, 다문화가정지원센터 직원, 구급대원 등이 포함된다.

세 번째는 학대에 대한 현실적인 방지대책으로서 노인 요양의 현장에 감시 카메라(CCTV)를 설치하는 것이다. 이 카메라는 아동복지나 장애인복지 분야에서는 반드시 마련해야 한다. 카메라는 특히 신체적 학대를 억지하는 데 도움이 된다고 여겨지지만 학대 사건은 끊이지 않는다. 다만 CCTV의 설치는 한국과 일본 간의 프라이버시 의식에 차이가 있기 때문에 일본에서 급속히 보급된다고는 생각하기 어렵지만 식당 등 개방된 공간에는 설치되어 있어 일부 노인시설에서는 식당 이외의 장소 도입이 진행될지도 모른다.[2]

---

2 한국은 장기요양기관(노인요양시설, 노인요양공동생활가정) 내 폐쇄회로(CC) TV 설치·관리 관련 〈노인장기요양보험법 시행규칙〉 일부 개정령(이하 '시행규칙')이 2023년 5월 8일 공포(2023. 6. 22. 시행)되었다.

이상의 3개의 노인학대를 방지하는 사회 대책 중 노인복지법의 개정에 의한 학대방지 효과가 가장 강하게 나타날 것으로 예측되지만 과제가 되는 것은 이상과 같은 노인복지법의 개정 내용을 학대의 위험이 있는 가족이나 시설의 직원에게 철저히 주지시켜야 한다는 것이다. 가족 교실이나 직원 연수 등을 통해 교육하는 것이 바람직하다.

실은 가족이나 시설의 직원 중에는 무엇이 학대에 해당하는지 파악하지 못한 경우가 적지 않기 때문에 노인복지법 개정과 아울러 학대의 정의에 관한 설명회가 불가결하다. 신체적인 학대만이 학대 그 자체이며 심리적 학대나 방임이 학대의 하나의 유형이라고 이해되지 않을 가능성이 높다.

노인학대의 가해자에 대한 교육이나 상담이 처음으로 노인복지법에 포함되었지만(제39조의 16), 가해자 교육이나 가해자 상담에 관한 시스템 개발은 향후의 과제이며 중앙노인보호전문기관이나 관련 행정기관이 주체적으로 임하는 것이 필수 불가결하다. 한국에서는 이러한 명확한 학대 방지 대책을 강력하게 전개하고 있어도 학대가 증가한다는 현실이 있다.

한편 일본은 한국과 마찬가지로 노인학대가 증가하고 있음에도 불구하고 구체적인 법적 대책이 강구되지 않았다. 노인학대에 관한 법률을 가진 일본은 벌칙 규정을 마련하는 검토를 포함하여 학대방지대책을 강력하게 전개해야 할 것이다.

일본에서 매년 공표되는 조사 결과를 통해 학대방지로 이어지는 대응으로 나타나는 것은 학대의 주요 원인이다. 2020년의 조사 결과에 관해서 복수 회답의 조건하에서 부양자에 의한 학대의 원인으로서 가장 많은 것은, '성격이나 인격(에 근거한 언동)'이 57.8%(9,999건), '개호 피로·개호 스트레스'가 50.0%(8,638건), '피학대자와의 학대 발생까지의 인간 관계'가 46.5%(8,043건)였다.

한편, 개호시설 종사자 등에 의한 학대의 원인으로서 복수 회답의 조건하에서 가장 많은 것은 '교육·지식·개호 기술에 관한 문제'가 48.7%(290건), 그 다음은 '학대를 조장하는 조직 풍토나 직원간의 관계의 나쁜, 관리 체제 등'(22.2%, 132건), '직원의 스트레스나 감정 컨트롤의 문제'(17.1%, 102건)라고 계속되고 있다(후생성 2021).

부양자, 개호시설 종사자 등 모두 스트레스가 학대의 도화선이 되고 있다는 점에서 스트레스 관리에 관한 방법을 익힐 수 있도록 사회적 지원이 필수 불가결하다.

6 공단 정기 평가의 의의와 과제

1. 재가서비스에 대한 공단의 평가

한국에서는 일본과 마찬가지로 요양시설을 포함한 생활시설에서의 노인학대가 서서히 늘고 있다. 치매 노인나 대상자 노인에 대한 시설 내 학대는 사회적 약자에 대한 인권유린 행위이며 심각한 사회문제이다. 게다가 치매 노인나 돌봄이 필요한 노인에게 제공되는 다양한 종류의 재가서비스나 시설서비스의 '질'이 열악했다고 한다면 그러한 열악한 서비스를 제공하는 기관은 엄격히 불이익을 부과해야 한다. 질이 떨어진 재가서비스나 시설서비스는 또 하나의 노인학대라고 해도 과언이 아니다.

반대로, 고품질의 서비스가 재가서비스 및 시설서비스에서 제공되는 경우, 그 기관의 정보를 공개하고 적극적으로 평가해야 한다. 경제적인 의미에서 혜택이 제공되어야 한다.

한국에서는 '국민건강보험공단'이 요양보험 개시 이듬해 2009년부터 돌봄서비스를 제공하는 기관에 대한 평가를 실시하고 있다. 구체적으로는 2009년은 요양시설을 대상으로, 2010년은 재가서비스 제공기관을 대상으로 신청이 있던 기관에 한해 평가를 실시했다. 2011년부터 이 평가는 의무적인 정밀 조사가 되었는데, 현재는 건강보험공단이 전국의 각종 재가서비스 제공기관에 대해 2년마다 평가를 실시하고 다음 해에 요양시설에 대해 평가하고 있다.

평가를 행하는 사람은 사회복지사, 간호사의 자격과 3년 이상의 현장 경험을 가지고 있는 공단 직원이다.

한국에서는 공단이 작성한 평가 리스트(3년마다 일부 평가 기준이 변경된다)를 공단이 서면 심사할 뿐만 아니라, 2018년부터는 각 기관에의 면접, 문의를 실시해 다차원적인 정기 평가를 실시하고 있다. 각 기관이 정기 평가에 응하는 것은 의무이며 평가가 낮은 경우에는 사후적으로 수의 조사가 실시된다. 또한 평가에 있어서 비용은 발생하지 않는다.

이 공단의 사이트에서 평가의 전체적인 결과 및 개별 기관의 평정 순위에 대한 정보를 공개하고 있다. 공단은 서비스 이용을 희망하는 노인이나 가족이 이러한 결과를 참고로 서비스 계약을 할 것을 기대하고 있지만, 실태로서는 A평가, B평가에 들어가 있는지 확인하는 정도에 머무르고 있을지도 모른다.

공단이 매년 기관 평가를 계속하고 있는 것은, 서비스 이용자의 편의도 도모하는 것은 물론, 5개의 평가 구분, 즉 A평가(최우수), B평가(우수), C평가(양호), D평가(보통), E평가(불충분)를 마련해 각 기관이 요양서비스의 질을 올리는 동기부여로 삼았으면 하는 것이다.

이러한 객관적인 평가에 대해 상위 10% 이내의 서비스기관에는 전년도의 요양수가(본인부담액을 제외한 공단이 지불하는 금액)의 2%분을 인센티브로 공단이 지급한다. 상위 11%에서 20% 이내의 서비스기관에는 동 1%의 금액을 송금한다. 이 공단에 의한 이러한 지속적인 평가의 목적은 한국 전체의 요양서비스의 질 향상을 위한 것이다.

〈표 5-10〉은 2019년에 실시된 다양한 재가서비스에 대한 평가 결과를 나타낸 것이다. 재가서비스 전체 5,974개 서비스기관 중 31.4%(1,875개소)가 최우수를 의미하는 A평가를 받고 있다. A평가 그룹 전체의 평균값은 94.3점이었다. 이하, 우수를 의미하는 B평가는 32.8%(1,959개소), 양호를 의미하는 C평가는 18.1%(1,079개소), 보통을 의미하는 D평가는 9.7%(582개소), 불충분을 의미하는 E평가는 8.0%(479개소) 분포하고 있다.

재가서비스의 종류별로 보면 이 표에서 방문간호(99개소)가 A평가의 비율이 가장 높아 44.4%(44개소)이며 이하, 두 번째가 주·야간보호서비스(1,259개소)에서 A평가가 35.6%(447개소)였다. 3위가 방문요양서비스(3,399개소), A평가가 32.1%(1,091개소)였다.

[표 5-10] 2019년 각 재가서비스에 대한 공단 평가

상단: 기관 수, 중단: %, 하단: 평균값

	합계	A평가	B평가	C평가	D평가	E평가
합계	5,974 100.0 83.4	1,875 31.4 94.3	1,959 32.8 85.6	1,079 18.1 77.3	582 9.7 69.5	479 8.0 62.7
방문요양	3,399 100.0 83.8	1,091 32.1 94.3	1,140 33.5 85.5	622 18.3 77.2	333 9.8 69.0	213 6.3 62.4
방문목욕	665 100.0 83.0	172 25.9 94.3	243 36.5 85.4	127 19.1 77.7	81 12.2 69.1	42 6.3 66.3
방문간호	99 100.0 86.6	44 44.4 94.9	21 21.2 86.3	24 24.2 78.5	7 7.1 72.0	3 3.0 66.3
주·야간보호	1,259 100.0 84.1	447 35.6 94.3	396 31.5 85.6	213 17.0 77.0	118 9.4 69.0	85 6.8 61.7
단기보호	43 100.0 81.2	3 7.0 93.5	20 48.8 86.6	12 27.9 76.0	4 9.3 69.8	4 9.3 73.1
복지용구	509 100.0 79.5	118 23.2 94.2	139 27.3 86.0	81 15.9 77.8	39 7.7 74.3	132 25.9 62.2

(출처) 국민건강보험공단 2021a, 41 저자 수정

반대로 A평가가 가장 낮았던 것은 단기보호서비스 7.0%, 복지용구 23.2%, 방문목욕 25.9%였다. 이 3가지 서비스에서 A평가의 비율을 높여야 한다. 아울러 비교적 평가가 높은 방문간호, 주·야간보호서비스, 방문요양 등에 대해서도 더욱 A평가 비율을 높여야 할 것이다.

2. 경영 주체의 종류별 평균값

재가서비스도 시설서비스도 개인 경영이 압도적으로 많은 것은 한국의 요양서비스 제공시스템의 가장 큰 특징이다. 법인이나 지방자치난제가 경영하는 경우도 있지만 소수에 머물고 있다. 이러한 경영 주체별로 공단 평가의 평균값에 차이가 있는지 여부를 본 것이 〈표 5-15〉 이후의 각 표이다.

방문요양서비스 결과를 나타낸 〈표 5-11〉에 따르면 2016-2017년 시점에서의 기관 수는 5,567개소이며 공단에 의한 평가의 평균치는 80.5점이었다. 그 후의 2019-2020년에서의 기관 수는 6,939개소이며 공단에 의한 평가의 평균치는 84.5점이다. 가장 대표적인 재가서비스인 방문요양서비스의 평균값이 가장 새로운 공단 평가에서 4포인트 상승했다는 점은 요양서비스의 질이 현저히 향상되고 있음을 보여 주는 기쁜 결과이다.

방문요양의 경영 주체별로 보면 기관 수가 가장 많은 것이 개인 경영

[표 5-11] 방문요양서비스에 관한 경영 주체별 평균값

구분	실시 기관				평균값	
	2019-2020		2016-2017		2019-2020	2016-2017
	기관 수	비율	기관 수	비율		
합계	6,939	100.0	5,567	100.0	84.5	80.5
개인	6,000	86.5	4,625	83.1	84.0	79.6
법인	899	13.0	884	15.9	88.1	85.4
지방자치체	18	0.2	23	0.4	80.9	80.3
기타	22	0.3	35	0.6	87.3	79.3

(출처) 국민건강보험공단 2021a, 80 저자 작성

[표 5-12] 주·야간보호서비스에 관한 설립 주체별 평가 평균값

구분	실시 기관				평균값	
	2019-2020		2016-2017		2019-2020	2016-2017
	기관 수	비율	기관 수	비율		
합계	2,312	100.0	1,374	100.0	84.1	82.7
개인	1,442	62.4	629	45.8	82.1	77.9
법인	748	32.3	650	47.3	87.3	86.3
지방자치체	113	4.9	88	6.4	88.8	90.4
기타	9	0.4	7	0.5	80.4	82.6

(출처) 국민건강보험공단 2021a, 83 저자 작성

으로, 2016년-2017년 시점에서의 기관 수는 4,625개소, 평가의 평균치는 79.6점이었다. 2019-2020년의 기관 수는 6,000개소로 늘어났으며 평가의 평균치는 84.0점이었다.

가장 이용자가 많은 방문요양서비스를 제공하는 기관은 증가하는 가운데 평균값이 4.5포인트 상승하고 있는 점은 높이 평가할 수 있다. 법인이 경영하는 경우나 지방자치단체가 경영하는 경우는 개인 경영보다 평균치가 높고 2019-2020년이 2016년-2017년보다 높다. 개인 경영이 법인 경영의 평균치를 따라잡는 것이 과제이다.

덧붙여 기타(비영리법인)의 평균치가 8포인트 상승했지만 수가 전국에서 22기관으로 적다. 이러한 바람직한 개호의 질적 향상을 2021년 이후에도 확인할 수 있는지 여부가 주목해야 할 포인트이지만 2021년도의 공단 평가는 코로나를 이유로 연기되고 있다.

주·야간보호서비스의 평가한 결과를 나타낸 〈표 5-12〉를 살펴보면 2016-2017년 시점에서의 기관 수는 1,374개소, 공단에 의한 평가의 평균치는 82.7점이었다. 이후 2019-2020년 기관 수는 2,312곳으로 급격히 증가하고 있으며 평가의 평균치는 84.1점이다. 주·야간보호서비스의 평균값이 1.4포인트 상승했다는 점은 바람직한 결과이다.

[표 5-13] 방문요양서비스기관 규모별로 본 평균값

구분	실시 기관				평균값	
	2019-2020		2016-2017		2019-2020	2016-2017
	기관 수	비율	기관 수	비율		
합계	6,939	100.0	5,567	100.0	84.5	80.5
30명 이상	3,623	52.2	2,295	41.2	88.0	85.1
10명-30명 미만	2,567	37.0	2,477	44.5	82.3	78.9
10명 미만	749	10.8	795	14.3	75.3	72.5

(출처) 국민건강보험공단 2021a, 104 저자 작성

주·야간보호의 경영 주체별로 보면 기관 수가 가장 많은 것이 개인 경영으로, 2016년-2017년 시점에서의 기관 수는 629개소, 평가의 평균치는 77.9점이었다. 2019-2020년에서의 기관 수는 1,442곳으로 배 이상으로 늘어나고 있지만 평가의 평균치는 82.1점이었다.

서비스기관은 급증하는 가운데 평균값이 4.2포인트 상승하고 있다. 이 서비스에서 평가가 높아진 것은 바람직한 경향이다. 법인이 경영하는 경우 및 지방자치단체가 경영하는 경우는 개인 경영보다 평균치가 높다. 개인 경영이 법인 경영, 지자체 경영의 평균치를 따라잡는 것이 과제이다.

3. 서비스 이용자 규모별 평균값

〈표 5-13〉은 방문요양서비스에 대해 이용자의 규모별로 평균점의 변화를 본 것이다. 이용자 규모는 2016-2017년에는 10명 이상 30명 미만이 가장 많아 2,477개 서비스기관이 있었지만 2019-2020년에는 30명 이상이 가장 많아 3,623개 서비스기관으로 늘어나 있다. 평균값은 이용자 수의 규모와 상관이 있으며 2016-2017년에는 30명 이상 규모에서 85.1점으로 가장 평균값이 높다. 이하 10명 이상 30명 미만 78.9점, 10명 미만 72.5점의 순서이다. 2019-2020년에는 3개의 이용자 수 규모 모두 평균값이 상승하고 있으며 가장 높은 것이 30명 이상의 규모로 88.0점, 이하 10명 이상 30명

[표 5-14] 주·야간보호서비스기관 규모별로 본 평균값

구분	실시 기관				평균값	
	2019-2020		2016-2017		2019-2020	2016-2017
	기관 수	비율	기관 수	비율		
합계	2,312	100.0	1,374	100.0	84.1	82.7
30명 이상	518	22.4	202	14.7	87.0	85.3
10-30명미만	1,391	60.2	868	63.2	84.4	83.8
10명 미만	403	17.4	304	22.1	79.4	77.8

(출처) 국민건강보험공단 2021a, 109 저자 작성

미만 82.3점, 10명 미만 75.3점의 순서이다.

이용자가 10명 미만인 방문요양서비스의 평균값이 매우 낮은 것을 알 수 있다. 이용자의 수가 적으면 그만큼 서비스 제공자가 빈틈없이 높은 수준의 요양서비스를 제공할 가능성도 있지만 실제로는 이용자가 적으면 서비스를 제공하는 요양보호사의 수도 적어져 요양서비스의 질이 저하된다.

〈표 5-14〉는 주·야간보호서비스에 대해 이용자의 규모별로 평균값의 변화를 본 것이다.

이용자 규모는 2016-2017년에는 10명 이상 30명 미만이 가장 많은 868개 기관이었으며, 2019-2020년에도 30명 이상이 가장 많고 1,391개 서비스기관으로 늘어나 있다. 평균값은 방문요양서비스와 마찬가지로 이용자 수의 규모와 상관이 있으며 2016-2017년에는 30명 이상 규모가 85.3점으로 가장 평균값이 높았고, 이하 10명 이상 30명 미만 83.8점, 10명 미만 77.8점의 순서이다.

2019-2020년에는 3개의 이용자 수 규모가 모두 평균값이 상승하고 있으며 가장 높은 것이 30명 이상의 규모로 87.0점, 이하 10명 이상 30명 미만 84.4점, 10명 미만 79.4점의 순서이다.

방문요양서비스도 주·야간보호서비스도 이용자 수가 10명 미만이라는 소수인 경우 평균값은 70점에 머물고 있다. 한국에서 개인 경영이 압도적

으로 많다는 것을 거듭 생각한다면 서비스의 질을 향상시키는 가장 효과적인 전략은 이용자 수가 한 자리대인 개인 경영 방문요양기관 및 주·야간보호기관을 통합시켜 이용자 수를 늘리는 것이다.

보건복지부는 각 지방자치단체가 사회서비스원을 마련하고 그 틀 안에 통합재가서비스를 자리매김하는 것을 구상하고 있지만, 그것이 어렵다면 사회복지사에 대한 가산이 가능한 이용자 수인 10명 이상 혹은 15명 이상이 아니라면 서비스 제공이 어렵다는 규제가 필요할 것이다.

주·야간보호서비스의 경우는 일본 및 한국 간에 다른 점이 많지만, 통합재가서비스에 있어서도 필요한 서비스이다. 하나의 서비스기관의 서비스 질이, 수십 명 노인의 생활의 질에 강하게 영향을 미친다는 의미에서도, 요양시설과 같이, 서비스의 질 향상이 결정적으로 중요하다. 특히 그것은 개인 경영의 서비스기관에 기대되는 사회적 책무이기도 하다.

4. 시설서비스에 대한 공단 평가

지금까지 서술한 것처럼 한국에는 두 종류의 요양시설의 유형이 있다. 하나는 노인요양시설(노인요양원)이며 입소 정원은 10명 이상이다. 또 하나는 노인요양공동생활가정이며 입소 정원은 5명 이상 9명 이하이다.

국민건강보험공단은 3년에 한 번, 한국 전체의 노인요양시설 및 노인요양공동생활가정을 평가한다. 2020년 현재 전국에 노인요양시설은 3,850개이며 입주자 수는 203,037명이며 노인요양공동생활가정은 1,913개소, 입주자 수는 21,738명이다(국민건강보험공단 2021c, 745).

이러한 요양시설을 공단의 지역 본부 단위로 평가를 실시한다. 서류로 평가하는 부분과 현지에서 면담하는 부분으로 구성된다. 2019년부터 2021년까지 사용된 시설 평가 지표의 50개 항목은 우선 5개로 대분류된다. ① 기관 운영, ② 환경 및 안전, ③ 이용자 권리 보장, ④ 서비스 제공 과정, ⑤ 서비스 제공 결과의 5가지로 크게 분류된다.

기관 운영은 기관 관리, 인적 자원 관리, 자원 활용의 3가지로 중분류되며 또한 소분류를 거쳐 총 12개의 평가 요소로 나뉜다. 환경 및 안전은 시설 및 설비 관리, 위생 및 감염 관리, 안전 관리의 3가지로 중분류되며 소분류를 거쳐 결국 12개의 평가 요소로 나뉜다. 이용자 권리 보장에 대해서는 이용자 권리와 이용자 존엄성으로 중분류되며 소분류를 거쳐 5가지 평가 요소로 나뉜다. 서비스 제공 과정은 서비스 제공이라는 하나의 중분류가 되며 소분류를 거쳐 결국 13개의 평가 요소로 나뉜다. 그리고 마지막 5번째의 서비스 제공 결과는 이용자 상태와 만족도 평가의 2개로 중분류되고 마찬가지로 소분류를 거쳐 결국 6개의 평가 요소로 나뉜다.

상기 시설 평가 지표의 소분류, 또한 소분류를 구성하는 합계 50개의 평가 요소의 구체적인 내용, 각 평가 요소의 배점을 포함한 전체 그림에 관해서는 이하를 참조한다.

상기 50개의 평가 요소에 기초하여 100점 만점으로 각 요양시설이 평가된다. 2016년부터 2018년까지 사용된 시설 평가 지표와는 약간의 차이가 있어, 이번 지표(2019-2021년)에서는 2개의 평가 요소가 추가되었다. 향후 공표되는 2022-2024년판에서는 약간의 추가나 삭제가 행해질 것으로 보

[표 5-15] 시설서비스 경영 주체별 평균값

구분	실시 기관				평균값	
	2018		2015		2018	2015
	기관 수	비율	기관 수	비율		
합계	4,287	100.0	3,623	100.0	74.9	73.8
개인	2,905	67.8	2,267	62.6	72.0	69.7
법인	1,267	29.6	1,248	34.4	80.6	80.1
지방자치단체	105	2.4	96	2.6	86.9	87.6
기타	10	0.2	12	0.3	74.4	78.4

(출처) 국민건강보험공단 2019, 43 저자 작성

인다.

50개의 평가 요소에는 1점에서 4점의 배점이 정해져 있다. 3점이나 4점의 경우에는 평가 기준이 복수 존재하고 있어 특히 복잡하다. 따라서 공단 평가팀의 부담이 매우 크다.

한편, 평가를 받는 노인요양시설 측 및 노인요양공동생활가정의 기관 측도 근거를 나타내는 관련 필요 서류의 작성이나 정리로 상당한 부담이 든다. 50개 요소 각각에 설정되어 있는 수많은 평가 기준을 줄이는 등, 우선 돌봄의 질 평가 작업에 관련된 사회적 비용을 삭감하는 것이 큰 과제이다. 또한 평가에 필요한 정보는 홈페이지에 사전 등록하여 시설 내 모니터링이나 질의응답, 입소자와의 인터뷰 등 필요한 최소한의 현지 방문으로 한정하여 시간 단축을 할 수 있도록 해야 한다.

5. 시설서비스 주체별 평균값

〈표 5-15〉는 시설서비스의 평균값을 경영 주체별로 나타낸 것이다. 가장 새로운 결과가 2018년의 결과였고 그 이전의 평가가 2015년이었다. 여기에서는 노인요양원 및 노인요양공동생활가정이 정리하여 표기되어 있다.

개인 경영 기관이 가장 많은 2905개소, 평균값은 72.0점으로 가장 낮다. 지난 2015년에도 개인 경영이 최저였고 평균값은 69.7점이었다. 다음으로 기관 수가 많은 것은 법인 경영이며 평균값은 80.6점이다. 지난 번도 80.1점과 80점을 넘었다.

가장 평균값이 높았던 것이 지방자치단체 직영의 시설이며 평균값은 86.9이다. 지난 번도 87.6점으로 가장 높았다. 그러나 설치 수가 매우 적어 100개소 전후밖에 되지 않고 구성 비율은 2%대이다.

이 결과에서 알 수 있듯이 개인이 경영하는 노인요양원 및 노인요양공동생활가정이 전국에서 60%에서 70%의 다수를 차지하고 있지만 그 다수

[표 5-16] 시설서비스 입소자수 규모별 평균값

구분	실시 기관				평균값	
	2018		2015		2018	2015
	기관 수	비율	기관 수	비율		
합계	4,287	100.0	3,623	100.0	74.9	73.8
30명 이상	1,490	34.8	1,228	33.9	81.7	82.5
10-30명 미만	1,328	31.0	961	26.5	73.4	73.4
10명 미만	1,469	34.3	1,438	39.7	69.2	66.5

(출처) 국민건강보험공단 2019, 43 저자 작성

의 요양시설의 공단 평가가 좋지 않다는 구조적 문제가 있다.

6. 시설서비스의 입소 규모별 평균값

아래 〈표 5-16〉은 시설서비스의 입소자 수 규모별 평균점을 나타낸 결과이다. 노인요양공동생활가정은 '10명 미만'의 유형뿐이다. 2018년에는 30명 이상, 10명 이상 30명 미만, 10명 미만의 각 유형의 구성 비율은 3등분에 가깝지만 2015년은 10명 미만의 서비스기관 비율이 5포인트 정도 많은 상황이었다.

입소자 수의 규모별 평균값에 관해서는 2018년 그리고 전회의 2015년 모두 30명 이상의 요양시설이 80점 이상으로 가장 평균값이 높다. 다음으로 평균값이 높은 것은 10명 이상 30명 미만으로, 2018년도와 2015년도 모두 73.4점이었다. 가장 평균이 낮은 것이 10명 미만으로 2018년도와 2015년도 모두 70점 이하이다.

결국 이는 입주자 10명 이상의 노인 요양원이 입주자 10명 미만의 노인요양공동생활가정보다 공단에 의한 객관적 평가가 높다는 의미이다. 소수의 대상자 노인·치매 노인에게 친숙한 환경 속에서 두꺼운 케어가 제공되고 있다고 여겨지는 노인요양공동생활가정이 가장 낮은 평가를 받는 것은

[표 5-17] 입소자 규모별 평가 분포

단위: %, ( ) 내 건수

	합계	A평가 90점 이상	B평가 80점 이상	C평가 70점 이상	D평가 60점 이상	E평가 60점 미만
30명 이상	1,490	27.2(406)	26.0(387)	23.2(346)	13.9(207)	9.7(144)
10-30명 미만	1,328	8.8(114)	21.6(287)	26.3(349)	22.1(294)	21.4(284)
10명 미만	1,469	4.0(57)	17.4(256)	24.0(353)	23.6(347)	31.0(456)

(출처) 국민건강보험공단 2019, 66 저자작성

예상 외이며 그 배경이나 원인을 찾는 것은 앞으로의 과세이나.

한국은 개인이 요양시설을 경영하는 비율이 높으며 개인 경영의 노인요양공동생활가정에서는 적은 이용자의 요양수가로 최대한의 이윤을 얻으려고 한다. 이윤을 추구하는 만큼, 간호의 질을 낮추는 것 같은 손 빼기의 케어를 행하고 있을 가능성이 있는 것일까.

시설돌봄지표의 대분류, 중분류, 소분류, 평가 요소 중 어느 항목에서 공단 평가가 낮아지고 있는 것인가. 이와 관련하여 노인요양원과 노인요양공동생활가정을 비교 분석하면 그 원인이 밝혀질 것이다. 아니면 입소자를 규모별로 세 개의 범주로 나누어 각 중분류의 평가 점수를 비교하는 것도 필요한 과제이다.

평균값을 분석하는 것도 중요하지만 실은 앞서 말한 바와 같이 A등급에서 E등급의 5단계로 나누어져 있기 때문에 입소자의 규모별로 5단계의 분포를 보면 그 차이가 명확해진다.

〈표 5-17〉에서 알 수 있듯이 노인요양공동생활가정은 노인 요양원에 비해 E평가의 비율이 현저하게 높은 것을 알 수 있다. E평가가 많은 배경은 앞서 언급했듯이 개인 사업주가 이익을 내는 것만을 생각하고 개호의 질을 멸시하고 있을 가능성이 높다는 것이다.

이 표를 구체적으로 보면 입주자 30명 이상의 개호시설의 경우에는 A평가가 27.2%로 가장 많고 B평가와 합하면 과반수가 된다. 입주자 10명 이상 30명 미만의 개호 시설에서는 C평가가 26.3%로 가장 많고 이하 D평가, B평가로 이어진다. 그리고 입주자 10명 미만의 경우에는 E평가가 가장 많아 31%에 달하고 있다. 이하, C평가, D평가로 이어진다.

입주자가 9명 이하의 노인요양공동생활가정은, 대상자 노인의 경우도 치매 노인의 경우도, 일본의 치매 그룹홈 케어와 같이, 안락한 분위기 속에서 입주자 본위의 케어가 행해지는, 본래라면 이상적인 케어 형태의 하나이다. 그러나 이만큼 평가가 낮다는 것은 역시 개인으로 경영이나 운영을 하는 방법에 문제가 있다고 생각된다.

개인 경영자가 방문요양서비스, 주·야간보호서비스, 노인요양공동생활가정의 각 요양서비스를 10명 미만의 이용자에게 제공하는 경우에 돌봄의 질이 현저하게 저하한다고 결론지을 수 있다. 공단이 지속적으로 실시하고 있는 정기 평가의 결과에 대해 보건복지부는 어떻게 인식하고 요양보험제도를 구체적으로 개선할지 앞으로도 주목할 것이다.

7 일본의 제3자 평가

일본에 있어서도 노인개호서비스기관에 대해서 제3자에 의한 평가가 행해지고 있다. 그러나 일본에서는 개호보험의 보험자인 시정촌이 제3자 평가를 하는 일은 없다. 후생노동성이 정한 제3자 평가기준 가이드라인 및 제3자 내용 평가기준 가이드라인에 근거해 각 도도부현이 복지 서비스의 제3자 평가 사업을 실시하고 있다.

일본에서는 제3자 평가를 실시하는 평가자의 자격 요건이 없는 것이 가장 큰 특징이다. 각 도도부현의 평가자 양성 강습을 수강한 일반 시민이 평가 위원이 된다. 강습이나 관련 연수를 수강한 사람들이 제3자 평가 기관을 조직하고 해당 도도부현의 인증을 받아 평가 활동을 하는 후보 단체가 된다. 복지나 의료의 국가 자격 유지를 자격의 조건으로 하고 있지 않기 때문에 평가 기관의 홈페이지에 적힌 각 평가자의 보유 자격, 전문성에 관한 배경 등을 확인하면 반드시 평가 단체가 평가자의 질의 균일화에 성공하고 있는 것은 아님을 알 수 있다.

물론 안에는 전문성이 높은 평가자도 포함되지만 평가자로서의 전문성에 불안이 남는 경우가 없다고는 말할 수 없다. 무엇보다 나라에서 전국적으로 동일한 평가 기준 시스템을 갖고 있지 않다는 점에서 한국보다 뒤쳐져 있다.

재택서비스 혹은 시설서비스의 각 기관은 평가를 받기 위해서 각 도도부현이 인정한 복수의 제3자 기관 중에서 임의로 한 곳을 선택한다. 평가 항목도 지자체에 따라 다를 수 있다.

한국과의 가장 큰 차이는 일본에서는 평가를 받는 기관이 연간 60만 엔 정도의 본인부담액을 제3자 기관에 지불해야 한다는 점이다. 제3자 평가 기관은 지속적으로 해당 서비스기관이 선택해 주었으면 한다는 동기가 있기 때문에 객관적이어야 하는 평가의 결과에 어떤 종류의 불량이 작용할 가능성도 남는다. 일본에서는 제3자 평가가 개호보험제도와 분리되어 있기 때문에 연간 60만 엔 정도의 경비를 지출할 수 없어 평가를 받지 않는 서비스기관도 있다. 자치체에 따라서는 제3자 평가를 받는 데 드는 비용의 반액을 보조하거나, 30만 엔을 상한으로 예산의 범위 내에서 조성하거나 하고 있지만 전혀 조성하지 않는 자치체도 많다.

잡지 《월간복지》가 2017년 '제3자 평가와 복지서비스'라는 특집을 실었지만 요양시설 등이 부담하는 심사료에 관해서는 전혀 구체적인 언급이 없었다. 평가 기관에 문의하라는 지시뿐이었다. 특집을 실은 이 잡지의 편집 위원은 "이미 제3자 평가 제도가 도입된 지 10년 이상 경과했지만 불행히도 별로 침투하고 있다고는 할 수 없다"고 현황을 인식하고 있었지만(월간복지 2017, 11), 그 인식은 현재도 타당하며 침투하기는커녕 아래와 같이 정체되어 있다.

전국사회복지협의회에 따르면 전국에서 2019년에 제3자 평가 기관의 평가를 받은 것은 예를 들어 특별양호노인홈에서 약 500개 시설, 방문개호서비스기관에서 70개소, 주간보호센터에서 200곳, 치매 그룹홈에서 약 500곳으로 매우 적은 수에 머물고 있다.

덧붙여서 전국에 특별양호노인홈은 약 1만 곳, 방문개호서비스기관은 3.5만 곳, 주간보호센터는 2.4만 곳, 치매 그룹홈은 1.4만 곳 있어, 비율을 계산할 필요가 없을 정도 극소수에 머물고 있다. 결국, 노인복지서비스 제공 사업의 제3자 평가는 보급되어 있지 않다(有田伸弘 2021, 128).

그 원인은 분명하다. 우선, 수심이 임의인 것이 보급을 막는 최대의 원인이다. 이에 더해 심사를 받는 것의 경제적 비용이 60만 엔 정도 드는 점도 큰 걸림돌이 되고 있다. 셋째, 실제로 평가를 담당하는 평가자의 전문성, 신뢰성을 담보할 수 없다는 요인도 크다. 넷째, 평가 기간이 수개월에 이르는 점도 주목받고 있다.

제3자 평가를 보급하기 위해서는 후생노동성이 전국 통일의 평가 시스템을 구축하는 것이 선결이다. 또한 재택서비스, 시설서비스 제공기관에게 경제적인 부담을 끼치지 않는 무료 시스템을 구축하여 모든 기관에게 의무화하는 것이 중요하다. 평가자의 질의 담보에 관해서는 개호 복지사, 사회복지사, 개호 지원 전문원 등 전문적인 자격을 보유하는 것을 전제 조건으로 하고 도도부현 단위로 일괄하여 평가자를 양성하는 것이 필수적이다.

이미 말했듯이 한국에서는 A 평가(최우수) 중 평가가 높았던 상위 10%,

상위 20%의 기관에게 요양수가를 가산한다는 인센티브를 마련하고 있다. 일본에서도 개호보험과 연동시켜 개호의 질을 높이기 위한 경제적인 동기부여를 강화하는 방법을 검토해야 한다.

8 이후의 과제

4가지 과제가 남아 있다. 우선, 가장 큰 과제는 노인학대 발생 메커니즘의 해명과 방지 시스템의 구축이다. 학대가 발생하는 메커니즘으로서 스트레스가 사회적 지위가 상위인 자로부터 하위인 자에게 이양된다고 하는 '억압 이양 가설'이 유력한 가설의 하나라고 생각하지만(西下彰俊 2007, 93-94) 이 가설만으로는 학대 메커니즘을 설명할 수 없었다. 네트워크 고립 가설도 생각할 수 있다.

특히 재택 돌봄의 경우는 어쩔 수 없이 폐쇄적인 공간에서 돌볼 수밖에 없지만, 그렇더라도 수단이나 정보 지원을 기대할 수 있는 지원 네트워크를 구축해 간다면 스트레스도 줄어들 것이다.

가족부양자를 지역에서 지원하기 위한 구체적인 방책으로서 '지역서포트튜터'라고 하는 자원봉사를 마련하는 것이 하나의 선택지가 될 것이다. 지역서포트튜터는 재택 돌봄의 경험자가 지원할 수 있다. 해당 지자체가 지역 내 서포터 및 자원봉사자 정보를 데이터화해 두면, 가족부양자가 서포터를 골라 상담한 뒤 일시적으로 돌봄을 의뢰하는 것이다. 물론 가족 네트워크가 있으면 그 자원도 활용할 수 있으면 좋지만 돌봄의 경험이 있는 사람이 자원봉사를 하는 편이 학대를 방지한다는 점에서 효과적일 것이다.

그러나 네트워크 구축이나 상담을 포함한 지원 체제 구축만으로는 문제

칼럼 5 대학의 장례학과

한국은 2012년 장례지도사라는 국가 자격을 개설했다. 터미널 케어 뒤에 오는 장례에 대해 장제의 질을 높이는 것이 목적이었다. 이 자격 제도가 탄생하기 전에 을지대학Eulji university는 4년제 대학으로 처음으로 장례지도학과를 개설했다. 2012년 이후에는 장례지도사의 커리큘럼을 필수로 하여 사회복지사, 위생사, 시체위생처리사의 이수를 추천하고 있다. 대전에는 2년제의 대전보건대학이 있으며 휴먼케어학부 장례지도학과에서는 장례지도사의 자격을 취득할 수 있다. 서울시 내의 대학에는 이러한 학과는 설치되어 있지 않지만 경주시와 창원시에 있는 2년제 대학에서는 같은 커리큘럼이 마련되어 있다.

장례지도사의 교육과정은 보건복지부가 정하고 있다. 장례 상담, 장례 시설 관리, 위생 관리, 장례학 개론, 장례 법규 등의 과목의 이론 강의 150시간 및 실습 100시간을 이수해 장례식장에서의 실습 50시간과 아울러 합계 300시간의 커리큘럼이 된다. 자세한 내용은 아래를 참조.

보건복지부, 2015, 장례지도사의 자격증 제도의 운영매뉴얼, 장례지도사자격증제도운영매뉴얼(http://www.mohw.go.kr/react/jb/sjb030301vw.jsp?PAR_MENU_ID=03&MENU_ID=0320&CONT_SEQ=326260) 커리큘럼의 자세한 표 2(98–102)를 참고 바란다.

한편, 일본에서도 장제 디렉터 기능 심사(1급, 2급)라는 민간 자격이 1996년에 설치되어 전문학교에 있어서, 관광계, 호텔계, 이벤트계와 함께 장제 디렉터를 양성하는 커리큘럼이 늘어나고 있다. 이 자격은 후생노동성이 인정하고 있다. 대만에서는 2013년에 기능검정이 진행되어 장의사 자격 '상황복무기술사'(을급, 병급)가 시작되었다. 장례 서비스 기술사의 커리큘럼은 대학 등의 자격 프로그램으로도 개설되어 있다.

또한 한국의 장례에 관하여 특징적인 것은 병원에 장례식장이 병설되어 있다는 것이다. 전국의 장례식장의 60% 가까이는 병원에 병설된 장례식장이고 2018년 시점에서 635개소 있다. 도시부에서는 아파트 등의 집합 주택이 많기 때문에 병원 장례식장은 합리적이지만 일본의 문화에서는 좀처럼 이해할 수 없는 특징은 아닐까. 대만에서도 오랫동안 일부 병원에서 장례식장이 병설되어 있었지만 2012년 법률 개정으로 2017년까지 폐지됐다. 공정한 경쟁이 저해되는 것이 법률 개정의 큰 이유였다.

는 해결되지 않는다. 인간이 본능으로 가지는 파괴 욕구를 포함하여 학대를 하는 인간 심리의 메커니즘에 대한 종합적인 연구가 요구된다.

두 번째 과제는 '신체 구속'의 문제이다. 신체적 학대가 신체 구속과 밀접하게 관련되어 있는 점에서, 그리고 한국에서 신체적 학대가 두 번째로 많다는 점에서 분석의 주요 대상으로 평가해야 한다. 신체적 구속에 관해서는 한국도 일본도 아래 3개의 조건이 인정되는 경우에 실시하고 있다.

① 긴급성
② 비대체성
③ 일시성

이 3가지 요건이 확인되어야 신체 구속을 어쩔 수 없는 수단으로 인정하는 것이다.

그러나, 그 3가지 요건의 확인 방법에 문제가 있는 것처럼 보인다. 이러한 3가지 요건이 있다고 해서 해당 노인의 가족에게만 서면으로 양해를 구해 신체 구속이 계속되는 경우가 현실의 돌봄의 현장에서는 일어나고 있다.

또한 가족뿐만 아니라 해당 대상자 노인 자신도 서면으로 양해를 했다고 해도 일시성이 도외시되고 신체 구속이 항상화될 가능성도 높다.

실제의 돌봄의 현장에서 3가지 요건이 어느 정도 엄격한 기준으로 운용되고 있는지는 외부에서는 이해하기 어렵다. 게다가 병원 등 입원 시설에서 신체 구속의 3요건과 운용에 대해 문제가 될 수 있다고 생각되므로 돌봄 현장과 마찬가지로 엄격한 기준을 요구해야 한다.

한국의 경우는 안전관리라는 이유가 신체 구속의 대의로서 기능하고 있는 것으로 보인다. 서울 중앙노인보호전문기관에서 자체 안전관리라는 사고방식이 신체 구속 및 신체적 학대에 미치는 리스크에 대해 검토를 시작해 안전관리의 본연의 방식, 안전관리에 대한 대응을 시작하고 있다. 한국뿐만 아니라 일본에서도 신체 구속의 세 요건이 유명무실하게 운용되는 점을 포함해 앞으로도 계속해서 주시하는 것이 과제이다.

세 번째 과제는 국가 치매 등록 시스템의 구축이다. 한국에서는 2차 종합계획 때 치매 환자의 데이터베이스를 구축하고 앞서 설명한 대로 치매의 절반 이상이 등록을 하고 있다.

이것은 일본에 있어서도 마찬가지로 큰 과제이다. 일본에서는 2019년에 각의 결정된 치매시책추진대강이 2025년까지 진행 중이지만(후생노동성 2019) 불행히도 그 계획에 치매 노인의 전국 수준의 데이터 등록 시스템 구축은 명시되어 있지 않다.

국가 수준에서 치매 노인의 등록을 진행하고 있는 국가 중 하나가 스웨덴이며 2008년부터 운용되고 있는 Svedem 레지스터(Swedish dementia register, 전국치매등록시스템)와 2011년 운용 개시의 BPSD 레지스터(Behavioral and Psychological Symptoms of Dementia register)가 존재한다. Svedem에서는 MMSE 점수를 포함해 한 사람당 20항목의 데이터를 등록한다.

두 레지스터 모두 임의 등록이므로 임상 의사가 정보를 주지 않을 수 있다는 구조적인 문제도 있는데, 국가 전체의 등록시스템으로 운용된다는 점에서는 높이 평가할 만하다.

그리고 마지막 네 번째 과제는 한국과 일본에서 엔드 오브 라이프 케어(End of Life Care)의 전개 상황을 밝히는 것이다. 대만의 엔드 오브 라이프 케어의 전개에 관해서는 환자자주권리법의 시행과 의료 사전지시서(Advance Directive, 이하 AD)에 관한 상담(Advance Care Planning, 이하 ACP) 현황에 대해서는 이 책 제9장 3에서 다룰 예정이므로 그쪽을 참고해 주기 바란다. 반면 한국과 일본에서는 자기가 결정하지 않은 채 연명치료를 받는 사

회적 상황에 대한 법률 정비나 AD 및 ACP 현상 및 이에 포함된 문제점을 좇지 못했다.[3]

■ 조문기 옮김

3 한국에서는 웰빙(wellbeing)뿐만 아니라 웰엔딩(wellending)에 대한 사회 및 국민의 의식이 높아지고 있다. 상조회사에 의한 장례식 의미 재검토이기도 하지만 2012년에 '장례지도사'라고 하는 국가 자격이 탄생한 것을 계기로 고등 교육 기관에서도 장례지도사의 자격 취득에 관계되는 커리큘럼이 증가하고 있다. 이러한 새로운 움직임에 대해 앞으로 한국, 대만 일본에서 비교 연구하는 것도 과제일 것이다.

제6장

대만 장기케어시스템의 새로운 전개

1 두 개의 장기케어 10년 계획

1. 장기케어계획1.0

2016년 5월 대만에서는 8년 만에 정권이 교체되어 민진당 차이잉원(蔡英文)이 중화민국 제14대 총통에 취임했다. 초대 여성 총통의 탄생이다. 국민당 마잉주(馬英九)가 제13대 총통이었던 2015년 5월 입법원(대만의 국회)은 '장기케어서비스법(長期照顧服務法)'을 공포했고 이 법은 2017년부터 시행되었다.

장기케어보험제도의 출범을 앞두고 케어서비스의 기반 정비에 관한 법적 기반이 마련됐지만 차이 총통은 취임사에서 장기케어정책이 추진될 필요성을 언급하면서도 장기케어보험제도의 관련 입법에 대해서는 전혀 다루지 않았다. 세금을 재원으로 고령자 개개인이 자신이 익숙한 지역에서 안심하고 노후 생활을 보낼 수 있도록, 또한 가족의 케어 부담을 경감하도록 정책을 추진하고자 할 뿐이었다.

이처럼 두 총통의 케어정책 비전이 다르기 때문에 앞으로 장기케어보험제도가 도입될지에 대해서는 예단할 수 없다. 2022년 현재 대만은 장기케어보험제도를 도입하지 않았으며, 케어시스템 관점에서 장기케어보험제도를 가진 일본이나 한국과는 큰 차이가 존재한다.

대만은 2007년에 시작한 '장기케어10년계획1.0'(이하 장기케어1.0으로 줄임)에 근거해 2016년까지 케어에 관한 기반 정비가 진행되어 왔다.[1] 2016년 8월에는 위생복리부가 '장기케어10년계획2.0'(이하 장기케어2.0으로 줄임)을 발표하고(위생복리부 2016a), 2017년부터 2026년까지 보다 촘촘한 지역에 밀착한 케어서비스 시스템을 구축하는 것을 적극적으로 추진하고 있다.

장기케어1.0에서는 케어서비스 제공시스템의 대상자를 아래 4종류로 나눈다.

① 65세 이상인 실능(케어가 필요한) 고령자

② 55세 이상인 산간 지역의 케어가 필요한 원주민

③ 50세 이상인 심신 장애인

④ 수단적 일상생활 동작능력(IADL = Instrumental Activity of Daily Living) 만 상실한 독거 고령자

수단적 일상생활 동작능력이란 장보기, 외출 행동, 취사, 청소 및 주변 정돈, 세탁, 전화, 복약, 재정 관리 등 8개 항목으로 구성되며(呂寶靜 2012, 136-137), 이러한 생활에 필요한 동작능력을 일부 상실한 경우를 대상으로 한다.

대만 원주민은 청나라 통치 이전부터 거주하는 토착민이며, 말레이-폴

---

1 중국 대륙은 2016년(고령화율 10.8%)에 상하이시, 충칭시, 쓰촨성, 지린성(6곳), 장쑤성(2곳), 산둥성(16곳) 등 15개 성, 총 35개 도시에 장기케어보험의 도입을 시도하기 시작했다. 2020년에 베이징시 스징산구, 산서성 진성시 등 14개 시도를 추가해 법안 책정을 모색하고 있다. 2022년 6월까지 49개 도시의 시도 실태에 따르면 수급권자는 1.45억 명에 도달해 재택서비스 및 시설서비스를 이용한 수급자는 총 178만 명으로 60세 이상 인구의 0.636%를 차지하고 있다. 케어보험제도를 국가 차원에서 실시하고 있는 일본 및 한국과 비교하면 중국 대륙에서는 고령자를 둘러싼 서비스나 전문적인 서비스 제공자가 정비되지 않은 상황이라고 말할 수 있다. 그러나 중국 대륙은 스마트 양로 플랫폼을 기반으로 한 서비스 시스템을 2016년부터 구축하기 시작했다.

리네시아 계통 민족이다. 아미족, 타이얼족 등 16개 민족으로 구성된다(金戸幸子 2006, 78). 산간 지역의 원주민은 29.3만 명, 평지 원주민이 25.9만 명, 구별할 수 없는 원주민이 55.2만 명 존재한다(원주민족위원회 2016).

2. 장기케어계획2.0 및 핫라인

2016년 8월 위생복리부는 '장기케어1.0'의 서비스 대상을 확대하여 더 촘촘한 지역밀착형의 포괄적인 서비스가 중단됨이 없이 제공될 수 있도록 새로운 국가 플랜인 '장기케어2.0'을 발표했다. 또한 장기케어서비스의 이용을 추진하기 위해 핫라인 '1966'을 2017년 11월에 시작했다. 이 핫라인은 각 지방정부의 '장기케어관리센터'에 연결되며 장기케어서비스의 이용 신청을 신속하게 할 수 있게 했다.

그 후 장기케어관리센터에 소속된 전문직 '장기케어관리전문원'(일본의 케어매니저에 해당)에 의해 방문조사, 등급인정, 장기케어서비스의 조합, 연계, 제공 등을 실시하게 된다. 2019년 7월까지 핫라인에 의한 상담은 합계 289,866콜, 한 달 평균 13,800콜을 받고 있어 핫라인의 효과를 발휘하고 있다(위생복리부 2019). 2020년 연말 현재 총 341,274콜까지 증가하고 있다.

핫라인의 효과도 있고, 장기케어서비스의 급부 및 지불에 관한 새 제도가 2018년에 도입되기도 하여 〈표 6-2〉가 나타내듯이 재택서비스가 현저히 증가하고 있다.

양즈칭(楊志清) 등은 장기케어1.0 및 장기케어2.0을 다음과 같이 평가하고 있다.

> 장기케어1.0에서는 모두는 아니지만 대부분의 서비스기관이 사람들의 다양한 요구를 충족시킬 수 없는 단일 서비스를 제공했다. 이에 대한 반성으로 장기케어2.0에서는 더 다양하고 융통성 있는 통합적

인 서비스를 제공하여 사람들의 요구를 충족할 수 있도록 하고 있다 (Chih-Ching Yang, Jui-Yuan Hsueh et.al 2020, 363).

장기케어2.0은 사람 중심의 장기케어서비스 체계라는 특성을 가진다고 평가되고 있다. 장기케어2.0의 시행 기한은 2026년이므로, 현시점에서 성과를 평가하기에는 다소 빠르다. 그러나 양즈칭 등이 지적한 것처럼, 장기케어2.0이 과연 사람을 중심으로 한 서비스를 제공하고 있는지, 즉, 다양하고 통합적인 케어서비스를 제공할 수 있는지, 고령자나 장애인이 포함된 서비스를 필요로 하는 사람들의 요구를 충족할 수 있는지 여부가 중요하며, 장기케어관리센터나 A거점에 의한 케어 매니지먼트의 적절성을 포함해 향후 이러한 관점으로 연구를 계속하는 것은 필수적인 과제이다.

〈표 6-1〉에 나타나듯이 장기케어2.0에서는 케어서비스 대상의 종류를 4개 늘려 총 8종으로 만들었다. 케어서비스 대상자에 대해서는 앞에서 설명한 4가지 외에 다음과 같은 4가지가 추가되었다(위생복리부 2016a, 31).

⑤ 50세 이상의 치매 환자

⑥ 55세부터 64세까지 일상생활 수행에 어려움이 있는 평지 원주민

⑦ 49세 이하의 일상생활 수행이 어려움이 있는 장애인

⑧ 65세 이상의 신체가 쇠약해진 고령자

대상자의 확대와 더불어 제공 서비스의 종류도 상당히 풍부해지고 있다. 〈표 6-1〉에서 보여 주듯이 장기케어1.0에서는 제공되는 서비스가 8종류였지만 장기케어2.0에서는 17종류로 증가했다.

특별한 점은 ⑫번 가족케어부양자에 대한 지원서비스이다. 세계적인 경향인 에이징 인 플레이스(Aging in Place) 속에서 재택서비스가 강조되고 있

[표 6-1] 장기케어플랜과 서비스 대상자·제공 서비스 목록

	장기케어1.0 (2007-2016)	장기케어2.0 (2017-2026)
서비스 대상자	① 65세 이상의 케어가 필요한 고령자 ② 55세 이상의 산악 지대 원주민들 ③ 50세 이상 정신 장애인 또는 신체 장애인 ④ 65세 이상 독거노인으로 수단적 일상생활 보조가 필요한 자	⑤ 50세 이상인 치매 환자 ⑥ 55-64세 신체기능이 쇠약한 평지 원주민 ⑦ 49세 이하 정신 장애인 또는 신체 장애인 ⑧ 65세 이상 허약한 노인으로 수단적 일상생활 동작수행에 보조가 필요한 자
서비스 목록	① 재택서비스(홈헬프서비스, 데이서비스, 가정형데이서비스(家庭托顧)=재택데이서비스) ② 이송서비스 ③ 배식서비스 ④ 복지용구의 구입·렌탈 및 주택 수리 ⑤ 재택간호 ⑥ 지역재택재활 ⑦ 단기스테이서비스 ⑧ 장기케어시설	⑨ 치매케어 ⑩ 원주민 거주 지역의 커뮤니티통합서비스 ⑪ 소규모다기능서비스 ⑫ 가족케어부양자 지원서비스 ⑬ 통합형 커뮤니티케어·서비스 네트워크(통합형 커뮤니티서비스센터, 연계형 커뮤니티센터, 길거리서비스거점 확립) ⑭ 커뮤니티 기반형 돌봄 예방 ⑮ 케어나 치매 발병을 늦추고 예방하는 프로그램 ⑯ 퇴원계획서비스 통합 ⑰ 재택의료케어 통합

(출처) Ministry of Health and Welfare, Taiwan, 2019, 71

는 경향이다. 이러한 추세는 결과적으로 각 가정에서 케어가 필요한 고령자를 지원하는 부양자의 부담을 증가시키는 듯하다. 그래서 대만에서는 재택부양자의 케어 압력이나 케어 부담을 덜어 주는 사회서비스로서 가족케어부양자에 대한 지원서비스가 마련되었다고 할 수 있다.

원래, 〈표 6-1〉의 서비스 목록에는 케어가 필요한 고령자 본인 및 가족케어부양자가 받을 수 있는 구체적인 서비스가 제시되어 있다. 그중에는 ⑬번 '통합형 커뮤니티케어·서비스 네트워크'와 같이 6절에서 서술할 3단 구조의 케어자원 네트워크 시스템이라는 명칭이 같은 메뉴에 올라와 있다. 서비스 고유명사가 아니라 차원이 다른 것이 포함되어 있어 주의해야 한다.

3. 재택서비스 이용의 비약적 변화

〈표 6-2〉는 2008년부터 2020년까지의 각 재택서비스 이용자 수 및 기관

[표 6-2] 장기케어플랜과 각 서비스 추이

		2008	2010	2015	2017	2018	2019	2020
a.홈헬프서비스(居家服務 [거가복무])	서비스기관 수	124	133	181	238	420	688	1,046
	이용자 수	22,305	27,800	46,428	79,137	117,911	161,247	248,565
b.데이서비스(치매포함, 주간보호)	서비스기관 수	31	66	198	291	355	429	547
	이용자 수	339	785	2,993	5,091	11,622	15,528	23,257
c.가정형 데이서비스(家庭托顧, 가정위탁)	서비스기관 수	4	23	22	31	104	164	239
	이용자 수	1	35	200	321	681	966	1,066
d.소규모다기능	서비스기관 수	–	–	–	–	–	–	84
	이용자 수	–	–	–	–	–	–	7,187
e.복지용구 구입 · 렌탈 및 주택개수	이용자 수	–	6,112	7,016	8,008	20,841	75,442	106,391
f.식사배달서비스(栄養餐飲)	서비스기관 수	166	201	197	249	265	259	
	이용자 수	5,356	5,267	7,066	9,090	16,843	13,152	21,390
g.교통이송서비스(交通接送)	서비스기관 수	31	43	41	48	112	180	236
	이용자 수	7,232	21,916	24,724	27,428	66,440	105,538	130,325
h.방문간호(居家護理)	서비스기관 수	487	489	494	505	전문서비스 1,255	1,681	1,734
	이용자 수	1,690	9,443	23,975	9,970			
i.지역방문재활(社区及居家復健)	서비스기관 수	62	122	143	211	전문서비스 49,234	84,794	87,351
	이용자 수	1,765	9,511	25,090	12,013			
j.레스파이트서비스(가족부양자 휴식서비스)	서비스기관 수	1,390	1,444	1,565	1,702	1,673	1,979	2,133
	이용자 수	2,250	9,267	37,346	18,383	49,053	71,286	81,286

(출처) 위생복지부 2018, 사회 및 가정서, 장기조사통계; 위생복지부 2021, 장기조사관리자원플랫폼
Ministry of Health and Welfare 2020, Taiwan Health and Welfare Report 2019 http://www.cdway.com.tw/gov/mhw2/book108/book01e/index.html,
Ministry of Health and Welfare 2022, Taiwan Health and Welfare Report 2021, https://www.mohw.gov.tw/cp-137-69198-2.html

수에 대해서 위생복리부 자료를 바탕으로 작성된 것이다. 재택서비스 중 〈표 6-2〉 상부의 **a. 재택서비스(홈헬프서비스)**의 수급자는 2008년 대만 전체에 22,305명이었으나 2020년 248,565명으로 약 11배 증가했다. 서비스기관은 124곳에서 1,046곳으로 약 8.4배 늘었다.

장기케어2.0, 대만의 케어서비스 공급 체제의 가장 큰 특징은 '연령과 상관없이 심신 장애인이면 서비스를 이용할 수 있으며 중년기 치매 환자가 서비스를 이용할 수 있게 되었다'는 점이므로 서비스의 급증은 예측된 것이라고 할 수 있다. 핫라인의 효과로서 수요가 발굴되었을 뿐만 아니라 홈헬퍼 인재가 어느 정도 확보되었던 것이 이러한 급증을 만들어냈다.

문제는 재원의 확보이다. 서비스를 이용하는 데 본인부담액은 소득 및 서비스 종류에 따라 다르지만 표준 소득의 경우는 (서비스 수가의) 16%를 본인부담액으로 지불하고 남은 84%는 지자체가 서비스 업체에 지불한다.

소득이 너무 낮은 경우에는 본인부담 없이 지자체가 서비스 비용을 업체에 지불한다. 이러한 지출 재원이 확보될 수 있으면 수급자가 증가해도 괜찮지만, 재원이 불안정하게 되면 앞으로 운용이 어려워질 것이 예상된다.

대만에서는 소득 수준이 중상층이라면 케어가 필요한 고령자에 대한 케어서비스뿐만 아니라 가족을 둘러싼 일상생활 지원도 장기적으로 해주는 '거주형 외국인 케어노동자(외국 국적의 간호 노동자)'를 고용하는 방식을 선택할 수 있다. 고령자가 입원하는 경우에도 해당 외국인 케어노동자가 병원에 거주하면서 돌봐 준다는 점에서 매우 귀중한 존재이다.

b. 데이서비스(치매 데이서비스 포함)의 이용자는 2008년 339명에서 2020년 23,257명으로 약 68.6배 급증했다. 서비스기관은 31곳에서 547곳으로 약 18배 늘었다. 홈헬프서비스보다 서비스기관도, 수급자도 급증했다. 장기케어2.0을 바탕으로 서비스를 이용할 수 있는 범위가 확대된 것은 크게 영

향을 주고 있다.

c. **가정형 데이서비스(가정위탁)**의 수급자는 2008년에 한 명뿐이었지만 2020년에는 1,066명까지 급증했다. 가정형 데이서비스는 케어보호사라는 자격을 가진 사람이 하루에 12시간을 초과하지 않는 범위에서 케어가 필요한 고령자 4명까지 (케어보호사의) 자택에서 담당하는 제도이다(鄭雅文·莊秀美 2010, 19). 미국이나 영국의 서비스를 참고하고 있지만 대만의 독자적인 서비스 형식으로 여겨진다.

천정펀(陳正芬, 국립타이베이 간호보건대학교 교수)은 타이중(台中市), 난투현(南投県), 타이베이시(台北市), 타이난현(台南県)에 있는 데이서비스센터와 가정형 데이서비스의 지리적 위치에 관한 비교 분석을 하여 각 지자체마다 데이서비스센터가 설치되지 않은 주변부에 가정형 데이서비스가 개설되어 있음을 밝히고 있다(陳正芬 2011, 389-393). 또한 장애인을 위한 가정형 데이서비스도 본 데이터에 포함되어 있다.

치매 증상을 가진, 케어가 필요한 고령자가 대규모형 데이서비스를 피하고 소규모형 스트레스 프리의 환경을 요구하는 경향이 강해진다면 가정형 데이서비스는 앞으로 기대할 만한 서비스이다. 후술할 레스파이트케어(Respite care; 가족부양자 휴식서비스)의 한 선택으로서 향후 수급자가 많아질 가능성이 남아 있다. 문제는 일반인이 이러한 서비스의 존재 자체를 모르는 것이다. 일본의 지역포괄지원센터와 같은 원스톱형 상담기관이 대만에 도입되면 C거점과 마찬가지로 가까운 장소에서 이러한 서비스에 관한 정보를 얻을 수 있을 것이다.

e. **복지용구 대여·구입 및 주택 개조**에 대해서는 2010년은 6,112회였지만 2020년에는 106,391회로 약 17배 증가했다. 복지용구 대여·구입 및 주택 개조가 같은 범주에 정리되어 있는 것이 대만의 특징이다. 다만, 복지용구 및 주택 개조 각각의 이용 횟수는 명확하지 않다. 일본에서는 따로 집계되

어 있으며, 한국에서는 주택 개조가 장기요양보험의 급여 대상에 포함되지 않는다.

f. 식사배송서비스 이용자는 2008년 5,356명이었는데 2020년에는 약 4배 증가한 21,390명이다. 다른 서비스와 비교하면 증가가 완만하다.

g. 교통이송서비스는 2008년의 7,232명에서 2020년 130,325명으로 약 18배 급증했다. 서비스기관은 31곳에서 236곳으로 약 7.6배 증가했다.

교통이송서비스는 수급자가 자택에서 병원·의료기관으로 이동하는 데 이용할 수 있는 서비스이며 〈표 6-4〉에 제시된 내용과 같이 살고 있는 지역에 따라 본인부담 비율은 다르다. 또한 같은 지방정부에서도 궁벽한 지역이 있기 때문에 지방정부마다 서비스 단가가 다르다. 위생복리부가 발행한 자료에는 단가가 표시되지 않기 때문에 정보가 공개되지 않아서 일반적인 욕구가 있다고 해도 사용하기는 어렵다.

의료계 재택서비스는 **h. 방문간호** 및 **i. 지역방문재활**이 있다. 그리고 방문간호 및 지역방문재활은 새 케어시스템이 시작한 2018년에 통합되어 '전문서비스'라고 부른다. 2018년 전문적 서비스의 수급자는 49,234명이며 서비스기관은 1,255곳이었다. 2020년 전문적 서비스 수급자는 87,351명으로 비약적으로 증가했으며 서비스기관도 1,734곳으로 증가하고 있다.

j. 레스파이트서비스(가족부양자 휴식서비스)는 2008년 2,250명에서 2020년 81,286명으로 약 36배 급증했다. 서비스기관은 2008년 1,390곳에서 2020년 2,133곳으로 약 1.5배 늘었다. 가족부양자의 케어 부담 경감은 장기케어2.0의 중점적 시책들 중 하나이며, 앞으로도 확대될 전망이다.

이상의 각 재택서비스 수급자의 증가, 서비스기관의 증가로 알 수 있듯이 급속히 케어서비스의 사회화가 진행되어 있다. 이러한 경향은 2007년부터 시작된 장기케어1.0의 효과이며, 2017년에 시작된 장기케어2.0의 효과이기도 하다. 특히 장기케어2.0 개설로 인해 케어서비스를 이용할 수 있는 대상자가 49세 이하의 정신 장애인·신체 장애인이나 50세 이상의 젊은 치매 환자를 포함하게 되어 2배가 됐으며 대상자군도 8종으로 늘어났다. 이러한 영향이 클 것이다.

앞서 지적했듯이 케어서비스의 대상자가 늘어남에 따라 재원 확보가 시급한 과제가 된다. 장기케어서비스의 예산은 2008년부터 2013년까지 매년 30억 대만달러(1대만달러=4.3엔. 2022년 5월 현재, TWD로 약칭) 안팎으로 책정되었다. 2014년은 45억 TWD, 2015년은 54.2억 TWD, 2016년은 53.8억 TWD로 늘었다.

이후 추계적 수치이지만 2017년 162.3억 TWD, 2018년 314.5억 TWD, 2019년 361.3억 TWD, 2020년 529억 TWD, 2021년 736.5억 TWD처럼 급격히 증가해 장기케어2.0의 마지막 해인 2026년에는 409.5억 TWD이 될 것으로 예상되고 있으며 앞으로도 재택케어를 중심으로 시설케어를 포함한 기반 정비가 진행될 것으로 예상된다(傅從喜 2019, 67).

또한 2016년부터 2017년까지 예산이 3배 가까이 급증한 것은 장기케어1.0에서 장기케어2.0으로 이행하는 시기이며, 서비스 이용 대상자의 조건이 4개에서 8개로 2배로 증가한 것 및 서비스 대상 인구도 급격하게 증가한 것에 대한 대응이라고 생각할 수 있다.

이러한 장기케어의 재원에 대해서는 현재 담뱃세, 상속세가 적용되어 있지만 2018년부터 급속하게 늘어나는 예산에 걸맞은 재원을 확보할 수 있을지는 모르겠다.

이러한 상황에서 장기케어법이 개정되면 제15조에 담뱃세, 유산세, 증여세 세율 인상에 따른 세수를 장기케어 재원으로 삼는다고 한다. 10%인 유산세 및 증여세는 10%, 20%, 30%으로 누진 과세로 하고 담뱃세는 100개비당 590TWD에서 1590TWD으로 인상되었다(嶋亜弥子 2018, 7).

현재 케어체제의 재원을 세금에 의존하는 정책이 케어서비스의 안정화를 보장할 수 있을지에 대한 검증이 필요하다. 2018년 케어기금 수입은 363.46억 TWD인데, 그 중 281.83억 TWD가 담뱃세 수입이며 전체의 80%를 차지하고 있다. 나머지는 유증세, 부동산세이다(余尚儒·五十嵐祐紀子 2019, 10).

대만 입법원에 따르면 2020년부터 케어기금 지출이 기금 수입을 웃돌고 적자로 전락한다. 2024년까지 5년간 적자 상태가 지속되면 기금 잔액금은 151억 TWD까지 감소한다. 이리 된다면 아주 취약한 장기 기금 운영이 될 수밖에 없다. 담뱃세에만 의존하는 현행 시스템으로는 역사적으로 가장 급격하게 고령화로 진입하는 2020년부터 30년간의 케어 수요에 충분히 대응할 수 없을 것이다.

4. 홈헬프서비스 시스템의 선진성

2018년 1월 대만 위생복리부는 홈헬프서비스의 전문성을 높여 홈헬퍼의 임금 상승이 가능하도록 홈헬프서비스의 비용을 시간식 계산에서 항목식 계산으로 변경했다. 홈헬프서비스기관이나 홈헬프서비스 수가 증가한 배경에는 이러한 계산의 법적 근거 변경의 영향이나 노동 조건의 개선이 크다는 점에 기인한다.

〈표 6-3〉은 홈헬프서비스의 주요 원조의 종류별 통상(표준) 가격 및 서비스 수급자가 원주민 또는 낙도 주민인 경우의 가격을 나타낸 것이다. 홈헬프서비스가 총 21개 범주로 세분화된 것이 큰 특징이다.

일본이나 한국에는 그런 세분화 발상이 없다. 일본의 홈헬프 서비스의 일상생활 지원에 해당하는 식사 준비, 동행 지원, 대행 지원에 관한 범주도 있는가 하면 신체활동 지원에 해당하는 서비스가 여러 범주로 세분화되어 있음을 알 수 있다. 또 방문간호 관련 범주도 있다.

[표 6-3] 홈헬프서비스 종류별 가격

범주번호	구체적 내용	서비스급여가격	원주민·낙도 급여가격
BA01	기본 신체청결	260TWD	310TWD
BA02	기본 일상케어	195TWD	235TWD
BA03	바이탈 체크	35TWD	40TWD
BA04	식사에 관한 지원(식사 준비, 데우거나 침대로 옮기기)	130TWD	155TWD
BA05	식사케어(식사 만들기)	310TWD	370TWD
BA07	입욕 지원(샴푸 등)	325TWD	385TWD
BA08	발 관리	500TWD	600TWD
BA09	목욕 차량	2,200TWD	2,640TWD
BA09a	위루(위에 구멍을 내거나 튜브를 넣어 고영양 식품을 공급하는 치료 방법)노인을 위한 목욕 차량	2,500TWD	3,000TWD
BA10	등 밀기	155TWD	190TWD
BA11	손발 관절 운동	195TWD	235TWD
BA12	실내에서 계단 상하 운동	130TWD	155TWD
BA13	외출 동행 지원	195TWD	235TWD
BA14	통원 동행 지원	685TWD	825TWD
BA15	가사 지원	195TWD	235TWD
BA16	시장보기, 우체국 대행 지원	130TWD	155TWD
BA17	의료 보조(관장 등)	65TWD	80TWD
BA18	일상생활 안전 감시	200TWD	240TWD
BA20	공동행위 지원(텔레비전·신문 등)	175TWD	210TWD
BA22	간병인지 지원(오전 6시부터 오후 6시까지 3회 방문)	130TWD	160TWD
BA23	샤워 지원	200TWD	240TWD
BA24	배설 지원	220TWD	265TWD

(주)BA06, BA19, BA21은 없다. 구체적 내용의 ( )안은 저자가 보충했다. 1TWD은 3.65엔이다(2020년 10월 28일 현재). 예를 들어 마지막 BA24의 배설 지원은 엔화로 803엔이다.
(출처) 위생복리부 2020a 저자 작성

또한 2018년 5월에 위생복리부는 홈헬퍼의 임금이 월급인 경우 32,000TWD 이상, 시급인 경우 1시간 200TWD 이상 지급하며 수급자 간의 이동 시간도 근로 시간으로 계산해 1시간 140TWD 이상의 급여가 지급되도록 각 지자체에 통보했다(鄭安君 2018, 152). 이러한 노동 조건이 개선된 홈헬프서비스에 관해서는 같은 표의 많은 범주를 조합하여 케어플랜을 작성하는 것이다.

2 레스파이트케어서비스

대만의 레스파이트케어서비스(가족부양자 휴식서비스)는 가족부양자를 지원하기 위한 서비스이며 3가지 유형으로 나뉜다. 레스파이트(respite)는 잠시 멈춘다는 의미이며, 가족부양자가 케어 현장에서 거리를 두고 휴식을 취하기 위한 서비스이다.

각 종류별로 급여액은 2개 등급 범주로 나뉘며, 다른 재택서비스와 마찬가지로 신청자의 소득 등급에 따라 0%, 5%, 16%의 3단계로 나눈다. 또한 아래와 같은 각 서비스의 가격은 위생복리부가 2020년 2월에 발표한 '장기케어급여 및 지급기준'에 근거한 것이다.

첫 번째 유형은 홈 레스파이트서비스이며 1일 6시간의 전일형 서비스(2,310TWD, 1TWD= 4.1엔, 2020년 기준)와 3시간의 반일형 코스(1.55TWD)로 나뉘며, 종사자가 수급자 가정을 방문해 신체활동 지원서비스 등을 제공한다.

두 번째 유형은 커뮤니티 레스파이트서비스이며, 수급자를 데이서비스센터(주·야간보호센터)에 다니게 하는 서비스이다. 이 서비스도 2가지 종류로 나뉘며, 1일 6시간의 전일형·주간보호서비스(1,250TWD)와 3시간의 반일형 코스(625TWD)가 존재한다. 또한 C거점(소규모 케어센터)에서의 서비스도 있다(170TWD).

C거점은 케어 예방 및 사회 참여 기능이 중심이 되고 있지만, 몇 시간 동안 레스파이트를 제공할 수도 있다. 또 소규모 다기능 시설 등을 통해서

야간 18시부터 다음 날 아침 8시까지 레스파이트서비스를 이용하는 서비스가 있다(2000TWD). 이처럼 커뮤니티서비스는 다양한 기관·조직에서 제공된다는 것을 알 수 있다.

셋째는 시설 레스파이트서비스이며, 케어가 필요한 고령자를 케어시설에서 단기간 맡아 주는 서비스이다. 하루의 서비스 비용은 2,310TWD이다.

이상의 레스파이트케어서비스 비용은 모두 급부 및 지불 기준에 근거하고 있다(위생복리부 2020, 39-40). 본인부담금은 〈표 6-4〉에서 나타낸 바와 같이 케어 등급과 소득 수준에 따라 결정된다.

또한 각종 서비스의 비용에 대해서는 위생복리부가 2017년부터 장기케어급여 및 지불 기준을 발표하고 있다. 이 기준은 몇 번의 변경을 거쳐 2020년에는 2월, 5월, 12월 등 여러 차례 갱신되고 있지만, 급격한 비용 변경은 없다.

다양하게 마련된 레스파이트케어서비스 및 각 서비스 이용 시의 서비스 가격을 소개했는데, 원주민이 각 서비스를 이용하는 경우에는 모든 서비스가 다소 높은 가격으로 설정되어 있다.

위생복리부는 2018년 12월 1일부터 노동부와 함께 외국인 케어노동자가 있는 가족에 레스파이트케어를 확대하는 파일럿 플랜을 시작했다. 제7등급 또는 제8등급 중 중증 고령자인 독거 노인(+외국인 케어노동자), 또한 주요 가족부양자가 70세 이상인 경우, 외국인 케어노동자가 일시적으로 케어서비스를 제공할 수 없는 사태가 일어난 경우 레스파이트케어서비스를 신청할 수 있는 프로그램이다. 2019년에는 8,610 가족이 이 서비스를 이용했다.

또한, 거주형 외국인 케어노동자를 고용하고 있는 가족은 이전부터 홈헬프서비스나 데이서비스를 이용하는 것은 불가능하지만, 주택개수서비스나 복지용구서비스는 이용할 수 있다.

다만 이런 정보를 당사자인 고령자나 가족이 이해하지 못하는 문제가 일어나고 있다. 어떤 서비스를 이용할 수 있는지, 본인부담이 어느 정도인지를 편하게 상담할 수 있는 직원을 C거점에 설치하는 것이 바람직하다. 물론 1966이라는 장기케어관리센터의 핫라인을 사용할 수도 있다.

이와 같이, 거주형 외국인 케어노동자를 고용하는 가족은 거주형 외국인의 사정에 따라 케어서비스를 제공할 수 없는 등 일정한 조건에 근거해서 레스파이트케어를 포함한 장기케어2.0의 서비스를 사용하게 될 것이다. 앞으로도 다양한 파일럿 사업이 전개될 수 있을 것이며, 이는 전체 케어기관이나 수급자를 늘리기 위해서도 조건 완화에 따른 요구 발굴 등이 필요하다고 점차 인식하고 있기 때문일 것이다.

대만에서는 필요한 노부모나 노배우자를 가족만으로 케어하려는 문화나 의식이 뿌리 깊지만, 이러한 케어는 때로 노부모 학대, 노배우자 학대를 초래하기도 한다(西下彰俊 2019, 247-253). 그러한 사회 문제가 발생하지 않도록 외부의 케어서비스를 이용할 수 있는 사회적 분위기를 조성할 필요가 있다.

3 새로운 재택케어서비스의 4등급 분류와 케어등급·본인부담 비율

1. 새로운 재택케어서비스의 4등급 분류

〈표 6-4〉는 등급별로 지급되는 급여액(TWD)과 각종 서비스의 이용 범위, 이용자의 소득 수준에 따른 본인부담 비율, 서비스 이용 기간을 일람할 수 있도록 나타낸 것이다.

케어인정 결과, 제2등급(케어 필요 정도 낮음)부터 제8등급(케어 필요 정도 높음)까지는 일정한 조건에 케어서비스를 이용할 수 있지만, 제1등급의 경

[표 6-4] 장기케어등급·장기케어서비스 한도액 및 본인부담 비율

장기요양등급	본인부담																											
	① 돌봄·전문서비스(달) 코드B 및 코드C				② 이승서비스(달) 코드D																③ 복지용구의 구입·렌탈 및 주택개수(3년) 코드 E 및 코드 F				④ 레스파이트 케어서비스(1년) 코드 G			
					제1종류 행정구역 면적이 500㎡ 미만				제2종류 행정구역 면적이 500㎡ 이상 2500㎡미만				제3종류 행정구역 면적이 2500㎡ 미만				제4종류 외진 지역											
	급여액(위안)	본인부담비율(%)			급여액(위안)	본인부담비율(%)			급여액(위안)	본인부담비율(%)			급여액(위안)	본인부담비율(%)			급여액(위안)	본인부담비율(%)			급여액(위안)	본인부담 비율(%)			급여액(위안)	본인부담비율(%)		
		저소득가구	중저소득가구	일반가구		저소득가구	중저소득가구	일반가구		저소득가구	중저소득가구	일반가구		저소득가구	중저소득가구	일반가구		저소득가구	중저소득가구	일반가구		저소득가구	중저소득가구	일반가구		저소득가구	중저소득가구	일반가구
제2등급	10,020																											
제3등급	15,460																											
제4등급	18,580																								32,340			
제5등급	24,100	0	5	16													2,400	0	7	21	40,000	0	10	30		0	5	16
제6등급	28,070				1,680	0	10	30	1,840	0	9	27	2,000	0	8	25												
제7등급	32,090																											
제8등급	36,180																								48,510			

주) 코드 B·코드 C에 해당하는 각 재택케어·전문서비스의 종류와 단위 수는 위생복리부가 공표하고 있는 장기케어급여 및 지원 기준에 서술되어 있다(17-40). 이하 코드 D에 해당하는 교통이송서비스는 같은 자료 40, 코드 E·코드 F에 해당하는 복지용구·주택개수서비스는 같은 자료 42-62, 코드 G 에 해당하는 레스파이트서비스는 같은 자료의 40-41에 각각 제시되어 있다.

(출처) 위생복리부 2020, 10, https://1966.gov.tw/LTC/cp-4212-44992-201.html 저자 작성

우는 탈락이 되면 케어서비스를 이용할 수 없다는 점에 주의가 필요하다.

대만의 케어서비스는 표의 윗 부분에서 알 수 있듯이 케어전문서비스, 교통이송서비스, 복지용구 대여 및 주택개수서비스, 레스파이트케어서비스 등 4가지 범주로 나뉘는데, 어떤 서비스를 이용하든지 신청자의 소득수준에 따라 본인부담 비율이 설정되어 있다.

같은 표 왼쪽에 제시된 케어전문서비스에 관해서는 저소득층의 경우는 본인부담이 0%, 소득이 약간 낮은 중저수입 가정의 경우 본인부담은 5%이며, 그 이상의 소득이 있는 경우에는 16%의 본인부담이 필요하다.

2018년 새로운 서비스·본인부담시스템으로 변경되기 전까지 일반 소득의 경우는 본인부담 비율이 30%였기 때문에 이용자가 늘지 않는 문제가 있었지만, 현재는 그 구조적 문제가 어느 정도 해결되고 있다.

〈표 6-4〉에 제시된 각 등급의 케어·전문서비스의 이용 한도액은 다음과 같다. 엔화로 환산하면(2022년 5월 현재, 이하 같다), 제2등급은 약 42,100엔, 제3등급은 약 78,000엔, 제4등급은 약 101,200엔, 제5등급은 약 117,900엔, 제6등급은 약 134,800엔, 제7등급은 약 152,000엔, 제8등급은 약 64,900엔 등의 분포로 나타난다.

2020년의 서비스 이용 가능한 대상자는 357,457명이며, 그 중 2등급은 13.1%(46,720명), 3등급은 14.3%(51,110명), 4등급은 17.9%(63,850명), 5등급은 15.9%(56,649명), 6등급은 11.4%(40,772명), 7등급은 11.8%(42,097명), 8등급은 15.6%(55,805명)이다.

한국에서는 케어등급이 높아질수록 전체에서 차지한 비율이 낮아진다는 문제점을 지적했는데, 대만에서는 2등급부터 8등급까지 골고루 분포하고 있다. 대만에서는 중증인 8등급의 비율이 6등급이나 7등급보다 오히려 많으며 등급 구분의 타당성이 일본보다 높을 것으로 보인다.

그러나 대만의 등급 구분과 관련해 큰 문제점도 있다. 그것은 1등급부터 8등급까지를 판별하는 객관적인 기준 정보가 공개되지 않는다는 것이다. 타이베이시(台北市), 신베이시(新北市), 자이시(嘉義市)의 장기케어관리센터를 방문해 인정조사를 담당하는 케어매니저를 인터뷰했지만 판별할 객관적 기준에 대해서는 관련 정보가 없다는 답변만 받았다. 장기케어관리센터가 케어등급을 인정하는 책임 주체이지만, 이용자나 가족이 이의제기를 할 경우 합리적인 근거를 제시하지 않으면 설명하기에 곤란할 것이라는 아쉬움이 있다.

한국은 점수로 구분되어 있고, 일본은 개호 인정 등 기준 시간이라는 통계학적 척도로 인정되고 있지만, 대만에 관해서는 이 기준에 관한 정보가 국민에게 알려지지 않았다는 문제가 존재한다.

〈표 6-4〉 가운데 제시된 교통이송서비스는 행정구역 면적이 네 종류로 구분되어 있는데, 그 구분마다 저소득층, 중등 소득 계층, 일반 계층 순으로 나눈다. 행정 구분의 차이에 따라 0%, 7%, 21%부터 0%, 10%, 30%까지 4가지 비율로 분류되어 있다.

오른쪽의 복지용구 대여·주택개수서비스에서의 본인부담 비율은 차례로 0%, 10%, 30%이며, 레스파이트서비스의 본인부담 비율은 케어전문서비스와 마찬가지로 0%, 5%, 16%이다. 복지용구 대여·주택개수서비스는 3년 단위로 서비스의 이용 한도액이 설정되어 있으며 본인부담률은 차례로 0%, 10%, 30%이다. 레스파이트서비스는 1년 단위로 한도액이 설정되어 있으며 본인부담률은 순서로 0%, 5%, 16%로 정하고 있다.

2. 소득 기준

4개 범주 중 어느 서비스를 이용해도 소득 수준은 지방정부가 판정한다. 저소득의 경우는 모든 서비스의 본인부담이 0%(부담 없음)이지만 중등 소득의 경우는 서비스 종류에 따라 또는 거주지에 따라 다르며 5%에서 최대

[표 6-5] 도시별 최저 생활비

	대만성(臺湾省)	타이베이시(臺北市)	신베이시(新北市)	타오위안시(桃園市)	타이중시(臺中市)	타이난시(臺南市)	가오슝시(高雄市)	푸젠성(福建省)
2015년	10,867	14,794	12,840	12,821	11,860	10,869	12,485	9,769
2020년	12,388	17,005	15,500	15,281	14,596	12,388	13,099	11,648

(주) 대만성에는 표의 앞부분에 게재되지 않은 이란(宜蘭)현을 포함한 11개현, 지룽(基隆) 3개시가 포함되어 있다.
(출처) 위생복리부 사회구조급사공사 2020

10%의 본인부담이 있다. 중저소득의 경우는 일반 소득자로서 서비스의 종류 및 거주 지역에 따른 차이가 있으며 16%에서 최대 30%의 본인부담이 드는 구조이다.

사회구조법 제4조에 따르면 저소득층은 가정 총수입의 전 세대 가구수의 평균이 1인당 한 달의 최저 생활비 이하인 것이 호적 소재지의 주관기관의 인정을 받은 것이며, 예상되는 (가정)재산이 중앙, 자치시 주관기관에 의한 당해 연도의 일정 금액을 초과하지 않는 사람이다.

또한 중저소득층은 마찬가지로 가정 총수입의 전 세대 가주수의 평균이 1인당 한 달의 최저생활비의 1.5배를 넘지 않음을 호적 소재지 주관기관의 인정을 받은 것이며 이와 동시에 추정 재산이 중앙정부나 지자체가 정한 해당 연도의 일정 금액을 넘지 않는 자이다(전국 법규 자료집 2015; 中山徹·山田理恵子 2014, 54).

위생복리부 사회구조·복지 부설에 따른 〈109년[2] 최저 생활비, 저소득층 및 중저소득층 자격 심사 표준 및 109년도 저소득 계층별 조건 일람표〉에는 〈표 6-5〉와 같이 지난 지방정부의 정보가 게재되어 있다. 예를 들면 2020년에 타이베이시의 최저 생활비는 17,005TWD(약 7.3만 엔)이며, 총인구가 가장 많은 신베이시에서는 15,500TWD(약 6.7만 엔)이며, 저

2 대만은 1912년 중화민국 성립을 건국일로 보고 있다. 본문의 109년은 2020년을 말한다.

소득은 이 금액보다 적다는 것이다. 중저소득에 대해서는 타이베이시가 24,293TWD(약 10.4만 엔), 신베이시가 23,250TWD(약 10만 엔)으로 되어 있다(위생복리부 사회구조·복지 부설 2019).

이상과 같은 소득 기준에 따라 케어서비스 이용 시의 본인부담액이 결정된다.

4 케어등급 판정 방법

위생복리부는 2017년에 시작된 장기케어2.0에 맞춰서 케어가 필요한 고령자뿐만 아니라 다양한 배경을 가진 케어서비스 희망자의 수요를 일원적으로 평가하는 툴을 개발했다. 케어서비스 희망자는 핫라인 1966에 전화하면 각 지역의 장기케어관리센터로 연결되어 절차를 시작할 수 있다. 이 핫라인을 통해 센터 직원인 장기케어관리전문원(케어매니저)이 서비스 희망자의 집을 방문한다.

이 케어매니저는 케어등급 인정 프로그램의 방문조사까지 담당하고 그 자리에서 등급인정을 위한 청취 조사를 실시해 결과를 입력한다. 각 케어매니저는 200명에서 400명 정도의 조사를 담당하기 때문에 케어등급 인정 프로그램의 개발은 케어매니저를 둘러싼 가혹한 노동 환경의 개선에 도움을 줄 수 있다.

케어등급 인정조사표에 포함된 내용은 아래 6가지 측면으로 구성되어 있다.

① 일상생활 활동(ADL=Activities of Daily Living) 및 수단적 일상생활 활동(IADL=Instrumental Activities of Daily Living)

② 소통 능력

③ 특별하고 복합한 케어 요구

④ 단기적 기억 평가 및 심리적 행동적 상황

⑤ 거주 환경, 가족 지원, 사회 지원

⑥ 주요 가족부양자의 케어 부담(Ministry of Health and Welfare 2018, 69).

위생복리부가 2018년 11월 발표한 케어등급 인정조사표인 〈케어관리평가표〉는 내용이 많아 28쪽에 이르며, 현재는 2019년 5월 공표된 수정판을 사용하고 있다. 아래와 같이 A부터 K까지 총 11개 범주, 총 71개 항목으로 구성되어 있다(위생복리부 2019).

A. 신청자 개인 관련 기초 자료(개인 기본정보, 문항 수 4개, 이하 같음)

B. 주된 케어부양자, 부차적 부양인에 관한 기초 자료(5항목)

C. 신청자의 의사소통 능력(5항목)

D. 신청자 단기 기억력 평가(단기기억평가, 1항목)

E. 신청자의 일상생활 능력 측정 척도(11개 항목)

F. 신청자 수단적 일상생활 능력 측정 척도(8항목)

G. 신청자의 특별한 케어 요구(8항목)

H. 자택 거주 환경과 사회 참여(2항목)

I. 정서 및 행동 패턴(14개 항목)

J. 주요 부양자의 케어 부담(5항목)

K. 주요 부양자의 케어 지원(8개 항목)

이러한 11가지 평가 기준의 구체적인 내용은 아래와 같다.

A. 혼인 상태, 학력, 경제 상황 및 질병, 연령 등 4가지 항목을 확인한다.

B. 주 케어자의 성별 · 연령, 가족 구성, 보조 케어자의 성명, 가족 구성 등 5개 항목의 질문을 한다.

C. 케어가 필요한 고령자(신청자)의 소통 능력을 의식 상태, 시력, 청력, 의사전달 능력, 이해력의 5개 요소에서 파악한다.

D. 단기기억 평가는 세 번째 명사를 기억할 수 있었는지 여부로 파악한다.

E. 일상생활 능력(ADL) 10항목을 체크한다(바델 지수 10항목에 해당).

F. 전화 사용, 장보기, 식사 준비, 세탁, 외출 등 수단적 일상생활 능력(IADL) 8개 항목을 확인한다.

G. 케어가 필요한 고령자의 특별한 케어가 필요한 통증, 피부 상태, 관절 가동, 영양 상태, 질병 유무, 위루 · 투석 등 특별한 필요, 삼키기 어려움, 앉는 자세 유지 등 8개 항목을 체크한다.

H. 동거자 유무를 포함한 주택 환경, 사회 참여 상황을 확인한다.

I. 치매 배회, 공격적 행동, 망상, 환각, 우울증 등 14개 항목의 BPSD(치매심리 · 행동증상)의 유무 및 빈도를 체크한다.

J. 주요 부양자의 신체적 및 정신적 건강 상태를 수면, 체력, 문제 있는 행동의 유무 등 5개 측면으로 확인한다.

K. 동일한 주요 부양자에 관해서 외출 가능성, 대체 가능한 가족부양자의 유무, 케어 기간, 건강 상태, 삶의 질, 업무 유무 및 업무에 미치는 영향 등 8개 항목에서 질문한다.

위의 11개 측면으로 구성된 총 71개 항목 중 B의 5개 항목, J의 5개 항목, K의 8개 항목 등 총 18개 항목은 재택 가족부양자에 관한 질문이다. 재택

[표 6-6] 문제 리스트

1. 식사 도우미 문제	2. 목욕 도우미 문제	3.신체 사용 문제
4. 옷 입히기 문제	5. 배설 실금 문제	6. 화장실 보조 문제(이동 등)
7. 체위 변환 도움 문제	8. 보행 도움 문제	9. 계단 오르내리기 문제
10. 전화 이용 문제	11. 시장 보기·외출 문제	12. 식사 준비 문제
13. 가사 문제	14. 복약 문제	15. 재산 관리 문제
16. 의사소통(교류) 문제	17. 단기적 기억 장애	18. 통증 문제
19. 폐용 증후군 위험	20. 피부 문제	21. 상처 문제
22. 수분 공급 및 영양 관리 문제	23. 연하 장애	24. 위랭, 기관 절개 등으로 삽관이 필요한 경우
25. 기타 의료가 필요한 경우	26. 낙상 문제	27. 안전 이동 문제
28. 거주 환경 장애물 문제	29. 사회활동 시 동반 문제	30. 노인폭언·폭행 등의 행동
31. 간병인의 심한 간병 부담	32. 복지용구 이용 문제	33. 감염 문제
34. 기타 문제		

(출처) 위생복리부 2022, 장기케어복무신청 및 급부법, https://www.mohw.gov.tw/cp-18-65663-1.html

가족부양자의 응답에 관한 정보가 제1등급에서 제8등급까지의 등급 인정 컴퓨터 프로그램에 어떻게 적용되는지 현재 조사 중이다.

예를 들면, 영향을 준다고 가정했을 경우, 가족부양자의 심신 상태가 나빠지면 등급인정을 받은 고령자의 등급을 한 단계 위로 조정하고 케어서비스의 이용 범위를 확대해 주고 레스파이트케어의 이용 기회를 늘려 준다는 시스템으로 재택 부양자에 대해서는 재택 서비스의 이용이 더 쉽게 되고 있을지 궁금하다.

〈표 6-6〉에는 34종류의 케어와 관련된 '문제 리스트'가 나타나 있는데, 제31번째에 '가족부양자의 심각한 케어부담'이 있다. 등급인정 후 태블릿에 설치된 등급인정시스템은 케어등급, 한도액뿐만 아니라 신청자나 부양자에 관한 '문제 리스트'를 자동적으로 보여 주는 시스템이다. 이 결과에 따라 케어매니저 혹은 A거점의 케이스매니저가 신청자 및 그의 케어부양자와 상담하면서 케어플랜을 작성하고, 최종적으로는 장기케어관리센터

가 이 케어플랜을 인정하게 된다.

이러한 프로세스로 보면 인정조사에서는 가족부양자에 관해서 수급자 또는 가족부양자가 18종류의 다양한 질문에 대답하는 것으로 되어 있지만 결과적으로는 질문 리스트에 '신청자에 대한 케어 부담이 심각함'이 올라갈 뿐이다. 그리고 케어매니저 혹은 A거점의 케이스매니저가 케어플랜을 작성하는 단계에 문제 리스트에 '신청자에 대한 케어부담이 심각하다'가 올라간 경우에는 부양자에게 레스파이트케어서비스의 이용을 제안하며, 필요한 것이 있으면 케어플랜에 반영하게 된다.

덧붙여 인정조사표의 항목 E에 바델 지수가 사용되고 있는데, 1965년에 개발된 이 인덱스는 10개 항목으로 구성되어 있다. 구체적인 일상생활 동작능력의 각 항목과 배점은 다음과 같다.

① 식사(10점, 5점, 0점)

② 이승(移乘)(15점, 10점, 5점, 0점)

③ 개인 위생(5점, 0점)

④ 화장실 동작(10점, 5점, 0점)

⑤ 목욕(5점, 0점)

⑥ 보행(15점, 10점, 5점, 0점)

⑦ 계단 승강(10점, 5점, 0점)

⑧ 옷 갈아입기(10점, 5점, 0점)

⑨ 배변 컨트롤(10점, 5점, 0점)

⑩ 배뇨 컨트롤(10점, 5점, 0점).

예를 들어, ⑥ 보행에 대해서는 장비를 사용하여 45m 이상 걸을 수 있다면 15점을 받으며, 케어나 보조를 통해 45m 이상 보행하기가 가능하면

10점, 보행은 불가능하지만 휠체어로 적어도 45m 이동이 가능하면 5점을 받는다. 그외에 케어가 없으면 보행할 수 없는 경우는 0점처럼 동작능력의 정도에 따라 점수화된다.

판정은 100점 만점이 되어 있지만 등급인정시스템 전체에서 이 인덱스의 점수가 어느 정도의 비중을 차지하고 있는지는 불명확하다.

또한 대만에서는 가족이 자택에서 거주형 외국인 케어노동자를 고용한다는 요구를 가진 경우에 정해진 병원에서 의사가 고령자의 일상생활 동작능력을 측성할 때에도 바델 지수를 이용한다. 의사가 발행한 병증 및 실능 진단증명서(病症失能診断証明書)에서 의사의 판정에 따라 인덱스의 합계점이 30점 이하, 35점 이하, 60점 이하라고 증명되면 이 사실은 큰 의미를 갖는 것이다.

한편 일본에서도 2018년 케어수가 개정에 따라 노인복지시설이나 주·야간보호센터 등 요양기관이 'ADL 유지 등의 가산(I)(II)'을 신청하는 데 바델 지수를 이용한 ADL 향상 증거(숫자에 의한 증명)를 제시한다. 이 지수를 이용하여 케어가 필요한 고령자의 ADL의 평균값이 어느 정도 향상되었는지에 관한 데이터를 첨부해 가산 신청을 진행하고 있다(후생노동성 2022c).

대만에서도 일본에서도 바델 지수가 필수 ADL 체크리스트로 설정되어 있는데, 이 척도는 2가지 본질적인 문제점을 가지고 있음을 알 수 있다.

하나는 일상생활 동작능력 항목 간에 배점의 격차가 나타난다는 점이다. 즉, 이승과 보행이 15점 만점인 데 반해 개인 위생과 목욕은 5점 만점인 것이다. 일상생활 동작능력 간에 왜 배점상의 격차가 있을까.

또 하나의 문제점은 개인 위생과 목욕에 대해 자립가능한 경우가 5점, 케어에만 의존한 경우가 0점으로 설정되어 있지만 그 중간의 부분적 케어가 필요한 단계가 설정되어 있지는 않다는 것이다. 항목 간 불균등한 대응이 문제이고 부분적 케어 단계의 평가 점수가 매겨지지 않는 항목이 있다는 점에서도 문제가 있다.

덧붙여 해당 지수는 1979년에 그레인저(Carl V. Granger, 버팔로대학) 등에 의해 15항목의 수정판이 개발됐지만, 일본도 대만도 1965년의 원 바델 지수를 사용하고 있다.

5 본인부담액 계산 방법의 변경 및 재택서비스의 다양화

1. 본인부담액 계산 방법 변경

위생복리부는 장기케어2.0이 시작된 이듬해인 2018년 장기케어서비스의 수가에 관한 새로운 시스템을 실시했다. 전술한 〈표 6-4〉와 같이 기존의 여러 서비스를 ① 케어 및 전문서비스, ② 교통이송서비스, ③ 복지용구 및 주택 배리어프리 환경개선서비스, ④ 레스파이트케어서비스(가족부양자 휴식서비스) 등 4가지로 나누어 케어매니저가 개별 장기 케어 필요에 대응하기 위한 케어플랜을 조정하고 예약된 서비스기관이 장기케어서비스를 제공한다. 케어 종사자의 처우 개선을 위해 본인이 부담하는 요금을 지금까지의 시간당에 근거한 산출 방법에서 서비스 항목에 근거한 산출 방법으로 전환했다(嶋亜弥子 2018, 6).

장기케어2.0이 시작되면서 제도 변경이 많이 나타났다. 그중 가장 중요한 원칙 '시간당이 아니고 서비스 항목에 기초한 산출방법'이 도입됐는데, 왜 이러한 변경이 필요했는지를 국민에게 밝혀야 한다.

일본도 한국도 서비스 이용시간의 길이(의 범위)를 바탕으로 본인부담금액이 결정됐다. 시간 기준을 이용하지 않는다면 상식적으로 서비스의 이용 횟수에 근거한 본인부담금 산출 방법을 이용하게 될 것 같지만 대만은 이용 횟수라는 기준도 아니다.

서비스 항목에 근거한 산출 방법이란 무엇인가. 예를 들면, ① 홈헬프 서비스, 데이서비스, 단기간 입소서비스, 가정형 데이서비스, 커뮤니티 재활서비스 등 이용한 서비스의 종류 개수가 본인부담의 산출 근거가 된다, ② 각종 서비스 별로 이용 시의 비용이 정해져 있으며 이용 시간이나 이용 빈도에 관계없이 해당 서비스를 이용한 시점에서 본인부담의 금액이 결정되는 방법을 생각할 수 있다.

장기케어2.0이 시작한 후의 2년째에 케어시스템 내에 큰 변화가 생긴 것 같은데, 서비스 이용 대상자의 유형이 4개에서 8개로 2배로 증가하고, 또 실제 대상자가 51.1만 명에서 73.8만 명으로 증가하는 가운데 고령자, 장애인, 치매, 젊은 치매 환자 혹은 가족은 과연 이러한 시스템의 변화를 파악하고 있을까.

특히 본인부담 비율이 5%, 16%인 서비스 이용자 입장에서는 이것은 생활과 관련된 큰 문제이다. 당사자로서 본인부담 금액을 파악하지 않으면 서비스 이용을 포기할 가능성도 있다. 지역이 포괄적으로 케어의 사회화를 추진하기 위해서는 서비스 이용 당사자에게 알기 쉬운 요금 시스템의 정보 공개가 필요하다.

사실은, 위생복리부는 이러한 복잡한 본인부담 금액의 계산을 지원하는 사이트를 구축하고 있어(예를 들면 위생복리부 2019) 케어서비스의 이용 희망자는 스마트폰이나 태블릿으로 간단하게 계산할 수 있다. 그러나 중요한 케어가 필요한 고령자들은 사이트 사용이 어렵다. 고령자를 중심으로 한 디지털 격차 해소에도 최대한 관심을 기울여야 한다.

2. 재택 서비스의 다양화·범주화와 서비스 단가의 공개

2018년 1월 1일, 위생복리부가 재택서비스의 서비스 구분과 서비스 단가를 발표했다. 공개된 〈장기케어급여 및 지원기준〉에 따르면 우선 홈헬프서비스에 대해서는 내용별로 23항목으로 세분화돼 각각의 가격이 설정돼 있다.

생활지원과 신체지원 두 종류로 구분하는 일본의 경우와 비교하면 대만은 구분이 다양해지고 있다. 그 결과 케어매니저가 작성한 케어플랜은 복잡해질 수밖에 없지만, 이러한 구분 다양화의 장점은 서비스 제공 시간의 낭비를 줄이고 케어 요구를 맞춘 케어매니지먼트와 연결된다는 점이다.

앞서 기술한 바와 같이 케어등급의 인정은 대부분 질문표로 진행되고 있지만, 케어매니저가 수집한 신청자 관련 정보는 신청자의 세분화된 요구와 홈헬프서비스 메뉴의 적합성을 높이는 데 도움이 될 것으로 생각한다.

다음은 데이서비스이다. 2등급부터 8등급까지 각각의 레벨에 대해 1일 이용이냐 반나절 이용이냐에 따라 케어 비용이 설정되어 있으며, 총 14가지 패턴으로 서비스 단가가 제시되어 있다. 예를 들어 3등급의 경우 반나절 데이서비스를 이용하면 420TWD이고, 6등급의 경우 1일 데이서비스를 이용하면 1,130TWD이 나온다(위생복리부 2018d, 25-29).

일본은 등급, 요양기관 종류, 서비스 제공 규모, 서비스 제공 시간 등에 따라 세세한 서비스 단가가 정해져 있다. 이와 비교해 보면 대만의 경우는 심플하다. 일본에 없는 가정위탁(가정데이)도 데이서비스와 같은 기준으로 서비스 비용이 설정돼 있다. 예를 들어 5등급 고령자가 데이서비스를 1일 이용하면 1,045TWD이며, 6등급 고령자가 반나절 가정위탁을 이용하면 480TWD이다.

〈표 6-4〉의 오른쪽에 나타낸 바와 같이 레스파이트서비스(가족부양자 휴식서비스)만 1년간의 급여한도액이 표시되어 있다. 2등급부터 6등급까지가 같은 한도액으로 48,510TWD(135,800엔)이며, 7등급 및 8등급이 같은 한

도액인 32,340TWD(203,700엔)이다.

또한 표에는 제시되어 있지 않지만 이송서비스는 4등급부터 8등급까지 이용할 수 있으며 매월의 수가가 1,840TWD(7,700엔), 본인부담 비율은 0%, 9%, 27%로 구분돼 있다. 원주민의 경우 마찬가지로 4등급부터 8등급까지 서비스를 받을 수 있으며, 매월 수가가 2,400TWD(10,080엔)이고 본인부담 비율은 0%, 7%, 21%로 구분되어 있다.

복지용구 및 주택개수서비스는 3년간의 급여한도액이 전 등급 공통으로 168,000엔(40,000TWD)으로 정해져 있다. 본인부남 비율은 수입에 따라 0%, 10%, 30%로 설정돼 있다. 서비스 종류에 따라 본인부담 금액의 비율이 다르다는 것은(총 5패턴) 대만 케어시스템의 특징이다.

서비스 이용하는 데에 본인부담금액의 지불과 반대로 가족부양자의 경제적 부담을 경감하는 대책으로서 2019년 7월의 소득세법 개정에 따라 정한 신청 절차를 거쳐서 가족부양자는 연간 12만 TWD(약 51.6만 엔)의 '케어특별공제'(장기케어 특별 공제액)를 소득에서 공제할 수 있다. 이 공제의 적용 조건은 아래 3가지인데, 그중 하나만 해당되어도 적용이 가능하다.

① 거주형 외국인 케어노동자를 고용해 임금을 지불한다.
② 2등급부터 8등급까지 어느 등급인정을 받아 서비스를 이용해 비용을 지불한다.
③ 시설에 입소한 후 90일이 경과해 비용을 지불한다.

이 3가지인데 고소득 계층은 적용에서 제외돼 있다. 2019년은 약 34만 명이 적용을 받았다(小島克久 2021, 82).

그러나, 대만에도 장기케어2.0의 서비스를 이용하지 않고 자택에서 모든 케어를 실시하고 있는 경우가 있다. 이러한 경우 '중저소득 고령자 특별케어수당'(중저수입 노인 특별케어수당)이라는 가족케어수당이 지급되는데 2007년에 개설됐다.

매월 5,000TWD의 특별케어수당을 신청하기 위해서는 케어가 필요한 고령자뿐만 아니라 부양자의 조건도 부합해야 한다. 고령자는 ① 저소득, ② 중증 환자, ③ 케어서비스를 이용하고 있지 않아야 하며, 부양자는 ① 16세 이상 65세 미만인 자, ② 일을 하고 있지 않음, ③ 동거 또는 동일한 지역에 거주하고 있다는 조건을 충족해야 한다(小島克久 2021, 81-82).

이 특별케어수당의 수급 상황은 2010년 7,862명, 2015년 9,470명, 2020년 7,640명이다. 6가지 조건을 충족한 고령자와 가족부양자가 적음을 알 수 있다(위생복리부 통계처 2022).

6 대만형 지역포괄케어시스템의 탄생

1. 지역포괄케어시스템으로서의 A거점-B거점-C거점 모델

장기케어2.0은 서비스 대상 및 내용의 확대와 함께 혁신적 시책으로서 지역포괄케어 구축에 중점을 두고 있다.

〈표 6-1〉에는 장기케어2.0의 제공 서비스 리스트가 게재되어 있으며, ⑬ 통합형 커뮤니티 케어서비스 네트워크가 제시되어 있다. 이는 A거점-B거점-C거점 모델이다.

이 모델에 근거한 지역포괄케어 구축의 목적은 지역밀착형케어서비스의 자원을 끊임없이 유기적으로 제공할 수 있도록 하는 것이다. 더 구체적으로 말하면 특정 범위의 지역 내에서 A·B·C라는 3가지 단계로 케어서비스 지원센터를 배치함으로써 지역의 서비스기관을 늘리고 지원센터의 밀도를 높여 주민에게 익숙한 장소에서 통합적으로 케어서비스를 제공한다는 것이다. 현재 이 서비스 거점 네트워크는 'ABC모델' 또는 'ABC케어 거점'으로 불리고 있다(莊秀美 · 洪春旬 2018, 65).

2. A거점-B거점-C거점의 탄생

대만 위생복리부는 장기케어2.0에 따른 수급자의 급속한 확대에 대응하기 위해 3가지 거점으로 구성된 지역포괄형 서비스 공급 시스템을 구상했다. 이 ABC 3개 거점 연계 시스템은 전국 9곳에서 2016년 10월부터 2017년 12월까지 시범 사업으로 신행되었고 그 후 본격적으로 시행되고 있다.

첫 번째가 A거점, '커뮤니티 통합형 서비스 센터'이다. 병원, 진료소, 재택케어서비스, 데이서비스, 방문간호서비스 등의 서비스를 제공하는 센터로 원칙적으로 지자체마다 최소 1개소를 설지한다. 장기케어2.0의 마시막 연도인 2026년까지 전국에서 총 469개소에 설치하는 것을 목표로 한다.

A거점에 '케이스매니저'가 배치되는 것은 가장 큰 특징이다. 또한 위생복리부나 국가발전위원회의 위탁 연구 등의 자료에는 A단위(A単位), A급(A級), A급 단위(A級単位)라는 표현이 사용되고 있는데(영어로는 Tier A로 표기된다), 이 책에서는 물리적인 건물이 전제로서 마땅한 기능을 수행한다는 뉘앙스를 포함해 A거점이라고 부른다. 또한 같은 취지로 B거점, C거점이라고 부르기로 한다.

A거점을 신청할 수 있는 조직은 공적 기관은 물론 공익 법인(사회복지 법인 등), 의료기관을 포함한다. 지자체의 심사를 거쳐서 A거점으로 인정을 받으면 시설 정비, 서비스기관 연계를 위한 비용(회의 개최비 등), 케어서비스 인건비(3명분), 이송서비스(이용자를 지역 내의 B거점이나 C거점의 케어기관에 보내는 목적)의 실시를 위한 차량 구입비, 운전기사 인건비 등 보조를 받을 수 있다(小島克久 2018a, 11). 이 중 이송서비스 관련 보조는 2017년뿐이다. 7종류의 보조 항목을 합계해 최고 약 502만 TWD이 된다(傅從喜 2017, 121).

두 번째가 B거점, '복합형 데이서비스 센터'이며 데이서비스 등 재택서비스나 지역 위생소(보건 센터)에서 생활 기능 재활 등을 실시한다. 중학교 학군에 1개씩 설치해 2026년까지 전국에 829개 설치할 예정이다.

B거점은 다기능적이고 전문적인 케어서비스를 제공하는 서비스기관의 거점으로서 ① 케어서비스 2종류 이상 제공, ② A거점과 협력, ③ C거점을 지원하는 역할을 담당한다.

구체적으로는 재택·지역케어, 치매 및 가족부양자 지원, 상담 업무, 배식서비스, 케어 예방, 중증 상태 악화 방지, 지역 재활의 각 서비스를 제공한다.

B거점 지정을 신청할 수 있는 조직은 공익 법인(사회복지 법인 등), 고령자 시설·장애인 시설, 의료기관 등이다. B거점으로 지정된 경우 시설 정비, 서비스기관 연계를 위한 비용(회의 개최비 등), 케어서비스 인건비(2명분)가 보조된다(小島克久 2018a, 11). A거점보다 보조 금액이 높고 6종류의 보조를 합계하면 최고 약 535만 TWD의 보조를 받을 수 있다(傅從喜 2017, 121). B거점의 수량이 이상하리 만치 증가한 것은 이 보조 금액이 많다는 점과 관련되어 있지 않을까 생각한다.

그리고 세 번째는 C 거점, '소규모 케어 센터'이다. 커뮤니티 예방 보건, 방문 보호, 전화 상담 보호 등이 이루어지고 있다. 마을 3개당 C거점 1개를 설치하기로 하고, 2026년까지 전국에 2,529개를 설치할 예정이다(위생복리부 2016a, 35). B거점과 C거점은 A거점의 위성 역할로 설정된다.

C거점은 케어 예방이나 음식배달서비스 등 친근한 케어지원센터로 고령자의 사회 참여, 활동 장소로서의 역할이 기대된다. C거점으로 지정된 경우 시설 정비, 서비스기관 연계를 위한 비용(회의 개최비 등), 케어서비스 인건비(50만 TWD)가 보조된다(小島克久 2018a, 12).

C거점에서는 지역 대학이나 봉사자와의 연계도 진행하고 있으며 사회

복지를 전공하는 대학생들의 실습 장소로서 C거점이 이용된 경우도 있다. 5종류의 보조를 합계하면 최고 약 142만 TWD이 보조된다(傅從喜 2017, 121).

3. 3개 거점으로 한 지역포괄 네트워크에 관한 본질적 문제

이상 3종류의 거점 인정 신청은 의무도 강제도 아니다. 지방정부에 신청하지 않고 거점으로서 지정을 받지 않더라도 서비스기관은 이러한 분류에 관계없이 케어서비스를 제공할 수 있다(小島克久 2018, 12).

그러나, 이러한 임의성은 A, B, C라는 3가지 거점의 설치 목표를 정해 대만 전체에 지역포괄형 의료복지 네트워크를 구축하려고 하는 위생복리부가 추진한 국가적 프로젝트로서의 의시에 비추어 보면, 오히려 역효과이다. 왜 의무화하지 않았는지 의문이 남는다.

이러한 임의성의 문제뿐만 아니라, 'A거점-B거점-C거점'인 3층 네트워크의 지역적 편재성, 즉 지역 격차의 문제도 심각하다. 주요 기관인 A거점이 소수에 머물거나 지자체에 설치되지 않는 경우도 있으며 핵심인 거점의 편재성을 주의해야 한다.

위생복리부의 방침에 관해서는 전술했던 임의성의 문제뿐만 아니라 수량 규제의 문제를 지적할 수도 있다. 즉, 위생복리부는 A거점 469곳, B거점 829곳, C거점 2,529곳으로 목표를 정했다.

위생복리부의 〈109년 장기케어2.0 서비스 자원 총건 일람표—케어2.0 신증 서비스 항목 및 109년 케어2.0 핵정본 목표치〉에 따르면 2020년 7월 현재 A거점의 목표는 469곳이지만, 실제로 646곳이 정비되어 있으며 증가율은 138%에 이르고 있다. B거점은 목표가 829곳이지만 6,001곳이 설정되어 있다. 비정상적으로 너무 많이 증가해서 증가율이 724%에 달한다. C거점은 목표인 2,529곳에 비해 실제로 3,099곳이 정비돼 증가율은

123%에 달한다.

지역에 B거점의 급증 상황을 감안하여 대규모 조직으로서 경험 많은 B거점을 케이스매니지먼트 기관으로서 선발해 업무를 위탁해야 할 것 같다.

2021년 12월 현재 A거점이 708곳, B거점은 6,815곳, C거점은 3,621곳으로 실제 수치가 목표치를 크게 초과하고 있다(위생복리부 2021). 특히 B거점은 6,815곳으로 목표치의 8.2배를 초과하고 있다.

서비스 제공 사업자는 B거점으로서 허가를 받으면 앞서 기술한 보조금을 얻을 수 있기 때문에 신청하지만, 필요 이상으로 허가한 결과, 서비스 제공에 이르기까지의 경쟁이 격화되었고 이는 결코 바람직한 상황이 아니다. 이렇게 수량을 규제하지 않음으로써 심각한 구조적 문제가 일어난다.

이에 더해 A거점-B거점-C거점인 3층 모델의 형성에 관해 본질적 비판도 나오고 있다.

① 지역포괄케어라는 ABC 계획이 추구하고 있는 목표가 정의되어 있지 않다.

② 지역포괄이라고 하지만 무엇을(대상) 어디까지 통합할 것일지 범위가 불분명하다.

③ 어떻게 통합할 것일지 전략이 보이지 않는다.

④ 통합의 조건은 무엇인지, 재원, 인력 등 환경적 조건을 밝히지 않는다.

⑤ 정부의 역할이나 기능은 무엇일지 방향성이 제시되어 있지 않다.

⑥ 케어복지서비스 제공자 등과 같은 민간 단체의 역할, 능력, 상호관계 등은 어떻게 되어 있는지, 민관의 협동 관계가 명백하지 않다(莊秀美·洪春旬 2018, 67).

이러한 많은 비판에 대해 위생복리부는 전혀 구체적인 방안을 제시하고 있지 않은데 이는 많은 의문을 갖게 한다.

■ 신근영·허팡룽 옮김

제7장

대만의 케어매니지먼트 이원화와 중층성

1 케어매니지먼트의 현황

이하 케어매니지먼트에 관한 고찰은 2019년 8월 행정원 린완이(林萬億) 위원(국립타이완대학 교수)의 인터뷰에 근거하고 있다.

앞에서 서술했듯이 장기케어관리센터에서는 케어등급 인정의 확인 및 본인부담액, 급여 금액 등을 판단한다. 신청자의 소득에 따라 본인부담 비율이 다르기 때문에 이 절차는 필수적이다.

케어매니저가 신청자의 집을 방문해 사전 조사를 실시하면 결과가 태블릿에 표시되고 등급이 최종 평가된다는 점에서 대만은 일본이나 한국과 다르다. 왜냐하면 일본과 한국에서는 전문가에 의한 케어 인정심사회가 개최되고 이 합의체가 최종 판단을 내리는 시스템이기 때문이다. 대만에는 합의체에 의한 최종 확인 절차를 실시하지 않은 것이다.

린완이(林萬億) 교수

장기케어관리센터는 해당 신청 사례를 위한 후기적 케어매니지먼트를 커뮤니티 통합형 센터인 A거점의 케이스매니저(장기케어관리전문원, 일본의 케어매니저)에게 위탁한다. 후술했듯이 해당 지역에 A거점이 없는 경우 위탁할 수 없기 때문에 장기케어관리센터의 케어매니저가 직접 실시한다. 참고로 2020년 현재 2,022명까지 늘어났다.

케어매니저는 해당 신청자의 집을 방문하여 신청자의 케어 요구에 따라 케어플랜을 작성한다. 이 케어플랜에 따라 실제로 서비스를 제공하는 기관인 B거점이 케어서비스를 공급한다.

서비스를 제공한 후 B거점은 서비스 이용자의 본인부담 부분을 제외한 비용을 해당 지방정부에 청구한다. 서비스를 이용한 고령자의 등급, 소득, 이용한 서비스에 따라 본인부담의 비율이 결정되며 그 이외의 비용은 2018년에 시작된 〈급여 및 지급 기준〉에 따라 해당 지방정부가 B거점에 지급한다(위생복리부장 장기케어사업부 2020a).

대만의 현행 케어시스템은 일본처럼 시간당으로 급여수가가 결정되지 않고 서비스 이용의 유무로 비용이 계산된다. 이 독독한 대만형 모델은 서비스 공급자인 B거점에 대해서는 이익이 나기 쉽고 효과적일지 모르지만, 중요한 서비스 이용자 및 가족은 케어플랜에 작성된 서비스 시간의 길이가 과연 만족스러울지 서비스를 이용할 때까지 모르는 문제가 있다. 또한 당사자인 이용자나 가족에게 어떤 서비스 항목의 서비스를 받을지를 정중하게 설명하지 않으면 이용자가 인정하기 어려울 수 있다.

이러한 문제가 현장에서 어떻게 해결되고 있는지 혹은 설명 없이 서비스만을 받고 있을지 궁금한 것이다.

케이스매니저나 서비스기관의 설명이 없으면 이용의 요구도 생기지 않고 이용자 수량의 증가까지 연결되지 않는다. 현장에서 일하는 종사자에게 열정이 없으면 요구의 새로운 발굴로 이어지고 있지 않을 가능성이 있다.

2 케어매니지저의 노동환경 개선

장기케어2.0에는 서비스 대상자가 4종류에서 8종류까지 확대되었다. 대상 범위의 확대에 따라 최초 51.1만 명으로 전망되었던 케어플랜은 장기케어 2.0에서는 73.8만 명, 약 1.4배로 약 22.7만 명 급증하게 됐다.

이러한 대상자의 확대에 따라 당연한 결과로서 등급인정부터 케어플랜 작성, 서비스 제공, 모니터링, 등급 재인정까지의 여러 가지 절차를 수행하는 전문직인 케어매니저의 증원이 필요하다. 위생복리부는 케어매니저를 늘리기 위해 2018년 케어매니저의 자격 요건을 약간 완화해 수가 수준을 제고하는 정책을 실시한다. 2016년 대만에서 전체 618명이던 케어매니저 인력은 2017년 971명까지 증가했다.

케어매니저는 원칙적으로 대상자 200명을 맡아야 하지만 실제는 그 2배 정도 또는 2배 이상의 대상자를 맡고 있다(타이베이시[台北市], 가의시[嘉義市]의 케어매니저에 대한 청취조사에서).

케어매니저의 과중 부담을 덜어 주기 위해서 정부는 2017년부터 7명의 케어매니저에 1명 슈퍼바이저를 붙이기로 결정했다. 이에 더해 10명 케어매니저, 슈퍼바이저에 대해 1명의 행정업무 담당 보조원을 붙이게 됐다.

이를 통해 2017년은 전문직원이 971명까지 증가했는데 그 중에는 이러한 슈퍼바이저 및 사무 담당 보조원의 증가량도 포함되어 있다(Ministry of Health and Welfare 2018, 66). 결과적으로 2020년 말까지 케어매니저가 1,042명, 슈퍼바이저가 169명, 행정사무 담당 보조원 209명, 총 1,420명의 체제를 갖추게 되었다.

덧붙여 2018년부터 자격이나 경험 등의 조건에 따라 케어매니저의 월 임금은 초임 시 38,906-50,878TWD(약 16.7만 엔-21.4만 엔), 산간 지역의 경우는 초임 시 46,887TWD(약 20.3만 엔)이다.

예첸자(葉千佳)의 조사에서는 35,000TWD(약 14.7만 엔)라고 조사되었는데 과거의 임금 수준에 비해 개선되어 인센티브 기능이 어느 정도 기능한다고 추측된다(Ministry of Health and Welfare 2021, 72).

앞으로는 담당해야 하는 사례를 줄이고 케어매니저가 서비스 이용자가 만족할 수 있는 전문적인 케어메니지먼트를 수행할 수 있도록 증원을 계속하고 아울러 케어매니저의 정규직 고용, 전문성에 걸맞은 임금을 보장해야 할 것이다.

A거점-B거점-C거점이라는 3층 모델은 착실히 증가하고 있지만 아직 진입 장벽과 지역 격차라는 심각한 문제를 안고 있다는 점에도 유의하고자 한다. 케어법에 따라 민간기관이 공적 케어서비스에 참가할 수 있도록 되어 있지만 3가지 거점의 서비스기관 지정에 관해서는 공영·민영 비영리 법인으로 제한되어 있다(小島克久 2019, 23).

그 때문에 지역 격차도 일어나고 있어 등급받은 고령자가 많음에도 불구하고 공적 케어서비스로 커버된 비율이 30여 %로 낮은 수준에 머물고 있다. 이러한 문제를 해결하기 위해서는 규제 완화가 필요하며, 민간 사업자가 A·B·C 각 거점을 개설할 수 있도록 해야 한다.

3 장기케어관리센터와 A거점의 관계

그런데 B거점은 목표치의 8배 이상 존재하기 때문에 A거점 주변에 여러 개 있는 경우도 많다. 그렇다면 A거점의 케이스매니저는 어떤 기준으로 B거점을 선택하는 것일까. 더 말하면, 각 지자체시나 현(시) 같은 지방정부가 서비스기관인 B거점과 계약을 맺을 필요가 있는데, 지방정부는 해당 지역에 있는 어떤 B거점과 계약하는 것일까, 혹은 서비스의 질 높은 B거점만

선발해 계약하는 것일까. 많은 B거점 중 공평하게 서비스기관이 선발될 수 있기를 기대한다.

이러한 계약적 문제 외 케어매니지먼트의 실제 운용에 관해 다음과 같은 구조적 문제를 몇 가지 지적할 수 있다.

사회보장법의 연구자인 린구옌(林谷燕)은 대만의 케어매니저가 케어매니지먼트의 전체 과정과 관련하는 2원적 구조에 초점을 두고 다양한 구조적 문제점을 지적하고 있다.

〈그림 7-1〉은 대만의 위생복리부가 제시한 신청 절차이며 제3자가 일본어로 번역하고 논문에 공개된 것이다. 이 그림에 관해서 우선 첫째, 자택방문에 따른 인정조사 방식은 2가지 유형이 존재하는 것이 문제가 된다. 린구옌(林谷燕)에 따르면 연계 유형은 2가지 있으며, 하나는 공동방문형이며, 또 하나는 개별분담형이다(林谷燕 2020, 46).

공동방문형은 케어매니저와 A거점 케이스매니저가 함께 합동으로 서비스 신청자의 집에서 인정조사를 실시해 그중 케이스매니저가 케어서비스의 내용, 제공 방식, 본인부담금액 등을 전달하는 방식이다.

개별분담형은 케어매니저가 신청자의 집에서 단독으로 인정조사를 실시해 1급부터 8급까지의 등급을 확정한 후, A거점의 케이스매니저가 이후에 케어플랜 작성부터 케어매니지먼트까지 전부 실시하는 방식이다(林谷燕 2020, 44).

이러한 케어매니지먼트 전문직에 관해서 서비스 이용 신청자의 거주지에 A거점이 있으면 그 케이스매니저가 케어플랜을 작성해 B거점에 위탁해 서비스 제공을 연결해 준다. 그 후에는 서비스의 질 평가 등 모니터링을 계속한다.

한편 신청자의 거주지에 A거점이 없으면 장기케어관리센터의 케어매니저가 케어플랜을 작성하고 서비스 제공부터 서비스 질의 감시·컨트롤 등

[그림 7-1] 케어서비스 매니지먼트의 흐름

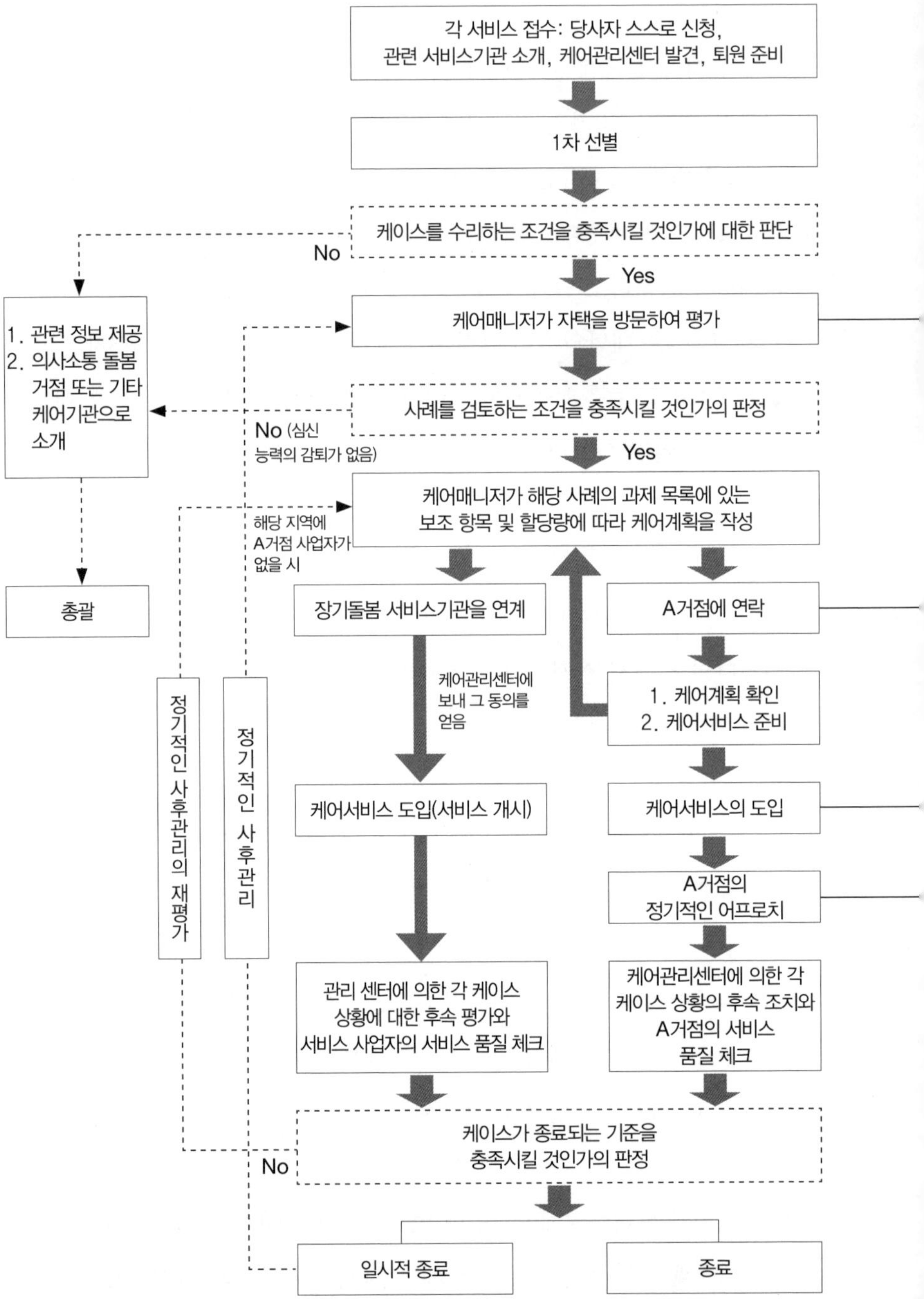

케어매니저과 A 케이스관리원의 연계 유형

1. 공동방문형

(1) 케어매니저가 A 케이스관리원과 함께 수요를 평가하고 수요자 및 그 가족에게 A 케이스관리원을 소개하는 동시에 담당 범위를 설명한다.

(2) A 케이스관리원이 케어계획에 관련된 내용을 평가하고 각 서비스 항목의 정의, 범위, 제공 방식 및 비용의 일부 부담의 지불을 설명한다.

2. 개별분담형

케어매니저가 방문하여 평가를 실시하고 심신능력 감퇴의 정도 및 할당량을 결정한다. A 케이스관리원이 그 평가 결과에 따라 케어서비스 계획 책정, 관련 서비스 조합, 후속 조치, 케어계획 분담 조정을 실시한다.

케어관리센터가 A거점에 연락

1. 케어관리센터는 '케이스 전체를 수행하는 것'을 원칙으로 하며, 케이스를 A거점에게 할당하는 구조를 정한다. 또 케이스를 할당한 A거점의 상황을 공표해 정보의 투명화를 강화한다.
2. 케어관리센터는 평가 자료 및 확인한 결과를 A거점에 제공한다. 관계자에게 A거점 및 향후 서비스 제공의 흐름을 설명한다.
3. 그 지역에 A거점이 없는 경우에는 현·시 정부의 케어관리센터는 상황에 따라 적절하게 대응한다. 현·시 정부의 케어관리센터는 일반적인 장기 개호 흐름에 따라 서비스기관에 연락한다.

장기요양서비스에 관련한 연락

1. A거점은 다음 원칙에 따라 B거점의 능력을 고려하여 사례를 담당한다. ① 각 케이스의 서비스 선택 의지를 존중해 이를 우선한다. ② 서비스 능력이 충족된 서비스기관을 우선한다. ③ 신속하게 서비스를 제공할 수 있는 기관을 우선한다. ④ 근처에서 서비스를 제공할 수 있는 기관을 우선한다.
2. 정기적으로 케이스가 할당된 B거점의 상황을 공표하여 정보 투명화를 강화한다.

서비스 후속 조치

1. A거점에 장기요양 수요자와 각 서비스와의 연계 상황을 사후 관리하는 동시에 매월 서비스 품질을 확인한다.
2. A거점에 최소 6개월에 1회 가정 방문을 하고 장기적인 케어 수요 또는 수요 변화에 따라 다시 케어계획을 조정한다. 만일 각 케어 수요자의 컨디션 변화로 인해 그 수요도 변화한 경우에는 수요자는 스스로 케어관리센터에 알려주고 재평가를 받는다.
3. 할당량 변경이 없는 경우, A거점은 원래 할당량 범위 내에서 각 케이스의 수요에 따라 서비스 내용을 변경하고 이를 참고하기 위해 요양관리센터에 제출한다.

(출처) 林燕谷 2022, 46 저자 수정

후속 조치를 실시한다. 즉, 서비스 이용 희망자와 A거점의 물리적 거리, 즉 A거점의 지리적 배치 상황이 향후 케어매니지먼트에 관한 전문직의 역할 분담 방식을 규정한다는 본말이 전도된 구조가 문제로 지적되고 있다.

4 케어매니지먼트의 중층성

원래 장기케어2.0의 경우는 케어등급의 인정조사와 인정 업무는 향후 케어플랜 작성을 포함한 케어매니지먼트와 분리된 것이었다. 각 현·시의 장기케어관리센터가 방문조사를 포함한 등급인정을 실시하고 A거점이 케어플랜 작성 등 케어매니지먼트를 담당하는 기능 분담 시스템이었다(鳥羽美香 2020, 229). 그러나 앞에서 확인한 바와 같이 A거점이 존재하지 않으면, 역할이 정해진 장기케어관리센터가 케어등급의 인정부터 케어플랜 작성까지 전체적으로 케어매니지먼트를 실시하는 변칙적인 패턴이 존재한다는 점에 구조상의 심각한 문제가 있다.

일본은 전국적으로 통일한 방법론에 따라 케어매니지먼트를 실시하고 있지만, 대만에서는 장기케어관리센터와 A거점의 지리적 배치 상황으로 인해 케어매니지먼트는 전국적으로 통일되지 않고 상황 의존적인 성격을 가지고 있다.

더불어 근본적 비판도 존재한다.

> 장기케어관리센터를 보완하기 위해 A거점을 설치했는데 A거점의 케이스매니저가 장기케어관리센터에의 케어매니저의 역할을 분담하게 됐다. 이는 결국 케어매니지먼트의 효율성 향상에도 도움이 되지 않고 양측의 협동도 어렵다. 이 때문에 A거점의 설치보다도 장기케어관

리 센터의 증설이 중요하다(莊秀美·洪春旬 2018, 69).

이미 예첸자(葉千佳)가 지적했지만 장기케어관리센터의 케어매니저의 신분이 비전임 직원으로 불안정한 채 소수의 케어매니저에게 많은 경우를 담당하게 해온 구조가 문제시되어 왔다.

더불어 대만의 'A거점-B거점-C거점'이라는 패키지로 구성된 지역포괄케어시스템은 그 패키지성에 의미가 없다며 단기적으로 시스템의 실현이 어렵다는 지적도 있다(莊秀美·洪春旬 2018, 69).

요컨대 기능을 분담시킴으로써 오히려 더 비효율적이 되었다는 문제를 제시하면서 현행 시스템을 강하게 비판하고 있다.

또한 다음과 같은 혹독한 비판도 있다. 위상루(余尚儒) 등은 실제로 대만 동남부 재택의료를 실천하면서 체득한 케어서비스 제공의 흐름에 관한 문제점을 3가지 지적했다.

장기케어관리센터의 케어매니저와 A거점의 케이스매니저는 모두 케어플랜을 작성할 수 있어 대상자 구분이 없으며 양자의 업무는 중복되어 이용자의 오해를 사기 쉽다고 비판했다. 이는 A거점의 배치 상황과 관련되어 있다. A거점이 존재하는 지역에서 케어관리센터와 A거점 기관의 업무가 중복된다면 경제적으로 큰 손실을 줄 수 있다고 말할 수 있다.

B거점이 헬퍼 몇 명을 고용하고 있는 경우, 감독 책임자 한 명을 배치하는 것이 필요하다. 이 경우에는 같은 이용자의 케어플랜에는 케어매니저, 케이스매니저, 감독 책임자의 개입이 있어서 이용자의 부담이 증가한다.

더불어 새로운 케이스의 발굴에 관한 문제도 있다. 서비스기관인 B거점이나 C거점은 스스로 서비스를 원하는 케이스를 발굴했을 때 관리센터 및 A거점에게 소개해 줄 수 있지만, 어느 쪽에 알려 줘야 할지 창구가 명확하지 않아서 현장 직원들의 혼란 및 충돌이 일어나고 있다(余尚儒·五十嵐祐紀子

2019, 10-11).

이처럼 대만의 케어매니저와 케이스매니저의 역할이 상황에 의존하는 문제 및 불안정한 관계성에 대해 지적했다. 사실은 비교적 잘 운영되고 있다는 인정을 받았던 일본에서도 케어매니저에 의한 케어매니지먼트에 관해서 후생노동성으로부터 주의를 받고 있는 상황이다.

후생노동성은 2021년 3월 31일 〈'케어서비스 계획서의 양식 및 과제 분석 표준 항목의 제시에 대함'의 일부 개정에 대하여〉를 발표했다(후생노동성 2021). 이는 케어플랜의 표준 양식, 기재 요령의 일부 개정을 요구하는 통지였다. 후생노동성 노건국 치매시책·지역케어추진과에 따르면 이번 케어플랜 표준 양식 등의 개정 취지는 "케어플랜을 작성하는 케어매니저의 생각이나 판단이 이용자·가족 물론 보험자인 시정촌, 그리고 각 직종 등의 존중을 충분히 받도록 하기 위해서"이다(실버신보 2022).

요컨대 일본에서도 보다 질 높은 케어플래닝에 도달해야 하며 PDCA 사이클에 준거한 케어매니지먼트의 표준화를 계속 모색해야 한다는 것은 분명하다.

5 케어매니지먼트의 흐름 및 거점 목표

두 번째 구조적 문제는 〈그림 7-1〉의 차트 안에 '해당 지역에 A거점이 없는 경우'를 상정하고 있는 것이다. 원래 A거점은 '커뮤니티 통합형 센터'로서 2026년까지 향진시구(일본의 시정촌)마다 최소 1개소 설치하는 것으로 정해져 있다. A거점은 병원, 진료소, 데이서비스센터 등으로 구성되어 방문간호, 데이서비스, 단기입소, 식사서비스, 이송서비스 등 다양한 서비스를 제공하는 기관이다(西下彰俊 2019, 228).

그러나 A거점을 지역에 편향적으로 설치하면 지역포괄케어를 홍보하는 것 자체가 모순이라고 할 수밖에 없다. A거점은 2021년 말에 목표치의 1.5배인 708곳이 존재하고 있다. 대도시 지역뿐만 아니라 도서 지역, 산간 지역을 포함해 A거점을 목표치의 3배, 4배까지 늘릴 필요가 있지 않을까?

지역의 복지·의료 자원을 효과적으로 연계시켜 활용하는 것은 A거점-B거점-C거점이라는 3층 모델이었을 것이다. 그러나 '복합형 데이서비스 센터'로서, 실제적으로 재택서비스를 제공하는 B거점만이 목표치를 한참 넘어서 많이 존재하고 있다는 현실이 있다. 즉, B거점이 각 지역에 보편적으로 존재하고 있는 현황을 감안한다면, A거점이 아니라 지방정부가 오히려 질 높은 B거점들을 지정해 해당 조직에 케이스매니저를 배치한다면 좋은 케어매니지먼트로 탈바꿈할 수 있다.

앞에서 확인했듯이 장기케어2.0를 통해 서비스의 이용 대상 범위가 확대됐지만 현재로서는 이러한 확대에 걸맞은 정도의 서비스 이용자의 증가가 확인되지 않았다. 그렇다면 많이 설치된 B거점이라는 재택서비스기관이 잠재적 서비스 이용 희망자를 서로 빼앗는 형태로 발전된다는 것을 알 수 있다. A거점이 어느 B거점을 선택할 것인가 하는 판단은 A거점에 소속된 담당자 혹은 A거점의 책임자에게 맡겨진다. 사업적 유착이나 부당한 경쟁이 생길 가능성이 충분히 있다. 본인부담분 이외에는 지방정부가 부담해야 한다.

이렇게 보면 투명성 확보와 정보 공개는 진정한 의미에서 시급한 과제일 것이다.

6 정보 공개, 투명성 및 관리센터의 대응

세 번째 구조적 문제는 〈그림 7-1〉의 오른쪽 여러 박스 안에 "정보 투명화를 강화한다"라는 표현이 강조되고 있는 점이다(위에서 두 번째와 아래에서 두 번째 박스).

"케이스가 할당된 A거점의 상황을 공표", 덧붙여 "케이스가 할당된 B거점의 상황을 공표"라는 표현도 눈에 띈다. 뒤집으면 지금까지 장기케어관리센터나 A거점이 불투명한 배치를 해 왔다는 증거일 것이다.

이용자는 급격하게 증가한 적 없는데, 다수의 B거점 재택서비스 제공기관이 서로 빼앗는 형태이다. A거점이 어느 B거점을 선택할 것인가의 판단은 A거점에 소속된 담당자 혹은 A거점의 책임자에게 맡겨진다. 본인부담금액 이외에는 지방정부가 부담하기 때문에 유착이나 부당한 경쟁이 생길 소지가 생긴다.

이렇게 살펴보다 보면 투명성 확보와 정보공개는 전술했듯이 진정한 시급한 과제임이 판명된다.

네 번째 구조적 문제는 케어가 필요한 고령자의 일상생활 동작능력의 악화에 따라 케어 수요가 변화한 데에 따른 장기케어관리센터의 대응이다. 우측 하단 박스에는 케어 수요자(등급판정을 받은 고령자)의 컨디션 변화로 인해 수요가 변화한 경우에는 "수요자 스스로 케어관리센터에 알려주"도록 되어 있지만, 이 발상은 근본적으로 잘못된 것이다.

서비스기관 및 케이스매니저가 책임자로서 요구 변화를 파악해야 하며, 이 책임을 고령자 본인에게 전가하는 일은 절대로 없어야 한다. 현재로서는 사람 중심의 케어메니지먼트라는 목표와 먼 발상이라고 하지 않을 수 없다.

[표 7-1] 케어매니저가 작성한 케어플랜

케이스: 재평가의 시간이 다가오고 있다. 지난번 마지막 평가는 2017년 10월 29일,

CMS(케어매니지먼트시스템): 6등급 중도 실능, 평가: 레스파이트서비스.

서비스 신청 이유: 서비스 이용자는 다종 언어를 이해하고 있다. 2016년부터 우울증과 치매가 발병했다. 내복약을 복용하면서 진찰을 받고 있었다. 처음에는 A병원에서 치매 진료를 받았다. 해당 지역의 데이서비스를 이용했다. 이용자는 생활적 자립을 유지하고 있었다.

이용자의 아내는 평일에 CCTV를 이용해 이용자에게 지시를 내렸고(이용자의 아내는 타이난[台南]에서 일하고 주말에만 귀가한다), 이용자도 지시대로 행동할 수 있었다. 그 외에는 이웃의 협조로 보살핌을 받으며 규칙적인 생활을 유지하고 있었다.

이후 이용자의 건강 상태가 악화됐기 때문에 2017년 10월부터 외국인 케어노동자를 고용해 케어 지원을 받았다. 하지만 외국인 케어노동자들의 언어 능력이 좋지 않아 이용자는 의사소통이 부족하고 말로 하는 자극이 사라지고 있었다.

지난 11월부터 음성에 대해 매우 민감해져 정서 불안정으로 화를 쉽게 내고 외출을 거부하는 등의 증상이 나타났다. 이용자의 정신 상태는 명확하게 악화돼 평일에도 침대에 누워서 쉬고 있다. 소리에 대한 두려움, 정서 변화가 커서 갑자기 화를 내거나 혹은 갑자기 냉정하게 돌아서고 있다.

이용자 아내의 친구의 소개로 지금은 A병원에서 D병원으로 옮겨서 검진을 정기적으로 받고 있다.

그러나 이용자 상황이 최근에 악화된 이유에 대해 D병원의 의사는 약물로 통제할 수밖에 없었다. 이용자의 아내와 논의한 후 이용자의 언어 및 생활적 자극을 주는 것 및 신체적 훈련을 조언했다.

다만 이용자 본인은 외출을 거부하고 있어서 재택 방문재활에 의한 케어를 신청하라고 이용자 아내에게 조언했고 그녀도 이를 동의해 신청했다.

특별한 상황의 유무: 이용자는 49세 이하가 아니다. 돌보는 사람이 있다. 심신 장애인의 임시적 및 단기적 케어서비스의 보조를 받지 않았다. 특별케어수당도 받지 않았다. 외국 국적 노동자를 고용하고 있다.

(출처) 저자 작성

7 케어매니지먼트의 일원화 과제

〈표 7-1〉 및 〈표 7-2〉는 케어매니저와 케이스메니저가 작성한 케어플랜에 대해 개인을 특정할 수 없는 형태로 인터뷰한 내용을 재구성한 것이다.

[표 7-2] 케이스매니저가 작성한 케어플랜

1. 이용자의 수요

방문조사 시, 이용자는 치매와 우울증이 있다는 것을 알게 됐다. 정기적으로 타이베이(台北)의 어느 병원의 신경내과에서 진찰을 받고 있다. 이용자는 지금 가족이 고용한 인도네시아인 거주형 케어노동자와 함께 자택에서 동거 생활을 하고 있다. 이용자 아내의 근무지는 타이난(台南)에 있기 때문에 매주 금요일에 귀가한 후 이용자와 같이 생활한다.

이용자가 외출을 거부한 이유에 대해서는 외출하면 양쪽 귀가 주파수가 높은 자극으로 인해 심한 통증을 느끼기 때문이라고 이용자의 아내가 설명했다. 병원 진료를 받고 이상이 없다고 진단을 받았는데 이용자가 앞으로 외출할 의욕을 가졌으면 좋겠다고 이용자의 아내는 말했다.

이용자의 아내는 재택 방문재활, 재택 레스파이트(주로 6시간 이내)를 신청하고 이용하는 것을 기대하고 있다. 서비스 항목에 대한 설명을 실시한 후에 아래에 설명한 바와 같은 제안에 따라 케어서비스를 제공한다. 다른 서비스는 이에 대한 요구가 없기 때문에 당분간 제공하지 않는다.

2. 케이스매니저의 2가지 케어·서비스 제안

A. 방문재활

한 달에 방문재활서비스를 3번 이용한다. 이는 자택을 방문해 수단적 일상생활 동작능력을 높이는 것을 목표로 한 서비스이며 4,500TWD(수가)이다.

B. 재택 레스파이트서비스: 하루 전일

1년간 14일을 이용할 수 있는 재택 레스파이트서비스인데 하루에 6시간 이용할 수 있다. 이런 경우는 비용이 하루에 2,310TWD이다.

3. 검토 항목

최초에 케어 및 전문적서비스를 이용하기를 원한다는 이용자 아내의 소원을 확인했다. CMS 레벨 제6등급으로 인정 평가했다. 인도네시아인 거주형 케어노동자를 고용하고 있음을 확인했으므로 급여는 케어서비스 및 전문적서비스 비용의 30%만으로 정했다. 매월 급여 금액은 8,421TWD이다. 급여 금액을 초과한 부분은 자비로 사용하는 것에 대해 이용자 아내가 동의했다.

현재는 고용된 인도네시아인 거주형 케어노동자는 이용자의 일상생활을 돌보고 있기 때문에 제도적 다른 재택서비스를 신청할 수 없다. 재택 방문재활만 신청했다. 또한 이용자의 아내는 그녀가 고용한 인도네시아인 거주형 케어노동자에게 케어 관련 지식을 배우도록 지도할 것을 기대하고 있다. 평가한 결과 역시 이런 필요가 있음을 확인했다.

4. 기타:

A. 이 케이스에는 교통이송서비스의 이용을 원치 않음을 확인했다.

B. 이 케이스에는 복지용구와 재택 배리어프리 개선(주택개수)서비스 이용을 원하지 않음을 확인했다.

C. 이 케이스에는 레스파이트서비스의 이용을 원하고 있음을 확인했다. 매년의 급여 금액은 32,340TWD이며, 더욱이 직접 외국인 노동자를 고용하고 있는 경우의 레스파이트서비스 사용과 일치하기 때문에 타이베이(台北)시 정부는 본인부담금액을 지원한다. 정부의 보조 금액을 초과한 부분의 본인부담에 대해서 이용자 아내가 동의했다.

방문조사 시기: 2018년 4월 26일

A 거점: 사단법인P　　　　케이스매니저: Q

5. 케어플랜:

A. 케어매니저가 제안한 신청 항목: 레스파이트케어의 신청을 추천했으며 이용자의 아내도 이를 동의해 신청했다.

B. 이용자 가족의 의향으로 신청한 항목: 케어 및 전문적 서비스, 레스파이트케어서비스

평가일자: 2018년 4월 18일　　　　케어매니저: R

6. 변경에 대한 코멘트:

2017년 5월 9일, 전문 스태프의 연락에 따라 이용자의 가족은 야간, 휴일 서비스의 필요성이 생겨 야간서비스와 주말·공휴일서비스를 새로 선택했다. 야간서비스는 저녁 8시부터 자정까지 이뤄지는 재택서비스이고 한 번에 385TWD이다. 주말 · 공휴일서비스는 평일 이외의 재택서비스이고 한 번에 770TWD이다. 두 서비스 모두 같은 날에 중복으로 이용할 수는 없다.

변경날짜: 2018년 5월 9일　　　　케어매니저: R

(출처) 저자 작성

〈표 7-1〉 및 〈표 7-2〉로 알 수 있는 것은 케어플랜에 대해서 서비스 신청자의 가족에 의한 내용, 즉, 구체적으로는 해당 수급자의 신체 및 정신적 상황의 현황이나 현재까지의 경과나 본인이 희망하는 서비스의 종류 등의 인터뷰 내용이 중복되어 있다는 점이다.

케어서비스, 케어매니지먼트와 관련된 전문직이라는 사회자원이 풍부하게 존재하고 있지 않기 때문에 전문직을 효과적으로 활용하는 의미에서

도, 또 서비스 이용 당사자나 이용자 가족을 대상으로 한 청취 조사의 시간 경감이라는 의미에서도 청취 내용의 유기적 분업화가 필요하다.

재구성된 하나의 사례에 관해서 두 표의 내용을 말하면, 케어플래닝 및 케어매니지먼트에 관한 전문적인 책임은 A거점의 케어매니저로 일원화해야 할 것이다. 그러나 이미 확인했듯이 A거점이 보편적으로 배치되고 있지 않으므로 일원화는 어렵다.

그러나 대만의 케어시스템의 가장 큰 문제점은 등급인정을 축으로 케어매니지먼트의 모든 과정과 관련된 케어매니저의 신분이 불안정하기 때문에 질 높은 인재가 모이지 않는다는 것이다. 예첸자(葉千佳)가 지적했듯이 케어매니저의 대부분이 비전임으로 저임금임에도 불구하고 대량의 케이스를 맡아야 하는 가혹한 상황을 바로 개정해야 한다(葉千佳 2016, 13; 西下彰俊2017, 25-26). 케어매니저의 신분 안정화를 실현함으로써 A거점 케이스매니저와의 유기적 연계가 가능해진다.

이미 〈그림 7-1〉의 흐름과 관련해서 지적한 것인데, 그리고 이것은 항상 있을 수 있는 일이지만, 신청자 본인의 등급이 높아졌을 때에는 원래는 재택서비스 제공자가 케어매니저에게 연락해 다시 등급인정을 실시해야 한다. 그러나 현행 장기케어서비스법에서 재인정에 관련된 조문은 없다. 이것이 서비스의 법적 문제 중의 하나이다.

실무적으로는 A거점의 케어기관이(지역에 A거점이 없으면 해당 자치단체의 케어매니저가) 6개월마다 적어도 1회 자택 방문을 실시하고(등급 변화 있는지에 관계없이), 수급자의 수요가 변화했을 경우에 케어플랜을 조정한다. 케어등급이 악화된 경우에는 사후 장기케어관리센터에 연락을 할 수밖에 없다(林谷燕 2020, 45).

더불어 장기케어서비스법 제8조는 장기케어관리센터가 조치한 인정결과에 대해 본인 또는 가족이 인정하지 않는 경우에 대한 구제 수단은 언급되고 있지 않다. 즉, 이의 제기가 제도화되어 있지 않음을 확인할 수 있으며, 이 현상은 서비스의 두 번째 법적 문제이다(林谷燕 2020, 48).

■ 신근영·허팡룽 옮김

제8장

거주형 외국인 케어노동자의 과제

1 외국인 케어노동자의 탄생 배경

장기케어2.0은 케어를 필요로 하는 고령자나 장애인에게 공적으로 전문적인 케어서비스를 제공하는 시스템을 만드는 국가적 플랜이다. 그러나 대만에는 이러한 공조 서비스가 발전하기 전에 여성의 취업이 일반화되면서 가족·가정이라는 사적 공간에서 외국인이 케어노동자들로 공적 서비스를 실천하는 독특한 스타일이 탄생했다. 현재도 대만에서 이러한 방식이 일반적으로 계속 유지되고 있다.

이 장에서는 아시아 출신의 여성을 중심으로 한 외국인 케어노동자가 케어를 포함한 가사 등 서비스를 제공하는 독특한 시스템에 관한 구조나 실태 등의 문제점에 대해서 고찰하고자 한다. 이 시스템은 대만뿐만 아니라 싱가포르, 홍콩 등에서도 널리 존재하고 있다.

대만에서는 1970년대, 1980년대의 급속한 경제 발전으로 고학력화, 국민소득 증가, 여성의 사회 진출이 진행됐다. 이러한 사회 변화에 더해 평균수명의 연장으로 인해 케어서비스에 대한 수요도 많아졌기 때문에 대만 정부는 케어노동력 부족을 보충하기 위해서 1992년 5월 취업서비스법(就業服務法)을 제정해 외국인 노동자의 도입을 결정했다(青木美樹 2013, 35).

[표 8-1] 대만의 국가별 외국인 노동자 추이

	산업 분야						
	인도네시아	필리핀	태국	베트남	기타	소계	
2005	3.9 (7,188)	33.1 (60,656)	51.9 (95,265)	11.0 (20,229)	0.0 (43)	100.0 (183,381)	
2010	11.0 (21,313)	28. (54,218)	33.3 (64,516)	27.6 (53,488)	0.0 (10)	100.0 (193,545)	
2015	16.3 (59,261)	15.9 (95,445)	15.9 (57,815)	41.5 (151,062)	0.0 (1)	100.0 (363,584)	
2020	15.6 (71,141)	26.7 (121,890)	12.6 (57,728)	45.2 (206,500)	0.0 (8)	100.0 (457,267)	
2021	14.8 (65,653)	26.1 (115,702)	12.8 (56,583)	46.3 (205,159)	0.0 (7)	100.0 (443,104)	

(출처) 대만 노동부 노동력 발전서 2022
https://statdb.mol.gov.tw/html/mon/i0120020620e.htm

케어 영역에서 외국인 노동자에 문호를 개방한 배경에는 여성의 사회 진출로 인한 가족 기능의 축소를 지적할 수 있다. 이러한 가족 역할의 변화라는 측면에서 볼 때 일본처럼 개호의 사회화를 지향하는 정책을 전개하는 것이 하나의 선택지일 것이다. 대만의 경우 케어의 사회화에 걸맞은 재택서비스 및 시설서비스의 기반 정비가 1990년까지 마련되지 않았기 때문에 법 개정을 통해서 외국인 케어노동자를 받아들이게 되었다고 볼 수 있다.

외국인 노동자는 산업 외국인 노동자(이하 산업외노) 및 사회복지 외국인 노동자(이하 사복외노)로 구성되어 있다. 사복외노는 ① 시설에서 일하는 간호사, ② 개인 자택에 거주하는 가정 간호사(이하, 거주형 외국인 노동자로 표기), ③ 개인 자택으로 통근하는 가정지원자(가정부)로 나뉜다. 취업서비스법이 제정된 1992년 당시는 산업외노가 15,255명, 사복외노가 669명이었다.

〈표 8-1〉에서 보이듯 2021년에는 산업외노가 443,104명, 사복외노가 226,888명으로 지난 29년간 산업외노가 약 29배, 사복외노는 339배로 현저하게 증가했다.

	민간 서비스 분야						총계
	인도네시아	필리핀	태국	베트남	기타	소계	
	29.1 (41,906)	24.3 (35,047)	2.1 (3,057)	44.4 (63,956)	0.0 (49)	100.0 (144,015)	327,396
	72.5 (135,019)	12.5 (23,320)	0.7 (1,226)	14.3 (26,542)	0.0 (1)	100.0 (186,108)	379,653
	79.0 (177,265)	12.3 (27,613)	0.2 (557)	8.4 (18,919)	0.0 (2)	100.0 (224,356)	587,940
	76.3 (192,217)	11.5 (28,896)	0.2 (407)	12.0 (30,335)	0.0 (1)	100.0 (251,856)	709,123
	75.6 (171,515)	11.5 (26,106)	0.2 (371)	12.7 (28,895)	0.0 (1)	100.0 (226,888)	669,992

산업외노 중 가장 많은 비율을 차지하고 있는 나라는 베트남이며 약 20.5만 명이 있다. 다음으로 필리핀이 약 11.6만 명, 인도네시아 약 6.6만 명이다. 한편, ② 거주형 외국인 케어노동자에 대해서는 2021년 인도네시아가 75.6%(171,515명)로 가장 많았다. 이어서 베트남이 12.7%(28,895명), 필리핀이 11.5%(26,106명)이다(대만 노동부 노동력 발전서 2022, 204-205).

대만에서는 인도네시아, 베트남, 필리핀 3개국의 노동력이 필수적이지만 2021년 코로나19 사태의 영향으로 전체적으로 외국인 노동자가 약간 감소하고 있다.

대만 노동부가 2022년 공표한 〈110년 이주노동자 관리 및 운용 조사 보고〉(이하 2021년 이공관리조사)에 따르면 2021년 현재 거주형 외국인 케어 노동자 중 인도네시아인이 가장 많은 178,860명이고 여성이 99.7%를 차지한다. 구체적으로는 25세 미만 6.9%(12,279명), 25세 이상 34세 미만 33.7%(60,248명), 35세 이상 44세 미만 46.2%(82,691명), 45세 이상 13.2%(23,642명)이다.

두 번째인 필리핀은 총 26,063명, 여성이 96.3%를 차지한다. 이 중 25세 미만 0.2%(50명), 25세 이상 34세 미만 27.9%(7274명), 35세 이상 44세 미만 55.6%(12,819명), 45세 이상 22.7%(5920명)로 분포하고 있다.

세 번째인 베트남의 경우는 총 19,066명 중 여성이 96.3%를 차지한다. 그중 25세 미만이 0.4%(85명), 25세 이상 34세 미만 13.9%(2642명), 35세 이상 44세 미만 39.9%(7603명), 45세 이상 45.8%(8736명)이다(대만 노동부 2022, 107).

인도네시아 및 필리핀은 30대 후반부터 40대 초반까지의 여성이 차지한 비중이 가장 많지만 베트남은 40대 후반이 가장 많아 연령 계층의 분포 차이를 확인할 수 있다. 덧붙여 태국은 전체 359명으로 소수에 머무르고 있다.

2 거주형 외국인 케어노동자의 증가 이유

그렇다면 왜 이러한 거주형 외국인 케어노동자가 앞으로도 계속 늘어날 것으로 예측되는가. 미야모토(宮本, 도시샤여자대학 교수)에 따르면 가족 부양을 칭송하는 대만의 '전통적' 가치관과 자국의 가족을 지키기 위해 해외에서 돈을 버는 재택케어헬퍼의 '자기 희생적' 가치관이 결합하면서 외국인 케어노동자를 쉽게 도입할 수 있는 토양이 조성되었다고 한다(宮本義信 2015, 60).

받아들이는 쪽인 대만의 유인 요소(Pull Factor)와 인도네시아나 베트남 등 주요 송출 국가의 추진 요소(Push Factor)가 결합된 결과인 것은 확실하다.

미야모토가 말하는 '가족 부양을 칭송하는 대만의 전통적 가치관'이 그대로 실천된 것은 아니다. 여성의 사회 진출이 진행되고 직장을 다니면서 재택케어가 어려워졌는데 그렇다고 노부모를 시설에 입소시키는 것을 좋게 보지도 않는다. 이른바 '적당한 수준의 효도'로 외국인 케어노동자를 고용해 계약을 맺고 거주하게 함으로써 전통적인 가치관이 인위적으로 유지되고 있다고 해석할 수 있다.

미야모토는 이러한 관계성을 '뒤틀린 구조'라고 부르는데, 여성의 사회 진출이 현저하게 진행되고, 사회구조적 모순을 완화하기 위해서 외국인 재택 케어 헬퍼가 가족의 가사 노동을 전반적으로 대체·보완하고 있다고 분석하고 있다(宮本義信 2015, 60).

이상 미야모토의 해석에 대해 시로모토(城本るみ, 히로사키대학 교수)도 같은 생각을 하고 있다.

대만에서는 "노인들이 시설 입소에 대한 심리적 저항감이 여전히 강하다. 고령자 본인은 물론 자녀들도 부모를 입소시킴으로써 '불효' 딱지를 붙이게 되기 때문에 자녀 세대도 이를 바람직하게 여기지 않는 풍조가 있다. 가정 내 외국인 고용은 자녀 세대에 의한 부모의 재택케어를 가능하게 하고 고령자에게도 자녀 세대에게도 '심리적 안정감·만족감'과 '시간적 편리성'을 주는 것으로서 기능하고 있다(城本るみ 2010, 61)".

즉, 외국인 케어노동자를 고용함으로써 최선은 아니지만 동거라는 형태는 유지될 수 있고, 적당한 수준의 효도를 실천할 수 있다고 보고 있다는 것이다. 고용주인 자녀에게 거주형 가정 간호사는 매우 필요한 존재이다.

자녀 입장에서 꽤나 편리한 이 시스템은 그림자도 포함하고 있다. 고용주가 거주형 외국인 케어노동자를 학대하거나, 반대로 외국인 케어노동자가 고용주의 부모인 케어가 필요한 고령자나 장애인 가족을 학대하는 경우도 있다(岡村志嘉子 2015, 122).

학대의 가능성에 대해서는 차치하더라도 확실한 것은 대만 정부가 장기케어보험제도를 도입한다고 해도 그 시기까지 해결해야 하는 가장 큰 문제 중 하나가 이러한 거주형 외국인 케어노동자를 개인적으로 고용하고 있는 약 23만 가구의 가족에 대한 대응이다. 필시 장기케어보험제도가 도입되더라도 이러한 거주형 외국인 케어노동자를 고용하는 세대에게는 원칙적으로 급여서비스가 공급되지 않을 것이다.

2021년 말 현재 고령자를 비롯해 케어가 필요한 사람 약 85.5만 명 중, 거주형 외국인 케어노동자를 고용하고 있는 경우가 약 24.7만 명에 이르고 있다. 장기케어보험제도가 출범할 경우에는 29%의 가구가 혜택 범위 외에 놓이게 된다. 즉, 대부분의 가족이 자비로 가정 돌봄과 가사, 육아 등을 30대, 40대 동남아시아 여성에게 맡기는 선택을 하고 있는 마당에 제도를 도입하는 국민적 공감을 얻을 수 있을 거라고는 도저히 생각할 수 없다.

이렇게 대만의 케어시스템에 큰 영향을 미치는 거주형 외국인 케어노동자들이지만 이들은 대만에 영주할 수 있는 것이 아니다. 1회당 취업 기간은 3년으로 제한되며(1년간 연장 가능), 적어도 하루는 출국한다는 조건으로 재입국해야 취업 갱신이 가능하다. 합계 12년까지 허용된다(宮本義信 2015, 68).

이러한 출국 규제는 2016년에 폐지되었지만, 거주형 외국인 케어노동자는 행정기관에서 자격 및 조건 인정을 받는다면 근로 체류 기간을 2년간 연장할 수 있는 등, 2015년 이후에는 최대 14년간 일할 수 있게 되었다(鄭安君 2021, 12).

3 거주형 외국인 케어노동자의 고용 절차

고용 절차는 여러 단계로 나뉘어 있다. 첫 번째 단계는 외국인 케어노동자를 고용한 가정이 신청하는 것이다. 두 번째 단계는 병원 의사가 '수급자가 24시간 케어를 필요하는지 여부'를 판단해 '질병 또는 심신기능 상실 진단

증명서'를 작성한다. 이때 의사의 판단 근거는 2015년부터 바델 지수에 근거하고 있다.

세 번째 단계는 2005년부터 장기케어관리센터를 통해 대만인 케어노동자를 구한다. 그러나 이러한 구인은 유명무실화되어 있을 뿐만 아니라 실제로 이 분야는 항상 인력 부족이기 때문에 이 고용 절차를 바탕으로 하는 대만인 케어노동자를 찾을 가능성은 극히 낮다(城本るみ 2010, 38).

유명무실화된 이유는 명백하다. 24시간 케어를 필요로 하는 고령자 케어는 명백한 중노동이기 때문에 대만인 케어노동자가 희망하는 일은 있을 수 없다.

네 번째 단계에서 고용주는 4가지 서류를 준비한다. 서류 심사를 통과한 후에 직업훈련국이 외국 국적 가정간호사 모집 허가서를 발급하므로 고용주는 중개 회사에 외국인 케어노동자 알선을 의뢰한다. 이러한 절차를 거쳐 고용주는 외국인 케어노동자의 거주를 계약 조건에 적어 고용하는 것이다.

그러면 고용주의 자택인 닫힌 공간에서 일하는 외국인 케어노동자는 연수를 받을까. 시로모토에 따르면 외국인 케어노동자는 국외에서 100시간, 대만 입국 후 90시간의 연수를 받게끔 되어 있어 케어노동자의 케어 질을 어느 정도 유지할 수 있다.

그러나 대만에서 연수를 받을 때는 언어나 문화 습관 등의 문제가 존재해 연수 실시에 어려움도 따른다. 그래서 외국인 케어노동자에게 대만 연수를 강제하지 않는다(城本るみ 2010, 37). 언어 습득은 쉽지 않기 때문에 연수 자체가 성립하기 어렵다.

그러나 앞으로는 상황이 크게 달라질 것으로 전망된다. 가정에서 케어노동에 종사하는 외국인 케어노동자 등이 대만의 케어서비스를 공급하는 중요한 존재라는 점을 중시하여 그들에 대한 훈련을 제도적으로 실시하도록 하는 조항이 '장기케어서비스법' 제64조에 규정되었다(岡村志嘉子 2015, 124).

구체적으로는 동법 제64조, "개인적 케어노동자는 중앙주관기관이 공고(公告)한 대로 지정한 훈련을 받아야 한다. 이 법률 시행 후, 처음으로 입국한 외국인으로서 장애인 가정에 고용되어 케어 업무에 종사하는 자에 대하여, 고용주는 중앙주관기관이 정한 보충 훈련을 신청하여 받게끔 할 수 있다. 중앙주관기관은 보충 훈련의 과정 내용, 유료 항목, 신청 절차 및 기타 지켜야 하는 사항과 관련된 규칙을 정한다(岡村志嘉子 2015, 138-139)" 라고 설명하고 있다.

4 거주형 외국인 케어노동자의 가혹한 근로 조건

2008년 거주형 외국인 케어노동자의 월 총수입은 평균 18,000TWD(약 7.7만 엔)이며(2008년 최저임금은 17,280TWD), 고령자가 시설 입주 시 필요한 비용 30,000-60,000TWD보다 상당히 저렴하다. 또한 대만인 케어노동자의 홈헬프 서비스 이용료인 60,000TWD보다도 저렴하다(城本るみ 2010, 38).

대만 노동부의 〈2021년 이공관리조사〉에 따르면, 2021년 외국 국적 가정 간호사의 평균 임금(총 급여)은 20,209TWD(약 84,900엔)이다. 2021년 최저임금(기본수입)은 24,000TWD(약 100,800엔)였다(2022년 25,250엔). 같은 시기 제조업 외국인 노동자의 평균 임금은 30,537TWD(약 128,000엔)이므로 거주형 외국인 케어노동자의 임금은 제조업 외국인 노동자 임금의 2/3 정도로 상당히 낮다.

2008년 당시뿐만 아니라 2021년 현재도 거주형 외국인 케어노동자의 급여 평균이 대만의 최저임금을 상당히 밑돌고 있음을 확인할 수 있다.

그렇다면 왜 인도네시아인, 베트남인, 필리핀인을 중심으로 하는 거주형 외국인 케어노동자의 임금은 대만의 최저임금을 밑돌 정도로 낮은 것일까. 사실 대만의 근로기준법에서는 시설에서 일하는 외국인 케어노동자의 경우는 법적 대상이 되지만, '거주형 외국국적 간호사의 경우는 가족의 일원으로 간주하게' 되기 때문에 법적 대상이 되지 않는다.

이러한 해석에 따라 거주형 외국인 케어노동자는 근로기준법의 대상에서 제외되어 최저임금이 적용되지 않으며, 결과적으로 최저임금보다 낮은 저임금으로 일하는 경우가 대다수이다. 최대 송출국인 인도네시아 정부는 자국 노동자의 대만 취업을 2017년 내에 금지하는 정책을 내놓았다(小島克久 2016b, 10).

대만 정부 입장에서는 인도네시아 정부의 요구에 맞춰서 최저임금을 초과한 월급을 계약의 최저 조건으로 정한다면 일반 가정에서 거주형 외국국적 간호사의 고용이 확실히 줄어들기 때문에 장기케어보험제도의 개설을 위한 홈헬프서비스의 요구를 결과적으로 확대시켜 나가게 된다.

애초 자국 최저임금액보다 낮은 금액으로 외국인을 일하게 하는 것은 외국인 인권 존중이라는 국제적 관점에서 볼 때 큰 문제이다. 사실 미국 국무부의 국가·지역별 〈2016년 인권보고서〉에 따르면 대만 외국인 노동자의 노동 권리 착취 문제, 중개사에 의한 착취 문제가 거론되고 있다.

물론 미국은 전반적 외국인 노동자의 인권 침해를 문제삼고 있지만, 대만의 거주형 외국인 케어노동자들이 근로기준법에 따른 보호를 받을 수 없다는 점에서 가장 가혹하며, 이 점에 주목하고 있다고 봐도 무방하다(鄭安君 2021, 17).

당시 대만 정부는 적절한 대응을 제공해야 했는데 거주형 외국인 케어노동자에게 근로기준법을 적용하는 것은 앞서 살핀 법률의 해석으로 보면

칼럼 6 타이베이역 스퀘어의 외국인 케어노동자

매주 일요일 타이베이역 중앙에 있는 큰 광장에는 외국으로 보일 정도로 인도네시아나 필리핀 사람들로 가득 차 있다. 대부분은 여성이다. 3명, 5명, 10명 등 다양한 규모의 그룹이 땅바닥에 앉아 가져온 음식을 먹으면서 잠시 쉬고 있다. 이들은 대만의 각 지역에서 계약한 가정에 살면서 케어가 필요한 고령자나 치매 고령자를 돌보고 있다.

서로 평소의 수고를 위로하고 낮은 임금에 대해 불만을 토로하며 정보를 교환하고, 박장대소하며 즐겁게 몇 시간을 보낸다. 이곳에서 지인을 만날 수 있는 외국인 케어노동자들은 나름대로 스트레스를 해소할 수 있지만 휴일이 없거나 있더라도 여유가 없어 역까지 왕복할 시간이 없는 사람도 많다.

저자와 외국인 케어노동자

곤란했을 것이다. 야스사토 가즈아키(安里和晃, 교토대학 준교수)에 따르면 외국인 케어노동자가 장시간 근로하는데도 불구하고, 시간당 임금은 건설업·제조업 노동자보다도 낮고, 만일 외국인 케어노동자에게 근로기준법을 적용하면 임금은 현재의 2배 가까이까지 상승한다고 지적하고 있다(安里和晃 2006, 11).

놀랍게도 대만 정부는 1998년 4월 거주형 외국인 노동자를 근로기준법 적용 대상으로 삼았었다. 결과적으로 임금이 급증했기 때문에 고용주의 지불 능력을 초월한 경제적 부담으로 이어진다는 이유로 1999년 1월 외국인 노동자를 적용 대상에서 제외했다(安里和晃 2006, 11;鄭安君 2021, 66).

거주형 외국인 케어노동자에 대한 가혹한 근로 환경은 최저임금보다 낮은 임금뿐만 아니라 휴일이 적다는 문제도 있다. 앞서 언급한 〈2021년 이공관리조사〉에 따르면 하루의 근로 시간을 규정하지 않은 고용자가 82.4%로 극히 많다. 그 결과 케어노동자들이 휴일을 확보하기 어려워 과로하게 된다. 노동자로서의 인권이 지켜지지 않는 또 다른 측면이다.

이러한 거주형 외국인 케어노동자의 근로 조건을 개선하기 위해서는 다음과 같은 3가지 방법이 있다는 점이 지적된다.

① 근로기준법 적용

② 가사노동자보호법 제정

③ 대만 노동부의 국외인 노동력 발전서가 제시하는 약관(정형화 계약)에 근거해 노사가 계약을 체결하도록 함으로써 해당 노동자의 근로 조건의 보호를 도모하는 것

이미 세 번째 방법이 선정되어 일정한 평가가 진행되고 있지만 대만 정부는 10개 항목에 이르는 약관을 강제할 근거법을 가지고 있지 않기 때문에 약관을 지키지 않는 사용자에 대해서 대책을 강구할 수 없다(根岸忠 2020, 237-238). 이 때문에 앞서 지적한 바와 같이 가혹한 근로 환경에 놓인 거주형 외국인 케어노동자가 다수에 이르는 것이 현실이다.

향후 과제로서는 가사노동자보호법 제정이 기대되지만, 현재로서는 실현 가능성이 낮을 것 같다.

국제노동기구(ILO)가 진작부터 제창하는 '적절한 근로'(decent work)의 관점에서, 그리고 국제적 기준인 지속가능발전(SDGs)의 관점에서 대만을

비롯한 몇몇 나라에서 생긴 외국인 케어·가사 노동자의 가혹한 노동 환경의 개조 및 개정을 기대하고 있다.

■ 신근영·허팡룽 옮김

제9장

대만의 치매케어

1 치매케어 및 치매예방·케어행동계획2.0

대만 정부는 2013년 〈치매예방·케어행동계획1.0〉(치매 방치보호정책 강령 및 행동 방안, 이하 행동계획1.0)을 시작해 2016년에 종료했다. 다음 해 2017년에는 장기케어계획2.0이 시작됐다. 장기케어계획2.0는 장기케어계획1.0과 본질적으로 다른 점은 2가지이다.

하나는 케어서비스 대상자 중 5번째로 '50세 이상 치매 환자'가 포함된다는 점, 그리고 제공된 서비스 중 9번째로 '치매케어'가 도입된 점 등이다(西下彰俊 2019, 222).

치매예방·케어계획1.0을 통해서 치매케어서비스의 기반 정비가 어느 정도 진행된 후에 장기케어계획2.0에서는 50세 이상 치매 고령자를 케어서비스의 대상에 추가했다. 극히 원활한 계획에 근거한 전개임을 알 수 있다.

이러한 흐름에 따라 2018년 6월 '치매예방·케어행동계획2.0'(치매 방치보호정책 강령 및 행동 방안2.0)이라는 국가 플랜이 출범됐다(대만 위생복리부 2017b). 치매 의료·케어에 중점을 두고 2가지 종류의 지역센터를 구축했다. 그중 하나가 '치매종합케어센터(Integrated Dementia Care Center, IDCC)'

이며, 2021년 현재 전국에 103개가 배치되어 있다. 또 하나는 지역밀착형 서비스 거점으로서 '치매 지역서비스 거점(Support Center for People with Dementia and their families=SPDF)'인데 2021년 현재 전국에 506개가 설치되어 있다.

치매종합케어센터는 각 지역의 의료 및 복지의 핵심이 되는 센터이며 향후 치매케어의 발전을 위해 귀중한 기관이다. 이 센터는 지역의 종합병원에 설치된 경우가 많다. 예를 들어 초기 타이베이시(台北市)에 설치된 5개 센터 중 3가지가 타이베이시 종합의원(台北市総合医院)의 각 분원에 있다.

이 센터는 일본에 존재하지 않는 조직이지만 치매 의료라는 점으로 보면 일본의 치매질환의료센터와 가깝다고 생각한다. 이 센터는 의료 이외에도 다음과 같은 기능을 가지고 있다는 점에서 독특하다.

① 케이스 매니지먼트, 이용자 각자가 평가(이용자 입장의 평가)를 실시한다.
② 치매 케어의 인재 육성 및 연수를 실시한다.
③ 사회 교육 기능으로 일반인을 대상으로 치매 관련 강의를 개설한다.
④ 지역밀착형치매케어서비스를 실제로 제공한다.

한편 치매 지역서비스 거점은 치매에 대한 이해를 촉진시키고 치매 증상을 완화하는 것, 고령자의 안정을 지켜보는 것, 치매 관련 단체의 지원, 가족부양자에 대한 지원 등을 주요 기능으로 삼고 있다(위생복리부 장기케어부 2020c).

참고로 2021년 현재 대도시 중 타이베이시(台北市)에는 치매종합케어센터 11개소, 치매 지역서비스 거점 45개소가 있으며, 신베이시(新北市)에서는 치매종합케어센터 11개소, 치매 지역서비스 거점 43개소가 설치되어 있다. 또한 타이중시(台中市)에는 센터 10개소, 거점 39개소, 가오슝시(高雄市)에는 센터 9개소, 거점 55개소가 있다(위생복리부 장기케사업부 2022).

치매예방·케어행동계획2.0은 2025년에 종료될 예정인데 그때까지 달성되어야 할 7가지 전략, 측정 목표, 목표 등이 설정되어 있다. 7가지 전략 등에 대해서는 별고에서 소개하고 있으므로 참조하기 바란다(西下彰俊 2019, 232-233).

이러한 치매 케어에 관한 국가 플랜이 2013년 이후에 2가지 단계로 지속적으로 전개된 배경에는 치매 고령자 수치가 많다는 점뿐만 아니라 앞으로도 급증할 것이며, 치매 가족 단체의 적극적인 활동, 자택에서 치매 부모나 고령 배우자를 돌보는 일의 어려움, 치매 예방의 중요성에 대한 인식 등이 있었다. 더불어 일본이 2012년의 치매시책 추진 5개년 계획, 2015년 치매시책추진 종합전략, 2019년의 치매시책 추진 대강령을 지속적으로 전개한 것도 큰 영향을 주고 있다.

2 치매예방·케어행동 계획의 현재 및 미래

치매 고령자나 젊은 치매 환자는 기억 장애나 방향 감각 상실 등이 핵심 증상이며 여기에 BPSD(치매 관련 심리·행동증상) 등 주변 증상을 갖고 있다. 증상이 악화되면 사리분별 능력(법적 책임이 발생할 일을 인식할 수 있는 능력)을 상실한 경우에 본인의 인권을 보호하기 위해서 성년후견제도(成年後見制度) 등 사회적 보호 구조를 가지고 있는 나라도 많다.

이러한 배경에서 장기케어2.0에서는 앞장의 〈표 6-1〉 우측 상단에 보이듯, 대상자가 2배까지 확대된 상황에서 ⑤ 50세 이상의 치매 환자가 포함됐다. 고령기의 치매 환자뿐만아니라 젊은 치매 환자가 케어서비스를 이용할 수 있는 점이 특징인데 이는 일본과 동일하다.

다른 점이 있다면 일본이 40세 이상 제2호 피보험자가 치매에 관한 서비스를 이용할 수 있는 데 비해 대만에서는 50세 이상의 치매 환자에 한정되어 있다는 점이다. 서비스 메뉴도 배로 증가했다. 표 우측 하단에서 알 수 있듯이 이 플랜의 ⑨항에 치매 케어서비스가 자리 잡고 있다.

대만의 치매 정책은 위생복리부와 대만치매협회(Taiwan Alzheimerís Disease Association=TADA)가 연계해 추진해 오고 있다. 2013년부터 2016년까지 진행된 치매예방·케어행동계획1.0 이후, 2018~2025년간의 행동계획은 아래 같은 7가지 전략이 설정됐다.

전략 1 2020년까지 치매를 모든 기초자치단체(지방정부)의 행동계획으로 인식할 것

전략 2 2025년까지 전 국민의 7% 이상이 치매를 올바르게 이해하고 치매 환자에 친절하게 대응할 것

전략 3 중앙정부가 치매 위험을 억제하여 발생율을 저하시킬 것

전략 4 2025년까지 치매 노인 및 젊은 치매 환자의 70% 이상이 진단을 받아 적절한 지원 및 서비스를 이용할 수 있도록 할 것

전략 5 2025년까지 가족부양자의 70% 이상이 지원이나 연수를 받을 수 있도록 할 것

전략 6 2019년까지 국가 치매 등록 시스템 및 모니터링 시스템을 완비할 것

전략 7 치매 연구를 촉진하고 치매에 관한 케어 기술을 개발할 것

치매 고령자나 젊은 치매 환자에 대한 재택케어, 시설케어의 기반 정비

라는 관점에서 보면 위의 7개 전략 중 '전략 4'가 특히 중요하다. '전략 4'에 포함된 10개 지표 중 이 책의 주제와 관련된 지표는 아래 5개이다.

① 치매 노인이나 젊은 치매 환자가 케어서비스를 이용하는 비율을 40%로 올릴 것
② 치매를 대상으로 한 시설의 병상 수를 2,300개로 올릴 것
③ 치매 통합케어센터를 63개 설치할 것
④ 치매 종합형 데이서비스, 치매 그룹홈, 소규모 다기능 시설을 포함해 500곳을 정비할 것
⑤ 거주형 외국인 케어노동자에 대한 치매 연수와 교재 작성 비율을 5% 이상으로 올릴 것

이상이 구체적인 목표로 설정되어 있는데 이 중 ③항에 관해서는 목표치를 이미 웃돌고 있다.

이렇듯 매우 다각적이고 상세한 행동계획2.0을 수행하기 위해서 2018년 약 21.3억 TWD, 2019년에는 19.7억 TWD의 예산이 책정됐다.

3 대만의 새로운 엔드 오브 라이프 케어 전개

1. 환자자주권리법 성립

우리는 심신의 쇠퇴로 장기케어서비스를 받으면서 혹은 케어서비스를 이용하지 않더라도 인생의 어느 단계에서 의료를 맞닥뜨리는 경우가 있다. 인생의 마지막 단계의 삶에 대해서 혹은 의료 이용에 대해서 스스로 결정할 수 있는 권리를 사용하면서 무언가를 선택할 수 있다는 사회 시스템이

구축되어 있는 상태, 이것이 바람직한 사회라 할 수 있다.

대만은 이러한 바람직한 사회를 목표로 〈환자자주권리법(Patient Right to Automy Act, 이하 자주권리법)〉을 2019년 1월 6일 시행했다(2015년 12월 18일 입법원에서 가결). 이러한 법률 제정은 대만 사회의 선진성을 보여 준다.

환자가 위중한 질환에 걸리면서 '마지막 삶(엔드 오브 라이프)'을 본인이 결정하고 삶의 방식을 선택하는 것은 과연 가능할까. 그 본인 결정이라는 판단을 둘러싼 사회적 과제는 존재하지 않는가. 이 장에서는 장기케어서비스와 관련해 결코 멀지 않은 미래에 벌어질 심각하지만 피해 갈 수 없는 중요한 과제에 대해 논하고자 한다. 말을 바꾼다면 대만에서 '선종(善終)'이 어떻게 가능한지를 논하기로 하자. 선종이란 좋은 종언을 의미한다(鍾宜錚 2015, 120).

'환자자주권리법'을 도입하기 앞서 2000년 〈안녕완화의료법(安寧緩和医療法)〉이 성립되었다. 이 법은 당사자 본인의 사전 지시 또는 가족의 대리 결정에 의한 연명 치료의 대체나 중지를 인정하는 법률이며(鍾宜錚 2015, 123), 환자자주권리법를 성립시키는 입법 논리의 전제가 된다는 법률로서 주목할 필요가 있다. 이 법은 가족의 대리 결정을 인정한다는 점에서 뚜렷한 한계를 갖고 있어 이 문제를 해결하기 위해서 법률의 제정이 필요했다.

오카무라 시가코(岡村志嘉子, 일본 국립국회도서관 주임 조사원)에 따르면 환자자주권리법의 입법 목적은 '의료에 대한 환자의 자주권 존중, 천수를 다할 권리 보장, 환자와 의사의 우호 관계 촉진'이다. 기본 원칙은 '환자는 병세, 의료 선택 및 각 선택지의 효과와 리스크를 알 권리를 가지고 있으며 의사가 제공한 의료 선택에 대해 선택하고 결정을 내릴 권리를 가지고 있다'는 점이다(岡村志嘉子 2016, 1).

2. 의료의 사전지시서 작성

자신의 마지막 의료를 선택할 권리를 행사하기를 원하고 있으며, 완전한 행위능력을 가진 환자(20세 이상 또는 20세 미만으로 결혼한 사람)는 정해진 의료기관을 방문해 '의료 사전지시서(Advance Directive, AD)'에 관한 상담(Advance Care Planning, ACP)을 받는다. 이 때는 해당 환자뿐만 아니라 완전한 행위능력을 가진 증인 2명의 동석이 필요하다. 해당 증인 중 2촌 이내의 친족 1명 이상이 필요하며, 해당 환자가 결정한 '의료위임대리인(Health Care Agent, HCA)'이 동석해야 한다.

의료기관 측에서는 사회복지사, 의사, 간호사가 참여해 의료 사전지시서를 작성하기 위한 상담을 진행한다. 이 상담은 카운슬링이라고 불리며 해당 의료기관에는 수수료로 2,900TWD(약 1.2만 엔 정도)을 지불하게 된다.

《요미우리 신문》에 따르면 (신청자가) 엔드 오브 라이프의 본인 결정권을 얻을 수 있게 지원하는 병원이 77곳뿐이며 이러한 병원에서만 사전지시서 작성을 받을 수 있다고 지적하고 있다. 또한 2020년 2월 현재, 사전지시서를 작성한 사람은 약 12,000명에 그치고 있다(読売新聞 2020).

2019년 기준 대만에 공립 병원 82개소, 시립 병원 398개소 총 480개가 있는 것을 감안하면 77개소가 얼마나 적은지 알 수 있다(衛生福利 2020d). 2020년 9월 시점에 사전지시서 작성자는 16,360명으로 증가했다(Yi-Jhen He, Ming-Hwai Lin et al 2021, 2).

3. 연명 치료 등 의료 행위를 종료할 수 있는 조건

상담을 통해 미리 의료 사전지시서를 작성하게 되는데 아래 ①-⑤ 중 한 경우에 해당되면 연명 치료를 받을지 결정하게 된다.

구체적으로는 연명 치료를 구성하는 생명 유지 치료 및 인공 영양 투여에 대해 '수용', '거절', '의식이 없거나 명확하게 의사를 전달할 수 없음', '잠시 치료를 받은 뒤 치료 정지' 등 4가지 선택 중 하나를 선택한다.

세 번째 '의식이 없거나 명확하게 의사를 전달할 수 없음'의 경우에는 '의료위임대리인'이 결정한다. 그러나 이 세 번째 선택지는 배치가 잘못되어 개선이 필요하다. 왜냐하면 의료 사전지시서의 작성은 완전한 행위능력을 가진 환자에 국한하기 때문이다.

결국 생명 유지 치료 및 인공 영양 투여 각각에 관해 '수용', '거절', '잠시 치료를 받은 뒤 치료 정지'라는 선택지 중에서 고르고, 의료기관에 의한 의료 사전지시서를 받는다. 또 이 의료기관에서 환자 본인의 건강보험카드에 내용을 등록한다.

환자자주권리법 제14조에는 다음의 ①-⑤ 중 하나라면 의료의 사전지시서에 근거해 연명 치료·생명 유지 치료 또는 인공 영양 보급 등의 의료행위를 종료할 수 있도록 규정하고 있다(全國法規資料庫 2019).

① **말기 환자** 〈안녕완화의료조례(호스피스 완화 의료 조례)〉에서 정한 말기 환자

② **회복 불능의 혼수 상태** 외상으로 6개월 이상 의식이 회복되지 않거나, 혹은 외상 이외의 이유로 3개월 이상 의식이 회복되지 않는 등의 불가역전 혼미(不可逆轉昏迷, 불가역성 혼수) 상태

③ **영구적 식물 상태** 외상으로 인한 식물인간 상태가 6개월 이상 지속되거나 외상 이외의 이유로 식물인간 상태가 3개월 이상 지속되는 '영구적 식물인간 상태(遷延性, 의식 장애)'

④ **극도의 지능 상실** 임상적 인지증 척도 표(Clinical Dementia Rating, CDR)에서 3점 이상, 혹은 생활기능 평가(Functional Assessment Staging Test, FAST)에서 7점 이상의 극단적 치매(매우 위독한 치매)

⑤ 기타, 정부가 공포한 증상 혹은 참을 수 없는 고통, 불치의 병공으로 현재 의료 수준에서는 치료할 수 없는 케이스를 위생복리부가 공고한 경우

대만 정부가 개설한 뉴스 사이트《타이완 투데이(TAIWAN TODAY)》(2019. 01. 07.)에 따르면 환자자주권리법 시행 규칙의 주요 내용은 다음과 같다.

① 현장의 치료를 결정하는 데 '환자 본인의 동의를 우선하고, 관계자의 동의는 이를 보충하는 형태'로 한다.
② 환자는 동시에 여러 명의 의료위임대리인을 지정하며 그 순위나 권한을 결정할 수 있다.
③ 의료 사전지시서의 전자 파일은 원본과 동일한 법적인 효력을 가진다.
④ 환자가 치료를 받고 있는 과정(임상)에서 전한 서면상 결정과 사전지시가 다를 때에는 서면에 명시된 의사에 따른다. 그러나 이 서면이 생명 유지 치료나 인공 영양 투여(人工栄養投与) 거절을 선택하고 있는 경우에는 사전지시의 철회나 변경이 이루어질 때까지 사전지시의 의료 내용을 집행한다.
⑤ 말기 환자, 불가역적 의식혼미, 영구적 식물인간 상태, 극단적 치매, 그리고 기타 정부가 공포하는 증상 또는 견딜 수 없는 고통, 불치의병으로 현재의 의료 수준으로는 치료할 수 없는 경우의 5가지 판정기준을 명확히 정한다.
⑥ 의료기관 혹은 의사가 환자의 사전지시를 집행하지 않을 경우 해당 환자의 병원 이전에 협조하여 본인이 자신의 마지막 의료를 선

택하는 권리를 보장한다.

4. 환자자주권리법의 문제점

환자자주권리법은 미리 작성된 사전지시서에 근거한 의료 행위 종료에 대해서 조건을 정하고 있다.

제14조에서는 전문 의사 2명이 위 ①-⑤ 중 어느 상태인지 확인하고 완화케어 직원이 2회 이상 해당 상태를 확인한 후, 의료기관 또는 의사가 환자 본인의 사전지시서에 따라 생명 유지 치료 또는 인공 영양 등의 전부 또는 일부를 종료할 수 있다고 명시되어 있다. 또한 이 의료기관이나 의사는 형사책임을 지지 않는다는 점도 명시되어 있다.

동법 제16조에서는 사전지시서에 근거해 의료 행위를 종료한 환자에 대해 '완화케어 및 그 외의 적절한 처치를 실시해야 한다'고 정하고 있다.

그러나 여기서 문제가 되는 것은 새로운 법률인 환자자주권리법이 환자의 자기결정권리를 보호하는 것은 ACP의 카운슬링을 통해 본인이 거절을 결정하고 2촌 내의 친족 및 의료위임대리인의 동석하에 거절을 확인하는 의료 행위의 종료시점까지라는 사실이다(접수해 치료를 계속하는 경우는 이러한 문제는 발생하지 않는다).

즉, 연명 치료·생명 유지 치료 등의 의료 행위 종료까지는 환자가 자기결정권을 행사할 수 있지만, 의료 행위 종료 후의 '완화케어 및 기타 적절한 케어'는 동법 제16조가 보장하고 있는 바이므로, 죽음 직전 터미널 단계에서는 지금까지와 마찬가지로 여전히 의료기관 또는 의사의 판단에 맡겨져 적절한 케어가 이루어지게 된다.

제16조의 규정은 본격적인 터미널 단계에서 환자자주권리법이 보장하는 환자의 본인결정권리를 저해하고 있다고 해석할 수도 있으므로, 해당 법률의 입법 이념을 달성하기 어렵다고 할 수 있다. 그런 의미에서 해당 법

률의 정합성이 유지되고 있다고 판단하기 어렵다.

린밍화(Lin Ming-Hwai) 등은 2019년 1년간 타이베이 퇴역 군인 일반 병원에서 사전지시서를 작성한 946명을 조사한 결과 다음과 같은 지견을 밝히고 있다(Yi-Jhen He, Ming-Hwai Lin et al 2021, 1-12).

환자자주권리법에서는 의료위임대리인(Health Care Agent, HCA)이 동석해야 하지만 퇴역 군인 병원의 특성으로 보면 946명 중 의료위임대리인을 설정한 사람은 35명(3.7%)으로 극히 적은 수이다. 비용 측면에서도 퇴역 군인, 서소득층, 동 병원 관계자의 경우는 무료이다.

환자라는 의미에서 일반 국민이나 퇴역 군인 모두 같은 조건으로 자주적 권리를 지켜야 하는데, 린밍화 등의 연구 결과를 보면 일반 국민과 퇴역 군인 사이에는 현저한 격차가 존재한다.

4 향후 과제

앞서 설정한 이 장의 목적은 어느 정도 달성되었지만, 그렇지 않은 논점도 적지 않다. 여기에서는 그러한 논점을 4개로 정리해 향후의 과제로 삼고자 한다.

1. 새로운 케어시스템의 도입과 케어보험제도 도입의 가능성

대만은 장기케어에 관한 2가지 국가적 플랜을 전개하는 가운데 서비스 대상자의 종류를 2배로 확대하고 서비스 종류도 2배 이상으로 확대시킬 수 있었다. 플랜의 전개 과정 속에서, 대부분의 재택서비스는 어느 정도 양적 기반이 정비되는 경향이 있는데 사업자 수의 급증에 걸맞을 정도의 이용자 증가는 볼 수 없었다.

대만 위생복리부는 커뮤니티의 케어 자원을 유기적으로 활용할 수 있도록 A거점-B거점-C거점의 3층 모델을 설정하고(西下彰俊 2019, 227-229), 이원화 케어매니지먼트 시스템을 개발했다. 그리고 〈표 6-4〉에서 보이듯 각종 재택서비스를 4개 범주로 나누어 7종류로 확대된 등급에 따른 수가 및 본인부담금액을 구체적으로 이해할 수 있도록 명시해 왔다.

이 표는 4개 범주의 각 서비스를 이용할 경우 본인부담금액이 얼마나 되는지, 고령자뿐만 아니라 일반인들도 계산할 수 있도록 이용자에게 여러 가지 정보를 제공하고 있다.

장기케어2.0의 계획 중, 치매예방·케어행동계획2.0과 'A거점-B거점-C거점 3층 모델'이 어떤 관계성을 가지고 있는지에 대해서는 중앙정부, 위생복리부 사이트에 설명이 없기 때문에 현재로서는 파악할 수 없다. 예를 들어 치매예방·케어계획2.0에서는 치매종합케어센터 및 치매지역서비스 거점 설치가 급선무이고, 이러한 기관이 A거점-B거점-C거점의 3층 모델과 어떤 관계가 있는지 불분명하다. 이러한 관계성에 대해서 홈페이지 등에 알기 쉽게 설명되어 있으면 국민의 이해와 동의를 얻을 수 있을 것이다.

사견으로는 각 지자체 종합병원이 설치한 치매 종합케어센터와 A거점이 유기적으로 연계되어야 하며, 종합병원이나 재단법인이 설치한 치매지역서비스 거점은 C거점과 연계되어야 한다. 등급인정을 받은 고령자 중 어느 정도는 치매를 앓고 있는 것을 생각했을 때, 두 중요한 조직의 비경제적인 분립은 피해야 한다.

치매 종합케어센터 및 치매 지역서비스 거점은 치매 고령자 및 젊은 치매 환자만 대상으로 대하고 있지만, 케어플랜을 작성하는 A거점의 대상자는 치매 고령자나 젊은 치매 환자인 경우도 있고 경증 치매(MCI)인 경우도 있다. 의료 서비스기관과 복지 서비스기관이 치매 환자를 둘러싸고 정보를 공유하고, 가능하다면 스웨덴이나 한국과 같은 치매 등록 시스템을 마련하는 것이 필수적이다.

대만의 케어보험제도 도입의 가능성에 관해 논의해 보자. 여러 나라의 케어매니지먼트 전문가 시라사와 마사카즈(白澤政和)는 "차이잉원 정권은 케어보험제도의 개설까지 이르지 않았지만, 장기케어1.0 계획은 일본의 구조를 상당히 참고하면서 케어보험제도 개설의 준비를 하고 있다고 생각됐다"라고 지적하고 있다(白澤政和 2019, 198).

2018년 1월 출범된 새 시스템은 결과적으로 케어보험제도의 개설 준비라고 해석할 수 있다. 그렇게 판단했을 때 전임자인 마잉주 총통의 집권 시에 케어보험제도 개설을 내다보고 책정한 장기케어서비스법의 조문 중, 거주형 외국인 케어노동자의 문제를 어떻게 규정하고 있었는지, 혹은 조문이 명확하지 않더라도 전 정권에서 장기보험제도에 따른 외국인 케어노동자의 위치 설정을 어떻게 검토하고 있었는지를 소급해서 조사하는 것도 필수적인 작업이다.

2. 재택서비스가 확대되지 않는 배경 및 케어보험 도입에 따른 권리 의식 형성

대만의 각종 재택서비스의 이용자가 장기케어2.0의 의도에 발맞춰 증가하지 않는다면, 그 이유로는 아래 2가지를 생각해 볼 수 있다.

① 가족끼리 노부모 혹은 고령의 배우자를 부양하는 문화적 의식이 강하기 때문에 외부 케어서비스를 이용하지 않는다.

② 고령자에 대한 케어뿐만 아니라 자녀 돌봄, 청소, 세탁, 취사 등 가사 지원, 일손 돕기, 농사 도우미, 친척 용무, 동물 돌보기 등 다양한 일을 대응할 수 있는 거주형 외국인 케어노동자를 고용하는 편이 더 저렴하다.

〈표 1-3〉에서 확인한 바와 같이 대만은 향후 10년간 급격히 고령화되어 35년 후에는 일본의 고령화율을 추월할 것으로 예측되고 있다. 고령화의 진행 속에서 매우 중요한 과제는 등급인정을 받은 고령자나 치매 고령자, 청년성 치매 등에 대한 케어서비스의 제공에 따른 재원의 확보 문제이다. 현재는 담뱃세나 상속세 등 각종 세금을 재원으로 조달하고 있지만 안정적인 재원 확보는 앞으로 어려워질 것 같다.

사실 지금까지의 장기케어계획1.0에서는 비용이 크게 변화하고 있지 않지만 2018년 1월부터 케어서비스의 대상자를 배로 확대하는 장기케어계획2.0을 도입한 이후, 케어시스템의 운용과 관련된 비용은 급격히 상승하고 있다는 보고가 있다(Cheng-fen Chen, Tsung-his Fu 2020, 187-194). 즉, 기존 담뱃세나 상속세만으로는 감당될 수 없는 정도까지 비용이 오르고 있다는 것이다.

3. 치매 노인 증가와 성년후견제도

일본의 개호보험제도는 피보험자가 주체적으로 서비스기관을 선택해 계약을 실행할 수 있는 특징이 있다. 이와 동시에 계약 행위를 진행할 수 없는 피보험자나 서비스 이용자를 신 성년후견제도로 대응해 왔다. 대만이 일본형 개호보험제도를 도입한다면 동일한 성년후견제도의 동시 개설도 향후 중요한 과제 중 하나가 될 것이다.

다행히 대만에서는 2009년 11월 23일 새로운 성년후견제도가 시행되었다. 개정된 성년후견법은 일본과 달리 임의성년후견제도가 도입되지 않아서 후견인 제도의 체계는 다르지만, 중증 치매 등으로 후견 선고를 받은 경우에는 성년후견인이 피후견인의 법적 대리인이 됨으로써 계약 행위가 성립하여 케어서비스를 이용할 수 있다(江涛 2015, 28-40).

4. 환자자주권리법과 동법의 과제

대만의 환자자주권리법은 엔드 오브 라이프 케어에서 궁극적인 법률이라고 할 수 있다. 하지만 운용상의 문제점이 없는 것은 아니다. 아래의 2가지 과제를 지적할 수 있다.

첫째, 환자자주권리법 제8조에서 '완전한 행위능력을 가진 만 20세 이상의 자'가 본인이 받는 의료에 관해 사전지시서의 작성을 받을 수 있도록 했다. 또 환자 본인이 지정한 의료판단 위임대리인 및 증인인 2촌 이내 친족 2명 이상의 동석하에 정해진 의료기관에서 사전지시서를 작성할 수 있도록 했다. 즉, 본인은 물론 의료판단 위임대리인 및 증인으로서의 2촌 이내의 친족도 '완전한 행위능력을 가진 자'가 필수 조건이다.

그러나 완전한 행위능력을 갖는지를 누가 어떤 기준으로 판단할 것인가. 환자의 자기결정권의 보장이라는 이념은 존중되어야 하지만, 이 이념을 보장하는 조건이 명확하게 제시될 필요가 있다. 이는 해당 법이 향후 개정해야 할 과제 중의 하나이다.

둘째, 매우 심각한 치매 환자에 관한 것이다. 환자자주권리법 제14조에서 사전지시서에 근거한 의료 행위의 종료가 가능한 환자의 조건(상태)으로서 5가지를 제시하고 있는 점은 앞장에서 논의한 바 있다. 이 중 네 번째는 '극도의 치매를 앓고 있는 상태'를 말하고 있다.

극도의 치매를 앓고 있는 상태에 관한 판단의 근거로 되는 것은 임상적 치매척도표(Clinical Dementia Rating, CDR)의 평가 3점 이상 혹은 생활기능평가(Functional Assessment Staging Test, FAST) 7점 이상을 받은 극도의 치매 증상(극도 중증 실지증)이다. 두 척도 및 점수에 대해서는 환자자주권리법 시행세칙 제13조에 명기되어 있다.

향후 과제는 사전에 연명 치료·생명 유지 치료의 종료를 본인이 결정하는 환자의 엔드 오브 라이프의 한 상태로 치매라는 질환을 상정하고 있는 것에 문제가 없느냐는 점이다. 정당한 조치라 근거는 어디에 있는가. 임상적 치매척도표에서 3점 이상 혹은 생활기능평가에서 7점 이상이라는 조건이 과연 극도 치매(극도 중증 실지증)으로 판단하기에 적합한 기준인지 재검토하는 것이 향후의 중요한 과제이다.

참고로 치매척도표(CDR)는 1982년 휴스(C. P. Hughes, 워싱턴대학)가 개발한 척도이며, '기억', '지남력', '문제 해결과 판단력', '사회 활동', '집안 생활 및 취미나 관심', '위생 및 몸치장' 등 6개 영역에 관해, 건강 CDR=0, 경증 CDR=0.5, 경도 CDR=1, 중도 CDR=2, 중증 CDR=3 등으로 평가하는 것이다. 동법 시행세칙 제13조에 명기되어 있지는 않지만, 6개 영역 중 적어도 4개 영역 이상에서 중증이라는 평가가 나오는 것이 조건일 것으로 추측되는데 명확한 설명은 없다.

한편 생활기능평가(FAST)는 라이스버그(B. Reisberg, 뉴욕대학)가 1986년 개발한 척도이다. 인지 기능을 7단계로 나누고 제1단계 통상적인 기능, 제2단계 매우 경도, 제3단계 경도, 제4단계 중등도, 제5단계 약간 중증, 제6단계 중증, 제7단계는 매우 중증 등으로 구분하고 있다. 그러나 제6단계(6점)에서 요실금이나 변실금의 빈도가 증상으로 명기되어 있다. CDR에서 중증으로 여겨지는 단계는 FAST 척도 제6단계에 해당하게 되는데, 이 두 척도에 대해 시행세칙 13조가 동일하다고 보는 3점과 7점은 실제로는 같지 않고 어긋나는 부분이 있다.

사견이지만 CDR 척도의 중증에 대응하는 것은 FAST 척도의 제6단계 및 제7단계이다.

■ 신근영·허팡룽 옮김

결론

동아시아의 고령자 케어정책의 미래

일본, 한국, 대만의 케어정책을 특히 재가서비스에 초점을 맞추어 비교한 결과, 각국 모두 정책의 장점과 단점이 분명하게 드러난다. 비교적 균형이 잡힌 케어시스템을 구축하고 있는 것은 일본으로 보이지만, 개호예방 급여를 제도화한 풀스펙형 개호보험시스템에 대한 폐해도 보이고 있다. 일본 정부는 예방급여, 경증 고령자에 대한 생활 지원, 케어플랜의 유료화 등에 대해서 재검토해 왔다. 그러한 재검토가 필요하게 된 것은 개호보험의 재원이 부족해지고 있기 때문이다. 재원의 반은 국가, 지자체(도도부현과 시정촌)의 세금이고 나머지 반은 제1호 피보험자와 제2호 피보험자가 지불하는 보험료이다.

코로나 사태로 인해 국가 전체적으로 모든 산업계의 경제 성장이 답보하는 중에 세수는 감소하는 경향이다. 그렇다고 피보험자의 보험료를 올리는 것은 현실적으로 어렵다. 재정 압박을 악화시키지 않는 방법으로 몇 가지 생각할 수는 있겠지만 그 어느 것도 효과적이라고 보기 어렵다. 방법의 하나로서 요지원1, 요지원2만이 아니라, 요개호1, 요개호2라는 가벼운 등급에 대한 생활지원서비스가 앞으로 개호보험서비스에서 분리될 가능성이 있다. 하지만, 서비스의 분리에 의해 '돌봄의 사회화'를 이념으로 하는 개호보험제도는 대폭적으로 후퇴하는 것이 된다.

전후의 베이비부머 세대인 일본의 '단카이 세대'가 2025년이 되면 모두 75세의 후기 고령자가 된다. 그 후가 되면 80세, 85세의 유병율도, 요개호인정율도 상승해 갈 것이다. 따라서 개호보험의 총비용도 2025년이 되면 15.3조 엔에서 2040년에는 25.8조 엔으로 급격하게 증가하게 된다. 이러한 총비용 문제는 앞으로 급격하게 고령화가 진행될 한국과 대만에게도 가까운 시기에 직면할 커다란 문제이다.

또한 일본의 요개호 등급인정은 증가하고 있는 치매 고령자를 고려한 요개호 인정 기준을 설정하지 않은 점에서 한국의 5등급 치매지원등급 개설과 비교하여 늦었다고 할 수 있다. 일상생활의 동작능력은 유지하지만 치매에 의해 수단적인 일상생활의 동작 능력이 저하된 치매 고령자를 개호보험제도 내로 어떻게 적절하게 편입시킬 것인지, 그리고 적절한 서비스를 어떤 형태로 제공할 수 있을 것인지, 22년째를 맞은 개호보험제도의 가치가 시험대에 올랐다.

대만의 장기케어계획2.0에서는 이미 장애자에 대한 개호가 포함되어 있고, 그러한 모든 대상자에 대한 포괄형의 케어시스템을 일본에서 전개하는 여부 및 가능성에 대해서도 진지하게 논의해야 할 때가 오고 있다. 한편으로, 한국의 과제에 대해서는 재가서비스의 확대와 지역밀착형서비스의 도입을 검토하는 단계에 있다. 방문 간호의 확대와 방문 재활, 재가케어 관리지도 등의 서비스 개설에 대해서도 의논해야 할 것이다.

재가 생활을 계속하는 데에는 일본처럼 주택을 개조하는 서비스를 개호보험의 대상에 포함시킬 필요가 있다. 또한 스웨덴과 일본과 같은 치매 고령자에 대한 단독 케어시설이나 그룹홈도 개호보험제도에 들어가야 할 것이다. 그리고 서비스가 다양화되려면, 서비스 이용 희망자의 다양한 요구를 채워 줄 케어플랜을 담당하는 케어매니저가 필요하다. 이용자가 15인 이상 있는 서비스기관과 센터에는 사회복지사가 필요한 것이기에 이러한 사회복지사가 케어매니저의 연수를 거쳐 케어매니지먼트가 가능하도록 하는 제도가 필요할 것이다.

이미 살펴본 것처럼 재가서비스, 시설서비스의 개인 경영을 법적으로 규제하고 법인 경영을 늘려야 한다. 보험료가 지나치게 싼 것에 더해 정부의 세금 투입이 20%나 되기 때문에 개호수가를 낮춰서 서비스를 충분히 이용할 수 없는 것도 심각한 문제이다.

대만의 경우 재택서비스를 4범주로 나누고, 케어가 필요한 정도에 따라 본인부담률을 3가지로 분류하여 엄밀히 하고 있는 점은 높이 평가할 수 있다. 또한 홈헬퍼서비스를 중심으로 재택서비스를 세분화하고 그에 따라 전문성을 확보하고자 체계화를 시도하는 등 그야말로 도전 중인 것이다.

한편 이원화된 노인케어관리가 실제로 진행되면서 재원이 부족한데도 매우 비효율적인 점도 문제이다. 20만 명이 넘는 거주형 외국인 케어노동자가 대만의 중산층을 중심으로 가정 내에서 근무하고 있는 것인데, 가혹한 노동 조건이 국제인권법상으로도 문제시되고 있다.

이러한 가족 기능을 대체하는 외국인 노동자가 문화로서 많이 침투하고 있기 때문에 대만인에 의한 재택서비스의 공급 체제가 확대되기 어렵고, 그 결과로 이용자 수가 폭발적으로 증가하기도 어려운 구조이다. 이러한 상충되는 구조를 앞으로 개호보험제도의 도입을 내다보고 어떻게 재구축해 갈 것인가가 큰 과제가 된다고 하겠다.

마지막으로 한마디. 이 책 처음에 일본의 개호보험제도가 '풀스펙형'이라는 점을 논의했다. 확실히 서비스 메뉴가 풍부하다. 그러나 메뉴가 풍부하더라도 운영 규칙으로 제한을 걸고 있다면 겉만 번드르르하다고 하지 않을 수 없다.

개호보험제도가 시작된 지 23년째를 맞고 있다. 제1호 피보험자의 재택 형태가 크게 변했고, 노부부 세대가 현저히 증가했다. 부부 중 한 사람이 요개호이고 배우자가 요지원이라면 두 사람 모두 개호를 필요로 하는 경우이다. 후생노동성은 '동거자가 있는 경우에는 생활원조서비스를 이용할 수 없다'는 규칙을 세워 두었다. 동거자가 요개호, 요지원이라는 상태라도 이 규칙은 적용될 것인가.

후생노동성은 이런 노부부의 케이스에 대해 가이드라인을 제시하지 않으므로 각 보험자에 따라 판단이 제각각이고 그 결과 지자체 격차가 발생하고 있다. '풀스펙형'이라는 형용사가 공허하게 느껴지는 듯한 구조적인 문제가 여기에도 있다.

■ 송완범 옮김

저자 후기

2012년 졸저 《흔들리는 스웨덴》이 출간된 후 10년의 세월이 흘러 이번에 《동아시아의 고령자 케어—한국과 대만의 도전》을 지금까지 그랬듯 신효론사에서 출판하게 된 것은 대단히 기쁘고 감사한 일이다. 신효론의 다케이치 가즈유키(武市一幸) 씨는 2007년부터 지금까지 신세를 지고 있다. 여기에 감사의 마음을 적어 둔다.

이 책은 스웨덴이 아니라 한국과 대만을 대상으로 하고 있다. 해외 개호정책을 비교한다는 시점은 1998년경부터 갖고 있었는데, 동아시아로 연구 초점을 맞추기 시작한 것은 2003년 무렵부터이다.

동아시아에 관한 본인의 연구는 '묘한 계기'의 연속이다. 도쿄경제대학 현대법학부에서 사회복지, 사회조사 담당 교수로 봉직한 것이 2004년인데, 2000년에 현대법학부가 개설되고 2004년에 대학원 현대법학연구회를 개설하기 위해 부임하게 되었다. 2년째 되던 해 서울에서 한·일 고령자복지정책 심포지엄이 개최되어 어쩌다 보니 본인이 3번째 발표자로 참가하게 되었다. 이미 참가하기로 한 두 사람은 지역복지학의 거물들. 본인은 세 번째 거물급 선생님이 갑자기 취소한 후에 구원 투수가 된 것 같은데, 심포지엄 발표 자료를 2주 사이에 작성해야 했다. 어렴풋하게 베이비부머 세대 은퇴 후의 사회 참가에 대해 발표한 기억이 난다.

그때 동시통역을 맡았던 이가 지금까지도 교류하고 있는 삼육대학 정종화 교수이다. 정 교수는 일본사회사업대학 대학원을 졸업하여 일본어에 능통했다. 전공 분야인 장애인복지뿐만 아니라 사회보장 전반에 조예가 깊었다. 정 교수를 만난 것은 한국 노인장기요양보험정책을 연구하는 커다란 계기가 되었다.

'묘한 계기'란 이뿐만이 아니다. 당시 루텔가쿠인대학(ルーテル学院大学)에 유학하고 있던 대학원생의 소개로 서울시 중랑노인요양원을 방문할 수 있었다. 2007년경이었을 것이다. 방문 당시, 담당 직원 몇 명이 같이 점심을 먹었는데, 본인 바로 앞에 일본어가 유창한 남성 직원이 앉았다. 이바라키현에서 개호 직장을 다닌 경험이 있는 듯하여 이쪽에서 메일 주소를 물어봤다. 지금도 계속 교류하고 있으며 여러 가지로 신세를 지고 있는 김성규 씨이다. 현재는 인천시에 있는 노인요양원 원장이고 본인이 서울에 갈 때마다 반드시 시간을 내서 직접 정보 교류를 하고 있다.

최근 7, 8년간 신세를 지고 있는 것은 공단 직원 김태균 씨이다. 8년 전 1월 엄동설한에, 원주시에 있는 국민보건보험공단본부를 방문했을 때 장기요양보험 담당직원과 함께 본인의 질문에 일본어로 자세하게 가르쳐 주었다. 그 인연을 계기로 지금까지도 교류하고 있다. 김태균 씨는 가나자와대학 대학원에서 유학했다.

실은 김태균 씨를 소개해 준 것이 공단 간부 김도훈 씨(서울 강북 지사장)이다. 김도훈 씨는 본인이 한국 연구를 시작했을 때 정종화 교수로부터 소개를 받았다. 그 후 김도훈 씨에게서 창원시에 있는 희연병원을 소개받았고, 병원 이사장 김수홍 씨와 교류를 지속하고 있다.

그리고 최근 몇 년 신세를 지고 있는 것이 가톨릭대학교 김찬우 교수와 신수경 씨(동 대학 강사)이다.

이처럼 묘한 일들의 연속 속에서 다양한 전문가와의 만남, 그리고 교류 속에서 이 책의 문제의식이 생겨나고 계속해서 연구를 하고 있다.

본인이 하고 있는 한국 장기요양보험정책 연구를 일본 내에서도 지지해 주고 있는 분이 분쿄가쿠인여자대학 준교수 다카하시 아케미 교수이다. 다카하시 교수는 한국 장기요양보험정책에 대해 가르쳐 줄 뿐만 아니라 코로나 시국 이전에는 해마다 여름이면 한국 세미나 연수에 몇 번이나 대동해 주고 통역까지 해 주는 등 매우 신세를 지고 있다.

다카하시 교수와는 서울에서 처음 만났는데, 위의 정종화 교수가 소개해 주었다. 지금으로부터 10년 전의 일일 것이다. 다카하시 교수의 소개로 은평구 사회복지법인 행복창조이사장 김현훈 선생 및 송파구에 있는 요양원의 이사장이자 한국치매가족모임 회장 이성희 선생과 인터뷰도 했다.

그리고 또 한 사람은 교에대학(共榮大学) 선현규 선생이다. 공동 연구자로서 연구 교류를 지속하고 있다.

또 다른 날 대만. 규슈대학에 있는 지인이 소개해 준 장슈메이(莊秀美) 선생(둥우대학[東吳大學] 교수)은 2010년경부터 신세를 지고 있다. 스린(士林)에 있는 둥우대학 연구실에는 3번이나 방문했다.

2017년 대학에서 본인이 책임자로서 개최한 국제학술심포지엄 신청을 계기로 알게 된 T씨도 있다. 개호 관련 소프트웨어를 개발하는 회사에 다니는데, 대만의 재택서비스 사업자 단체인 대만재택서비스전략연맹 전 이사장 투신닝(涂心寧) 씨를 소개해 주었다. 대만 연구 출장에 2번 동행해 준 데다 통역도 해 주었다. 얼마 후 전직하게 되어 교류는 끊어졌지만, 대만 연구 네트워크가 넓어진 것은 그의 덕이다.

이렇듯 인사를 나눌 수 있었던 한국과 대만의 연구자 및 관계자 여러분을 국제학술심포지엄에 초대하고 발표를 들었던 것은 기대 이상의 행복이다. 그리고 교정 체크는 본 대학의 대학원생 다카야마 요시후미 씨(高山善文, 복지의료컨설팅회사 대표 이사)에게 도움을 받았다.

마지막으로 아내 미키코에게는 44년간 폐만 끼치고 있다. 여전히 응원해 주어서 감사한다. 정말로 감사하다.

2022년 7월

니시시타 아키토시

＊부기

이 책의 연구 내용은 2010년부터 2018년까지 9년간 저자가 연구 대표자로 선정되었던 3개의 과학연구비조성금(기반연구C) 및 2012년도에 대표자로 선정된 학술연구진흥자금(일본사립학교진흥·공제사업단)의 연구 성과에 근거하고 있다. 제3장(이 책 4장) 일부 및 제6장(이 책 7장) 일부는 2021년 도쿄경제대학 개인연구조성비 지원을 받아 수행한 연구에 근거하고 있다. 감사의 마음을 적어 둔다.

옮긴이 후기

초고령사회라는 공동 과제를 마주한 동아시아의 각투

고려대학교 고령사회연구원은 2020년 7월 글로벌일본연구원 산하 고령사회연구센터로 시작해, 2022년 11월 말에 총장 직속으로 설립된 신생 연구소이다. 신생 연구소이기는 하지만 한국이 2025년이면 마주할 초고령사회에 대한 아이디어를 이미 초고령사회와 분투하고 있는 일본의 경험에서 찾고자 하며, 고령사회의 그늘과 대면하고 있는 중국까지 시야에 넣은 광범위한 연구를 수행하고자 하는 의지를 품고 있다.

그 작업의 첫 번째 성과물로서 이전 복지국가의 모델이라고 평가받던 스웨덴의 사례를 일찍이 연구한 니시시타 아키토시(西下彰俊) 교수의《동아시아의 고령자 케어—한국·대만의 도전(東アジアの高齢者ケア—韓国·台湾のチャレンジ)》이 있음을 알고 번역하게 되었다. 그 계기는 일본 대사관에서 열린 고령사회에 관한 공동 세미나(한·일의 고령사회 대책, 2022.10.28)였다. 니시시타 교수를 만난 지 얼마 안 되어 한국과 대만의 사례만으로 한국에서 출판하는 것보다는 일본의 사례를 넣어 줄 것을 제안했다. 니시시타 교수는 다망한 중에도 흔쾌히 이를 수락해 주었다. 이번 번역서는 명실공히 한·중·일 3국이라는 동아시아의 고령 문제를 시야에 넣는 작품이라 생각한다. 그럼에도 왜 대만인가 하는 질문은 남는다. 그 이유를 눈치 빠른 독자는 짐작하겠지만, 중국의 신용할 만한 데이터가 아직 축적되지 않았다는 데 있다. 나중에 언제가 한·중·일 3국의 명실상부한 고령자 케어에 관한 작품을 기대한다.

공동 번역자인 조문기 교수에 따르면, 복지국가의 롤모델이던 스웨덴의 복지 정책의 빛과 그림자를 소개한 니시시타 교수의 연구 시점은 일본과 한국의 고령자 케어에 있어 풀스펙형과 한정스펙형으로 정책을 비교하는 데 있다고 한다. 이 책에서는 서비스의 종류가 26가지, 54개의 지역과 예방서비스를 보유한 일본과 시설서비스 2개, 재가서비스 6개를 보유한 한국의 장기요양보험서비스의 양적인 비교를 통해 전문성과 그 과제를 분석한 것이다. 이 책에서 니시시타는 한국의 국가주도형 정책의 일환으로 완성된 한국형 커뮤니티 케어는 독자적인 성장에 있어 빛과 그림자를 동시에 비추고 있으며, 대만의 〈환자의 자주적 권리법〉을 바탕으로 한 시니어 케어 정책도 일본과 같은 세밀한 케어매니지먼트 방식을 벗어나 독자적인 형태의 틀을 보유하고 있다고 한다. 요컨대, 이러한 지역밀착형케어를 통한 커뮤니티 케어를 완성하기 위한 일본의 정책은 한국에게 있어 노인과 장기요양보험에 대한 근원적인 물음에 답하는 유용한 도구일 것이다.

한국, 일본, 대만은 자신의 부모와 더불어 사회적 부양인 타인의 부모를 돌봐야 하는 초고령사회로 진입하고 있다. 지자체의 인구 소멸을 지나 노인을 돌보는 일에 외국인의 손길을 더하고 있는 실정이다. 동아시아를 대표한 고령자 케어의 선구적인 나라 일본, 한국, 대만의 공통점은 지역, 재가서비스, 케어매니지먼트, 치매, 외국인 등의 다양한 도전적인 키워드를 바탕으로 각국의 고령사회 전환의 역사, 문화, 제도 등을 바탕으로 발전을 거듭하고 있다는 것이다. 동아시아의 고령화는 생로병사를 둘러싼 동아시아 지역 노인의 장수가 축복인지 재앙인지를 묻고 있다. 기대 수명에서 건강 수명을 빼면 요양 수명, 즉 요양 상태의 기간이 나온다. 돌봄의 전문가와 더불어 행복한 여정을 마주할 종활(웰다잉)의 시간이 축복으로 다가오는 정책적 자료로 이 번역서가 작은 보탬이 되길 바란다.

그리고 미리 양해를 구하고 싶은 부분이 있다. 니시시타 교수의 이 책은 당연한 것이지만, 2022년 9월 발간 시점의 정보를 담고 있다. 발간 이후의 다종다양한 고령자 케어정책이나 법규의 변화는 부록의 자료를 참고해야 한다. 여기에 더하여 이 책의 내용은 어디까지나 니시시타 교수 본인의 연구 결과이다. 그러다 보니 한국과 대만의 현 사정에 어두운 구석도 없지는 않을 것이다. 옮긴이들은 이 책의 내용을 최대한 존중하면서 정말 필요한 지점에만 옮긴이 주를 달았다. 독자들의 너른 이해를 구할 뿐이다.

마지막으로 이번 책의 번역은 지난한 길이었다. 이 번역서가 나오는 데는 원저에 더하여 다양한 요구를 하였음에도 마다하지 않은 니시시타 교수의 관용과 번역 작업을 전체적으로 관리한 숭실사이버대학 요양복지학과 조문기 교수의 성의와 고령사회연구원의 신근영, 허팡룽 연구교수 두 분의 땀 어린 산물이다. 뿐만 아니라 인천대의 전용호 교수가 감수를, 김도훈 전 국민건강보험 지사장이 애정 어린 조언을 해 주었다. 여기에 본 연구원 김태일 원장의 전폭적인 지원이 있었다. 덧붙여 부원장 역할을 맡고 있는 송완범의 간단없는 지적도 큰 역할을 했다.

2024년 10월 25일

옮긴이 일동

KOSIS, 2020, サービス提供機関別利用状況
http://kosis.kr/statHtml/statHtml.do?orgId=350&tblId=DT_35006_N020&vw_cd= MT_ZTITLE&list_ id=350_35006_A004&seqNo=&lang_mode=ko&language=kor&obj_var_id=&itm_id=&- conn_path=MT_ZTITLE)

______, 2021, 敬老堂
https://kosis.kr/statHtml/statHtml.do?orgId=117&tblId=DT_117N_B00003&vw_cd= MT_ZTITLE&list_id=G_8&scrId=&seqNo=&lang_mode=ko&obj_var_id=&itm_id=&conn_path=MT_ZTITLE&path=%252FstatisticsList%252FstatisticsListIndex.do

Ministry of Health and Welfare, 2016, The 3rd National Dementia Plan

______, 2018a, Taiwan Health and Welfare Report 2017
https://www.mohw.gov.tw/cp-137-40301-2.html

______, 2018b, Promoting the "Taiwan Dementia Policy: A Framework for Prevention and Care 2.0" to Jointly Create a "Dementia-Friendly Taiwan!"
https://www.mohw.gov.tw/cp-3775-43174-2.html

______, 2021, Taiwan Health and Welfare Report 2020
https://www.mohw.gov.tw/cp-137-59511-2.html

______, 2022, Taiwan Health and Welfare Report 2021
https://www.mohw.gov.tw/cp-137-69198-2.html
https://www.freemoo.com.tw/webebook/2022wish_mohw110e/index.html#p=I

고영인(高永寅) 의원실 보도기사 "휴가간 치매가족휴가제, 이용율 1% 안돼"(한국기자협회, 2021.10.7)
http://www.kpja.kr/news/view.html?section=1&no=8476

江涛, 2015, 台湾における成年後見制度に関する一考察, 千葉大学大学院人文社会科学研究科編, 人文社会科学研究, 第29号, pp.28-40

岡村志嘉子, 2015, 台湾の長期介護サービス法, 国立国会図書館調査及び立法考査局編, 外国の立, 266号, pp.121-139

健康保険組合連合会, 2020, 公的介護保険に関する国際比較調査報告書

______, 2021, 公的介護制度に関する国際比較調査報告書, pp.122-133 https://www.kenporen.com/include/outline/pdf/kaigai_r01_03.pdf

高橋明美, 2019, 韓国高齢者福祉の最新動向, 明治学院大学社会学部付属研究所年報, 第49号, pp.103-115

______, 2020, 韓国の老人長期療養施設におけるサービス提供計画の実態と今後の課題, 明治学院大学社会学部付属研究所年報, 第50号, pp.67-78

______, 2021, 韓国における〈社会サービス院〉設立と運営に関する一考察, 明治学院大学社会学部付属研究所年報, 第51号, pp.65-77

國家發展委員會人口推估查詢系統, https://pop-proj.ndc.gov.tw/dataSearch2.aspx?r=2&uid=2104&pid=59

国立社会保障・人口問題研究所, 2017, 日本の将来推計人口(平成29年推計) https://www.ipss.go.jp/pp-zenkoku/j/zenkoku2017/pp29_gaiyou.pdf

国民健康保険公団, 2019, 2018 市・郡・区別給与種類別長期療養機関現況, http://www.nhis.or.kr/menu/boardRetriveMenuSet.xx?menuId=F332a

______, 2019, 長期療養保険HP, 老人長期療養保険の等級判定結果現況資料(2019年7月基準) http://www.longtermcare.or.kr/npbs/d/m/000/moveBoardView?menuId=npe0000000950&bKey=B0019

菊池いずみ, 2010, 家族介護への現金支払い, 公職研

宮本義信, 2015, 台湾の介護を担う東南アジアからの出稼ぎ労働者たち, 同志社女子大学総合文化研究所紀要, 第32巻, pp.54-69

金光錫, 2015, 韓国の老人長期療養関連法制度, 社会保障法研究, 5号, pp.37-71

金明中, 2016, 韓国における老人長期療養保険制度の現状や今後の課題, ニッセイ基礎研究所, 基礎研レポート, pp.1-19

______, 2019a, 老人長期療養保険制度の概要(上), 厚生福祉, 6515号, pp.2-8

______, 2019b, 老人長期療養保険制度の概要(下), 厚生福祉, 6521号, pp.2-7

金聖龍他, 2020, ソウル市における自立高齢者支援施設(敬老堂)の整備・利用実態, 日本建築学会技術報告集, 第26巻, 第64号, pp.1090-1095

金圓景, 2020, 韓国の認知症対策, 日本認知症ケア学会誌, Vol.19, no.3, pp.514-521

金貞任, 2009, 韓国の介護保険制度, 国立社会保障・人口問題研究所編, 海外社会保障研究, No.167, pp.67-78

김지미(金智美), 2018, 〈한일 복지체제 재편과 가족의 위상 변화〉(日韓の福祉システムの再組織化と家族の状況)《사회보장연구》(社会保障研究)34(4), pp.61-91

金戸幸子, 2006, 人口と家族変容から見えてくる台湾の高齢者問題, 国立社会保障・人口問題研究所編, 海外社会保障研究, No.157, pp.71-79

嶋亜弥子, 2018, 長期介護十年計画2.0 で介護をより安心に(台湾), 地域・分析レポート, JETRO, pp.1-7
https://www.jetro.go.jp/biz/areareports/2018/1eafcc551f81eee3.html

藤崎宏子, 2009, 介護保険制度と介護の社会化再家族化, 福祉社会学会編, 福祉社会学研究, 第6号, pp.41-57

藤原夏人, 2018, 認知症管理法の改正, 国立国会図書館調査及び立法考査局, 外国の立法, No.2772-2

呂寶静, 2016, 長期講堂, 南堂

勞働部, 2022, 110年移工管理及運用調査統計結果
https://www.mol.gov.tw/1607/1632/1633/48118/post

労働部労働力発展署, 2021a, 家庭看護雇主申請聘僱移工作業流程圖
https://ws.wda.gov.tw/Download.ashx?u=LzAwMS9VcGxvYWQvMjk5L2NrZmlsZS84MDgyZjdiZS0wNzRiLTQzYzYtYWFlZi1kOGNmNjQxOWY4NmYucGRm&n=5a625bqt55yL6K235bel5rWB56iL5ZyWLnBkZg%3d%3d&icon=.pdf

労働部労働力発展署, 2021b
https://english.mol.gov.tw/6387/

柳愛貞, 2018, 韓国における介護する家族への支援事業の推進状況と課題, 須田木綿子他編, 東アジアの高齢者ケア, 東信堂

李玲珠, 2019, 韓国認知症政策のセオリー評価, 晃洋書房

林谷燕, 2020, 東アジア諸国における高齢者介護システム, 社会保障法学会編, 社会保障法研究, 第11号, pp.37-59, 信山社

林春植・宣賢奎・住居広士, 2010, 韓国介護保険制度の創設と展開, ミネルヴァ書房

白澤政和, 2019,《介護保険制度とケアマネジメント》, 中央法規出版

保健福祉部, 2018a, 第2次 長期療養基本計画(2018-2022)
https://www.korea.kr/archive/expDocView.do?docId=38113

______, 2018b, 長期療養給与提供基準および給与費用算定方法などに関する告示
http://www.law.go.kr/LSW//admRulInfoP.do?admRulSeq=2100000134489&chrCls

Cd=010201#J56:0)

______, 2019, 長期療養給与提供基準 · 給与費用算定方法等に関する告示(保健福祉部告示 第2019-309)(2019.12.27)
http://www.mohw.go.kr/react/modules/viewHtmlConv.jsp?BOARD_ID=5900&CONT_SEQ=352090&FILE_ SEQ=272981

______, 2020, 第4次認知症管理総合計画(제4차 치매관리종합계획[2021-2025])
https://www.korea.kr/archive/expDocView.do?docId=39215

______, 2021a, 〈2022년 장기요양보험료율 12.27%, 세대 평균 보험료 1,135원 증가〉
https://www.mohw.go.kr/board.es?mid=a10503010100&bid=0027&act=view&list_no=367871

______, 2021b, 〈'치매'용어에 대한 대국민 인식조사 결과 발표〉, pp.1-7
http://www.mohw.go.kr/react/al/sal0301vw.jsp?PAR_MENU_ID=04&MENU_ID=0403&CONT_SEQ=366187

______, 2021c, 告示 第2021-324号(211227)
http://www.mohw.go.kr/react/jb/sjb0406vw.jsp

______, 2022, 長期療養保険統計年鑑(노인장기요양보험통계연감)
https://www.nhis.or.kr/nhis/together/wbhaec07200m01.do?mode=view&articleNo=10836438&article.offset=0&articleLimit=10

______, 2012, 認知症管理法
http://www.law.go.kr/lsInfoP.do?lsiSeq=167747&lsId=011442&chrClsCd=010202&urlMode=lsEfInfoR&viewCls=lsPtnThdCmp#AJAX

傅從喜, 2017, 長期照顧10年型計画2.0効益評価報告, 國家發展委員会委託研究

______, 2019, 長期照顧2.0初期的資源佈建與服務發展, 國家發展委員会編, 國土及公共治理季刊, 第7巻 第3期, pp.60-71

三菱UFJリサーチ＆コンサルティング, 2015, 地域包括ケアシステムと地域マネジメント
https://www.murc.jp/wp-content/uploads/2022/11/koukai_160518_c1_03.pdf

______, 2016, 地域包括ケアシステムと地域マネジメント
https://www.murc.jp/wp-content/uploads/2022/11/koukai_160518_c1_03.pdf

森川美絵 · 金智美, 2018, ケアの市場化に伴うケアワークの規制, 社会政策, 10(2), pp.117-128

西下彰俊, 1992, 老人問題からみた家族福祉, 野々山久也編, 家族福祉の視点, ミネルヴァ書房, pp.69-90

______, 2007, スウェーデンの高齢者ケア, 新評論

______, 2008, 韓国の高齢者長期療養保険の概要と課題, 高齢者住宅財団編, いい住まい いいシニアライフ, Vol.84, pp.17-25

______, 2009, 韓国老人長期療養保険制度の現在, 高齢者住宅財団編, いい住まい いいシニアライフ, Vol.93, pp.1-14

______, 2011, 韓国の老人長期療養保険制度におけるケアマネジメントの課題—在宅ケアを中心に, 東京経済大学現代法学会編, 現代法学, 第20号, pp.175-195

______, 2012, 揺れるスウェーデン, 新評論

______, 2014, 韓国の老人長期療養保険制度における新枠組の誕生, 齢者住宅財団編, いい住まい いいシニアライフ, Vol.122, pp.37-42

______, 2017, 台湾における高齢者介護システムと外国人介護労働者の特殊性, 東京経済大学現代法学会編, 現代法学, 第32号, pp.3-28

______, 2018a, 書評 須田木綿子他編, 東アジアの高齢者ケア, 日本老年社会科学会編 老年社会科学, Vol.40-3, p.318

______, 2018b, 韓国の老人長期療養保険制度下における認知症ケアと齢者虐待の課題, 東京経済大学現代法学会編, 現代法学, 第34号, pp.103-140

______, 2019a, 台湾における2つの長期介護プランの展開, 東京経済大学現代法学会編, 現代法学, 第36号, pp.217-261

______, 2020, 日本と韓国における介護保険制度および在宅高齢者に対するケアマネジメントの比較分析, 東京女子大学, 社会学年報, 第8号, pp.17-37

______, 2021, 台湾における高齢者介護システム, ケアマネジメント, エンドオブライフ・ケアの新展開, 東京経済大学現代法学会編, 現代法学, 第40号, pp.53-93

______, 2022, 《東アジアの高齢者ケア—韓国・台湾のチャレンジ》, 新評論

______, 2022, 韓国における介護の質に関する定期評価及び昼・夜間保護サービス提供の研究, 東京女子大学, 社会学年報, 第10号, pp.1-26

宣賢奎, 2016, 韓国の長期療養保険制度の最新動向と課題, 共栄大学研究論集, 第14号, pp.1-37

______, 2018, 要介護度改善と成功報酬, 共栄大学研究論集, 第16号, pp.15-28

______, 2021, 韓国における介護サービスの地域差, 東洋大学国際学部, 国際地域学研究, 第24号, pp.41-61

小島克久, 2014, 台湾・シンガポールの介護保障, 増田雅暢編, 世界の介護保障(第2版), 法律文化社, pp.154-170

______, 2015a, 台湾, 増田雅暢・金貞任編, アジアの社会保障, 法律文化社, pp.81-107

______, 2015b, 台湾における介護保障の動向, 健康保険組合連合会社会保障研究グループ編, 健保連海外医療保障, No.106, pp.1-12

______, 2017a, 台湾, 金成垣他編, アジアにおける高齢者の生活保障, 明石書店, pp.184-204

______, 2017b, 台湾の社会保障(第1回)台湾の人口・経済の状況と社会保障制度の概要, 国立社会保障人口問題研究所, 社会保障研究, Vol.2, No.2・3, pp.412-415

______, 2018a, 台湾における地域密着の高齢者介護ケア提供体制構築の動向, 国際経済労働研究所編, 国際経済労働研究, 1085号, pp.7-16

______, 2018b, 台湾の社会保障(第3回)台湾の人高齢者介護制度について, 国立社会保障人口問題研究所, 社会保障研究, Vol.2, No.4, pp.595-598

______, 2019, アジアの公的医療および介護制度-台湾, 健保連海外医療保障, No.124, pp.15-24

______, 2021, 東アジアにおける介護者支援をめぐる状況, 国立社会保障人口問題研究所, 社会保障研究, Vol.6, No.1, pp.75-89

輿水めぐみほか, 2015, ソーシャルキャピタルにもとづく介護予防活動に関する一考察: 韓国における〈敬老堂〉の視察から(実践報告), 滋賀医科大学看護学ジャーナル, 13巻1号, pp.58-61

葉千佳, 2016, 台湾長期介護管理センターにおけるケアメンジメントの現状と課題, 関東社会福祉学会編, 社会福祉学評論, 第17号, pp. 16-27

原住民族委員会, 2016
www.apc.gov.tw/portal/docList.html?CID=940F9579765AC6A0

衛生福利部, 2007, 我国長期照顧十年計画摘要本(核定本)
https://1966.gov.tw/LTC/cp-3989-42402-201.html

______, 2014a, 失智症防治照護政策綱領暨行動方案103年至105年, 失智症防治照護政策綱領_0046372001.pdf

______, 2014b, 中華民国102年老人状況調査報告
https://www.mohw.gov.tw/

______, 2016, 長期照顧十年計画2.0報告
https://ltc.mmc.edu.tw/ImgMmcEdu/20160803083657.pdf

______, 2017a, 照顧管理評估量表
https://www.mohw.gov.tw/dl-15878-85fb3fa5-9172-431a-986e-35d16c6ff701.html

______, 2017b, 失智症防治照護政策綱領暨行動方案2.0, 2018至 2025年

https://www.mohw.gov.tw/Public/Images/201712/3671712301753dbfe0.Jpg
失智症防治照護政策綱領_0046372001.pdf

______, 2018a, 2025年達成失智友善台湾(2018年版)附件3_民眾版失智症防治照護政策綱領暨行動方案2.0(2018 年版).pdf

______, 2018b, 修正〈長期照顧(照顧服務・專業服務・交通接送服務・輔具服務及居家無障礙環境改善服務)給付及支付基準〉
https://www.mohw.gov.tw/cp-18-44235-1.html

衛生福利部社会及家庭署, 2017c, 106年度社区整體照顧服務體系行政説明

長期照顧給付及支付基準(1071101 公告版). pdf
https://www.mohw.gov.tw/dl-48489-4440aa52-7efb-4000-b9f8-5aa7b1195f5.html

衛生福利部, 2018c, 長期照顧給付及支付基準修正對照表1071005.pdf
https://www.mohw.gov.tw/dl-48500-426d8514-bc1a-4ef6-8eab-87cb35f2332.html

______, 2018d, 新制長期顧給付及支付基準問答集新增部分
https://www.mohw.gov.tw/dl-46538-89627cbf-1782-42a1-9c69-bf0f 3270014a.html

______, 2019a, 長照2.0, 照顧的長路上更安心(行政院全球資訊網-重要政策)

https://www.ey.gov.tw/Page/5A8A0CB5B41DA11E/dd4675bb-b78d-4bd8-8be5-e3d6a6558d8d

衛生福利部長照専区, 2019b, 長照十年計畫2.0成果報告(行政院第3667次会議) 第3667次行政院院會議案〈長照十年計畫2.0成果報告+〉懶人包.pdf

衛生福利部, 2019c, 照顧管理評估量表- 衛福部長照專區(1966專線)
https://1966.gov.tw/LTC/cp-4015-42461-01.html

衛生福利部長照専区, 2019d, 失智共同照護中心及社區服務據點參考手冊

衛生福利部社会及家庭署, 2020a, 長期照顧(照顧服務・專業服務・交通接送服務・輔具服務及居家無障礙環境改善服務)給付及支付基準
https://www.mohw.gov.tw/cp-4637-57129-1.html

衛生福利部, 2021, 長期照顧十年計画2.0—長照人力

______, 2022a, 長期照顧服務申請及給付辦法
https://www.mohw.gov.tw/cp-18-65663-1.html

衛福部長照専区, 2022b, 失智照護資源布建及聯絡資訊
https://1966.gov.tw/LTC/cp-4022-42471-201.html

衛生福利部統計處, 2022c, 中低收入老人特別照顧津貼
https://dep.mohw.gov.tw/dos/mp-113.html

伊藤周平, 2019, 〈保険化〉する社会保障の法政策, 法律文化社

______, 2019, 高齢者福祉と介護保険法, 賃金と社会保障, 1727号, pp.4-30

二木立, 2019, 日本の地域包括ケアの事実・論点と最新の政策動向, 日本福祉大学社会福祉論集, 140号, pp.127-134

日本経済団体連合会, 2021, 今後の医療・介護制度改革に向けて(概要)
https://www.keidanren.or.jp/policy/2021/091_gaiyo.pdf

荘秀美・洪春旬, 2018, 台湾における地域包括ケアシステム構築に向けた課題分析, 西日本社会学会年報, No.16, pp.61-71

荘秀美2015, 台湾の介護保険制度案をめぐる議論と課題, 介護保険白書編集委員会編, 介護保険白書, 本の泉社, pp.206-216

斎藤嘉孝ほか, 2007, 韓国における高齢者向け地域福祉施策―〈敬老堂〉からの示唆, 国立社会保障・人口問題研究所 編 海外社会保障研究, 159号, pp.76-84
https://warp.da.ndl.go.jp/info:ndljp/pid/233124/www.ipss.go.jp/syoushika/bunken/data/pdf/18429307.pdf

全国老人福祉施設協議会, 2022, 月刊老施協, Vol.626, 3月号

全国法規資料庫, 2015, 2022, 長期照顧服務法

鄭丞媛他, 2015, 韓国における認知症対策および家族介護者支援の取り組みの現状と課題, 国立社会保障・人口問題研究所編, 海外社会保障研究, No.192, pp.46-51

鄭雅文・荘秀美, 2010, 老人家庭托顧服務, 社区発展季刊, 131期, pp.13-24

鄭安君, 2018, 台湾における外国人介護労働者増加の背景, 宇都宮大学国際学部研究論集, 第46号, pp.143-157

______, 2019, 台湾の介護分野における外国人労働者受け入れに関する問題(博士論文)
https://uuair.repo.nii.ac.jp/?action=pages_view_main&active_action=repository_view_main_item_detail&item_id=12022&item_no=1&page_id=13&block_id=58

______, 2021, 台湾の外国人介護労働者, 明石書店

鳥羽美香・高橋明美, 2019, 日本と韓国における高齢者デイサービスの一考察, 文京学院大学人間学部研究紀要, 第20巻, pp.251-259

鳥羽美香, 2020, 台湾の長期介護十年計画とケアマネジメント, 文京学院大学, 人間学部研究紀要, 第21巻, pp.223-231

鍾宜錚, 2015, 台湾における終末期医療の法と倫理, Core Ethics, Vol.11, pp.123-134

______, 2017, 台湾における終末期医療の議論と〈善終〉の法制化, 生命倫理, Vol.29, No.1, pp.113-121

______, 2019, 台湾における終末期医療の法と倫理, 死生学・応用倫理研究, 24, pp.58-69

株本千鶴, 2007, 持続可能なセーフティネット構築に向けての課題, 奥田聡編, 経済危機後の韓国, アジア経済研究所, pp.103-129

______, 2009, 韓国の老人長期療養保険制度, 健保連海外医療情報, No.83, pp.22-27

______, 2017, 韓国の高齢者ケア, 健保連海外医療保障, 116号, pp.8-20

中山徹・山田理恵子, 2014, 台湾における社会救助法と遊民支援策, 大阪府立大学人間社会学部編, 社会問題研究, 第63巻, pp.53-68

増田雅暢, 2014, 週刊社会保障, Vol.2767, pp.32-33, 法研

______, 2016, 介護保険の検証, 法律文化社

______, 2022, 介護保険はどのようにしてつくられたか, TAC出版

陳正芬, 2011, 管理或剝削?, 台湾社会研究季刊, 第85期, pp.89-155

______, 2018, 台湾の高齢者ケア政策とケアワーカーの〈内〉と〈外〉, 須田木綿子・平岡公一・森川美絵編, 東アジアの高齢者ケア, 東信堂, pp.177-212

川久保寛, 2019, 高齢者の介護サービス利用支援と法, 社会保障法学会編, 社会保障法, 第3号, pp.37-59, 法律文化社

崔銀珠, 2019, 韓国における老人長期療養保険制度の現状と課題, 社会政策学会編, 社会政策, 第11巻第2号, pp.39-53

何妨容, 2022, 博士論文 要介護高齢者夫婦と介護保険制度, 広島大学大学院国際協力研究科.

下野恵子, 2019, 介護保険解体の危機, 法政大学出版局

河合克義, 2018, 〈我が事・丸ごと〉地域共生社会とコミュニティ・ソーシャルワーク, ソーシャルワーク研究, Vol.44 No.1, pp.5-18

韓国法制研究院, 2008, 2008. 7. 1から施行される老人長期療養保険制度の入法過程と内容, 2008. 7. 1부터 시행되는 장기요양보험제도의 입법과정과 내용, https://sejong.nl.go.kr/search/searchDetail.do?rec_key=SH1_KMO201336829&menuId=

行政院長期照顧制度推動小組, 2007, 長期照顧服務個案評估量表, pp.1-16

香取照幸, 2022, 高齢者福祉論, 東洋経済新報社

______, 2022, 高齢者福祉論, 東洋経済新報社

会計検査院, 2018, ②〈地域支援事業交付金における介護自立支援事業に係わる交付金交付対象者について〉
https://www.jbaudit.go.jp/report/new/all/pdf/fy29_05_08_38.pdf

厚生労働省, 2004, 〈痴呆〉に替わる用語に関する検討会報告書
https://www.mhlw.go.jp/shingi/2004/12/s1224-17.html

______, 2012, 要介護認定 介護認定審査会委員テキスト2009 改訂版
https://www.mhlw.go.jp/topics/kaigo/nintei/dl/text2009_3.pdf

______, 2012, 要介護認定 介護認定審査会委員テキスト2009 改訂版
https://www.mhlw.go.jp/topics/kaigo/nintei/dl/text2009_3.pdf

______, 2016, 介護予防・日常生活支援総合事業 ガイドライン(概要)
https://www.mhlw.go.jp/file/06-Seisakujouhou-12300000-Rouken yoku/0000088276.pdf

______, 2016, 介護予防・日常生活支援総合事業 ガイドライン(概要)
https://www.mhlw.go.jp/file/06-Seisakujouhou-12300000-Roukenkyoku/0000088276.pdf

______, 2019, 認知症施策推進大綱
https://www.mhlw.go.jp/content/000522832.pdf

______, 2020a, 2019年国民生活基礎調査の概況
https://www.mhlw.go.jp/toukei/saikin/hw/k-tyosa/k-tyosa19/index.html

______, 2020b, 介護保険制度について
https://www.mhlw.go.jp/content/12300000/000614771.pdf

______, 2020c, 介護保険事業状況報告: 結果の概要
https://www.mhlw.go.jp/topics/kaigo/toukei/joukyou.html#link01

______, 2020d, 令和3年度介護報酬改定の主な事項について
https://www.mhlw.go.jp/content/12300000/000727135.pdf

______, 2021, 〈2021年海外情勢報告〉
https://www.mhlw.go.jp/wp/hakusyo/kaigai/22/dl/t3-01.pdf

______, 2021, 〈介護保険制度の概要〉, 厚生労働省老健局
https://www.mhlw.go.jp/content/000801559.pdf

______, 2021, 第期介護保険事業計画期間における介護保険の第1号保険料及びサービス見込み量等について
https://www.mhlw.go.jp/stf/newpage_18164.html

______, 2021a, 〈介護保険制度の概要〉, 厚生労働省老健局
https://www.mhlw.go.jp/content/000801559.pdf

______, 2021b, 〈2021年海外情勢報告〉
https://www.mhlw.go.jp/wp/hakusyo/kaigai/22/dl/t3-01.pdf

______, 2021c, 第8期介護保険事業計画期間における介護保険の第1号保険料及びサービス見込み量等について
https://www.mhlw.go.jp/stf/newpage_18164.html

______, 2021d, 地域共生社会のポータルサイト
https://www.mhlw.go.jp/kyouseisyakaiportal/

______, 2022a, 2021年国民生活基礎調査の概況
https://www.mhlw.go.jp/toukei/saikin/hw/k-tyosa/k-tyosa21/index.html

______, 2022a, 令和2年介護サービス施設・事業所調査の概況
https://www.mhlw.go.jp/toukei/saikin/hw/kaigo/service20/index.html

______, 2022b, 介護職員の処遇改善
https://www.mhlw.go.jp/stf/seisakunitsuite/bunya/0000202201_42226.html

______, 2022b, 地域包括支援センター
https://www.mhlw.go.jp/content/12300000/001046073.pdf

厚生労働省老健局, 2021, 居宅介護支援事業所単位で抽出するケアプラン検証等について(周知), 介護最新情報, Vol.1009
https://www.mhlw.go.jp/content/000835001.pdf

厚生労働統計協会, 2022, 国民の福祉と介護の動向2022/2023(厚生の指標 増刊), Vol.69 No.10

Cheng-fen Chen, Tsung-hsi Fu, 2020, Policies and Transformation of Long-Term Care Systemin Taiwan, Annals of Geriatric Medicine and Research, 24(3), pp.187-194

Chih-Ching Yang et.al, 2020, Current Status of Long-termCare In Taiwan: Transition of Long-term care Plan From 1.0 to 2.0, InternationalJournalofHealthPolicyandManagement, 9(8), pp.363-364

Dementia News, 2022, 〈치매국가책임제 5년차, 치매환자 2명 중 1명은 센터 등록〉
https://www.dementianews.co.kr/news/articleView.html?idxno=5003

부록 1 일본의 개호보험 관련법령

厚生労働省, 介護保険法改正(地域共生社会の実現のための社会福祉法等の一部を改正する法律), 2020年 https://www.mhlw.go.jp/stf/seisakunitsuite/bunya/hukushi_kaigo/kaigo_koureisha/gaiyo/iinde.html

厚生労働省〈地域共生社会の実現のための社会福祉法等の一部を改正する法律〉の公布について(通知) https://www.mhlw.go.jp/content/000640394.pdf

厚生労働省, 〈介護予防・日常生活支援総合事業のガイドフインについて〉及び〈介護予防・日常生活支援総合事業における介護予防ケアマネジメント(第1号介護予防支援事業)の実施及び介護予防手帳の活用について〉, 2021 https://www.mhlw.go.jp/content/12300000/000855082.pdf

厚生労働省, 介護医療院について, 2021 https://www.mhlw.go.jp/stf/seisakunitsuite/bunya/0000196478.html

厚生労働省, 介護員養成研修の取扱細則について (介護職員初任者研修・生活援助従事者研修関係), 2018 https://www.mhlw.go.jp/content/12300000/000331389.pdf

厚生労働省, 令和6年度 地域医療介護総合確保基金の予算案等について, 2024 https://www.mhlw.go.jp/content/001195663.pdf

건강보험공단, 〈장기요양기관 폐쇄회로 텔레비전의 해상도 등 고시〉, 2023 https://www.longtermcare.or.kr/npbs/d/m/000/moveBoardView?menuId=npe0000000930&bKey=B0018&search_boardId=60099

건강보험공단, 복지용구 품목별 제품목록 및 급여비용 등에 관한 고시, 2024 https://www.longtermcare.or.kr/npbs/d/m/000/moveBoardView?menuId=npe0000000930&bKey=B0018&search_boardId=60099

건강보험공단, 가족요양비 지급 및 의사소견서 제출 제외대상 섬·벽지지역 고시, 2023 https://www.longtermcare.or.kr/npbs/d/m/000/moveBoardView?menuId=npe0000000930&bKey=B0018&search_boardId=60099

건강보험공단, 2024년 주 · 야간보호기관 내 단기보호 시범사업 운영 매뉴얼, 2023 https://www.longtermcare.or.kr/npbs/d/m/000/moveBoardView?menuId=npe0000000940&bKey=B0020&prevPath=/npbs/d/m/000/moveBoardView

건강보험공단, 통합재가서비스_예비사업_Ⅱ_행정지침_일부개정, 2023 https://www.longtermcare.or.kr/npbs/d/m/000/moveBoardView?menuId=npe0000000940&bKey=B0020&prevPath=/npbs/d/m/000/moveBoardView

건강보험공단, 노인장기요양보험 등급판정결과 현황 자료, 2024 https://www.longtermcare.or.kr/npbs/d/m/000/moveBoardView?menuId=npe0000000950&bKey=B0019&search_boardId=60150

건강보험공단, 노인보건복지사업안내, 2024 https://www.longtermcare.or.kr/npbs/d/m/000/moveBoardView?menuId=npe0000000770&bKey=B0009

건강보험공단, 제3차 장기요양기본계획, (2023~2027) https://www.longtermcare.or.kr/npbs/d/m/000/moveBoardView?menuId=npe0000000770&bKey=B0009

건강보험공단, 장기요양실태조사_최종보고서, 2022 https://www.longtermcare.or.kr/npbs/d/m/000/moveBoardView?menuId=npe0000000770&bKey=B0009

부록3 일본의 인정조사표

> 調査は、調査対象者が通常の状態（調査可能な状態）であるときに実施して下さい。本人が風邪をひいて高熱を出している等、通常の状態でない場合は再調査を行って下さい。

保険者番号＿＿＿＿　被保険者番号＿＿＿＿＿

認定調査票（概況調査）

Ⅰ　調査実施者（記入者）

実施日時	平成　年　月　日	実施場所	自宅内 ・ 自宅外（　　　）
ふりがな 記入者氏名		所属機関	

Ⅱ　調査対象者

過去の認定	初回・２回め以降 （前回認定　年　月　日）		前回認定結果	非該当・要支援（　）・要介護（　）
ふりがな 対象者氏名		性別　男・女	生年月日	明治・大正・昭和 年　月　日（　歳）
現住所	〒　－		電　話	－　－
家族等 連絡先	〒　－ 氏名（　　）調査対象者との関係（　）		電　話	－　－

Ⅲ　現在受けているサービスの状況についてチェック及び頻度を記入してください。

在宅利用〔認定調査を行った月のサービス利用回数を記入。（介護予防）福祉用具貸与は調査日時点の、特定（介護予防）福祉用具販売は過去６月の品目数を記載〕					
□（介護予防）訪問介護（ﾎｰﾑﾍﾙﾌﾟｻｰﾋﾞｽ）	月	回	□（介護予防）福祉用具貸与		品目
□（介護予防）訪問入浴介護	月	回	□特定（介護予防）福祉用具販売		品目
□（介護予防）訪問看護	月	回	□住宅改修		あり・なし
□（介護予防）訪問ﾘﾊﾋﾞﾘﾃｰｼｮﾝ	月	回	□夜間対応型訪問介護	月	日
□（介護予防）居宅療養管理指導	月	回	□（介護予防）認知症対応型通所介護	月	日
□（介護予防）通所介護（ﾃﾞｲｻｰﾋﾞｽ）	月	回	□（介護予防）小規模多機能型居宅介護	月	日
□（介護予防）通所ﾘﾊﾋﾞﾘﾃｼｮﾝ（ﾃﾞｲｹｱ）	月	回	□（介護予防）認知症対応型共同生活介護	月	日
□（介護予防）短期入所生活介護（特養等）	月	日	□地域密着型特定施設入居者生活介護	月	日
□（介護予防）短期入所療養介護（老健・診療所）	月	日	□地域密着型介護老人福祉施設入所者生活介護	月	日
□（介護予防）特定施設入居者生活介護	月	日	□定期巡回・随時対応型訪問介護看護	月	回
□複合型サービス	月	日			
□市町村特別給付［　　］					
□介護保険給付外の在宅サービス［　　］					

施設利用	施設連絡先
□介護老人福祉施設 □介護老人保健施設 □介護療養型医療施設 □認知症対応型共同生活介護適用施設（ｸﾞﾙｰﾌﾟﾎｰﾑ） □特定施設入居者生活介護適用施設（ｹｱﾊｳｽ等） □医療機関（医療保険適用療養病床） □医療機関（療養病床以外） □その他の施設	施設名＿＿＿＿＿＿ 郵便番号　－ 施設住所 電話　－　－

Ⅳ　調査対象者の家族状況、調査対象者の居住環境（外出が困難になるなど日常生活に支障となるような環境の有無）、日常的に使用する機器・器械の有無等について、認定調査票（特記事項）の下部、「概況調査の特記すべき事項」欄に記入してください。

전문은 일본 후생노동성 홈페이지(https://www.mhlw.go.jp) 내 〈인정조사표〉(https://www.mhlw.go.jp/file/05 Shingikai 11901000-Koyoukintoujidoukateikyoku-Soumuka/0000126242.pdf) 참조

新型照顧管理評估量表 v2
更新日期：107.11.21

照顧管理評估量表(標註修訂版)

A.個案基本資料

A1.個案婚姻狀況：

□1.離婚 □2.分居 □3.喪偶 □4.同居 □5.未婚 □6.已婚 □7.不知道

A2.個案教育程度：

□01.不識字 □02.識字，未受正規教育（含私塾） □03.國小
□04.國中 □05.高中（職） □06.特教班
□07.五專 □08.大學（二三專）
□09.研究所以上 □10.其他：______________（請說明）

A2a.特教班程度：
□1.國小 □2.國中□3.高中職

A3.個案身分別【可複選】：

□1.一般戶 □2.低收【勾選此項者續答 2a 題】
→□2a-1.社會救助法低收入戶（未達 1 倍）□2a-2.長照低收（1-1.5 倍）
□3.長照中低收（1.5-2.5 倍） □4.榮民 □5.原住民
□6.領有身心障礙證明（手冊）【勾選此項者續答 A3a 題】

A3a1.新制或舊制？

□1.新制【續答 A3a2 題】 □2.舊制【跳答 A3a3 題】

A3a2.新制障礙類別及 ICD 診斷：

1.障礙類別：

□1.第一類-神經系統構造及精神、心智功能
□2.第二類-眼、耳及相關構造與感官功能及疼痛
□3.第三類-涉及聲音與言語構造及其功能
□4.第四類-循環、造血、免疫與呼吸系統構造及其功能
□5.第五類-消化、新陳代謝與內分泌系統相關構造及其功能
□6.第六類-泌尿與生殖系統相關構造及其功能
□7.第七類-神經、肌肉、骨骼之移動相關構造及其功能
□8.第八類-皮膚與相關構造及其功能
□9.第九類-罕見疾病
□10.第十類-其他類
□11.第十一類-發展遲緩類

2.ICD 診斷：

□1.G80(腦性麻痺患者)
□2.S14、S24、S34(脊髓損傷患者)
□3.R40.2、R40.3(植物人)
□4.其他______________

1

전문은 대만 장기케어 홈페이지(https://1966.gov.tw) 내 〈1080507 발표 케어관리평가표〉(https://1966.gov.tw/LTC/cp-6440-47563-207.html) 참조

초고령 동아시아 사회의 노인 돌봄

한국·일본·대만의 돌봄시스템과 케어매니지먼트

초판 발행 2024년 10월 30일
초판 2쇄 2025년 7월 15일

지은이 니시시타 아키토시
옮긴이 고려대학교 고령사회연구원
펴낸곳 고려대학교출판문화원
www.kupress.com
kupress@korea.ac.kr
(02841) 서울특별시 성북구 안암로 145
Tel 02-3290-4230, 4232
Fax 02-923-6311
찍은곳 네오프린텍(주)

ISBN 979-11-6956-089-4 93330

값 25,000원